2

TEACHER'S BOOK

Easy Steps to CHINESE

轻松学中文

SIMPLIFIED CHARACTERS VERSION

教师用书

Yamin Ma
Xinying Li

北京语言大学出版社
BEIJING LANGUAGE AND CULTURE UNIVERSITY PRESS

图书在版编目（CIP）数据

轻松学中文教师用书.2 / 马亚敏，李欣颖编著.
—北京：北京语言大学出版社，2009.6（2025.8重印）
（轻松学中文）
ISBN 978-7-5619-2372-6

Ⅰ.①轻… Ⅱ.①马…②李… Ⅲ.①汉语—对外汉语教学
—教学参考资料 Ⅳ.①H195.4

中国版本图书馆CIP数据核字（2009）第076132号

书　　名　轻松学中文 教师用书 2 (QINGSONG XUE ZHONGWEN JIAOSHI YONGSHU 2)
责任编辑　王亚莉　侯晓娟
美术策划　王　宇
封面设计　王　宇　王章定
版式设计　北京鑫联必升文化发展有限公司
责任印制　邝　天

出版发行　北京语言大学出版社
社　　址　北京市海淀区学院路15号　邮政编码：100083
网　　址　www.blcup.com
电　　话　编辑部 010-8230 3647/3592/3395
　　　　　发行部 010-8230 3650/3591/3648/3080
　　　　　读者服务部 010-8230 3653
网上订购　010-8230 3908　service@blcup.com
印　　刷　北京富资园科技发展有限公司
经　　销　全国新华书店

版　　次　2009年6月第1版　2025年8月第11次印刷
开　　本　889mm×1194mm　1/16　印张：24.5
字　　数　293千字
书　　号　ISBN 978-7-5619-2372-6/H·09059
　　　　　11800

Easy Steps to Chinese *(Teacher's Book 2)*
Yamin Ma, Xinying Li

Editor　Yali Wang, Xiaojuan Hou
Art design　Arthur Y. Wang
Cover design　Arthur Y. Wang, Zhangdig Wang
Graphic design　Beijing XinLianBiSheng Cultural Development Co.ltd

Published by
Beijing Language & Culture University Press
No.15 Xueyuan Road, Haidian District, Beijing, China 100083

Distributed by
Beijing Language & Culture University Press
No.15 Xueyuan Road, Haidian District, Beijing, China 100083

First published in June 2009
Printed in China

Website: www.blcup.com

使用说明

本《教师用书》旨在为教师提供备课参考，此外，还提供了课本和练习册中大部分练习的答案。在指导课本教学时，我们还为一些练习配备了补充材料，以便教师在需要加强练习时使用。

在每个单元的开头，我们列出了教学目标和教学重点，以便教师在备课及教学时能抓住重点，达到本单元的教学目标。为了全面测试学生对各个单元内容的掌握以及他们的语言沟通能力，我们设计了听力（Listening）、口语（Speaking）、阅读（Reading）及写作（Writing）测验题。这些单元测验题参考了各国的考试形式，力求检测出学生真实的汉语知识掌握情况和语言交际能力。

在教学过程中，如果教师在完成每个单元的教学后没有充足的时间测试学生的四项技能，那么测试其中两项技能也是个好办法。比如，教师可以在第一单元结束后让学生做听力和写作试卷，而在第二单元结束后则考查学生的口语和阅读能力。总之，教师可以根据需要来测试学生的综合或单项能力，同时也检验教学效果。

每册《教师用书》后面附1张录音CD，提供听力测验的录音。书内的试卷可以复印使用，教师可以根据实际情况来决定每题的分数及总分。

课本 2

每课有两篇课文，这样每篇课文中的生字、生词不会太多，学生容易掌握。此部分教师可用图卡和词语卡片辅助教学。

①

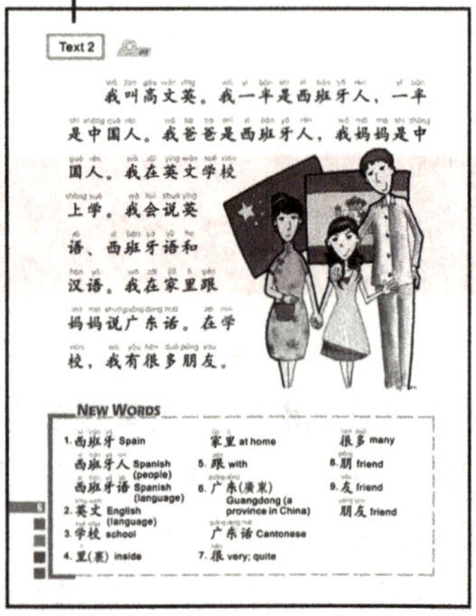

书中有多处看图说话练习。教师要鼓励学生多说，以提高他们的口语能力。

②

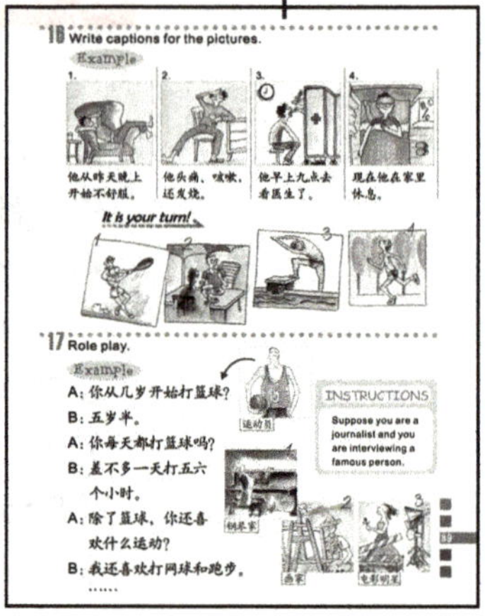

书中的语言点以注释的形式出现。学生通过做练习来消化语言点。

③

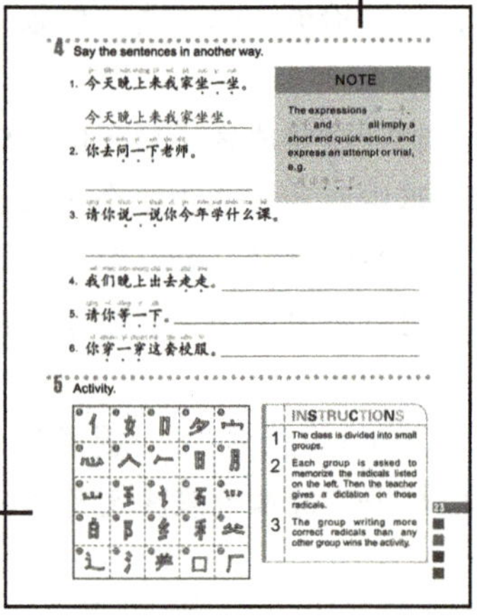

偏旁部首的复习应贯穿全书。

声母、韵母和声调的练习应贯穿全书。

④

在做听力练习前，教师可让学生先看一下练习题，然后再听。做完听力练习后，教师还可以让学生读一下附在课本后面的听力录音稿，以充分领会所听内容。

⑤

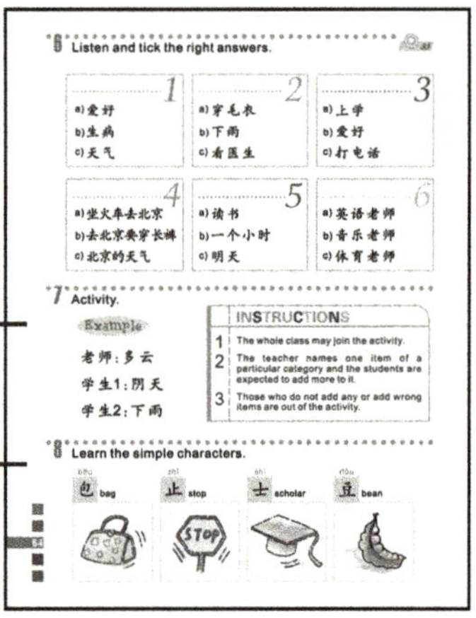

教师用书为课堂活动这一题补充了一些内容，供教师参考。

本册书共介绍了60个独体字，应要求学生尽量掌握，为学习合体字打好基础。

练习册2

①

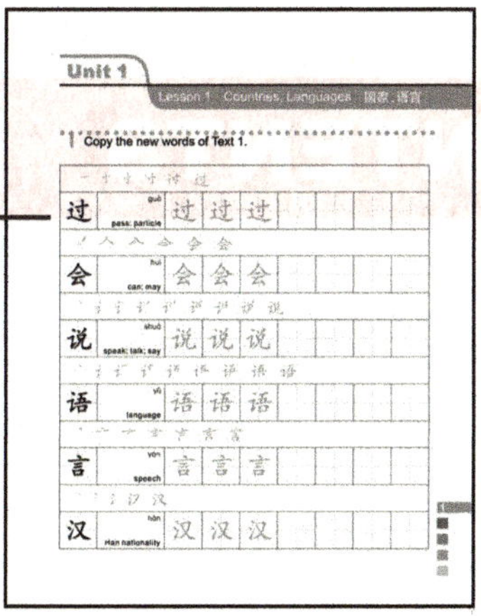

学生在练习写字的时候，教师应提醒他们按照正确的笔顺来书写，并告诉学生按笔顺写汉字，才容易写得快，写得美观。

②

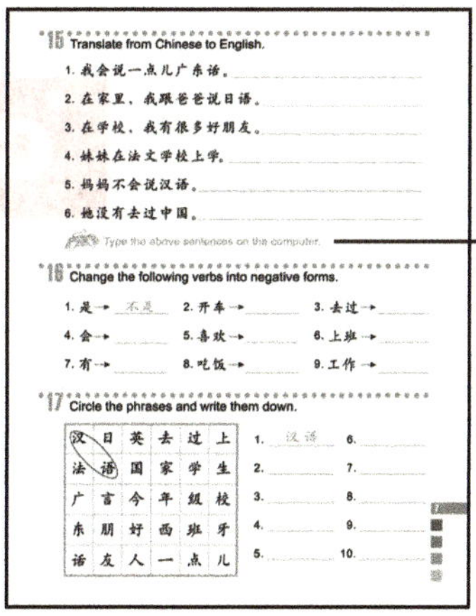

从本册书开始，为了巩固学生对拼音的掌握，每一课都有一个打字练习。

③

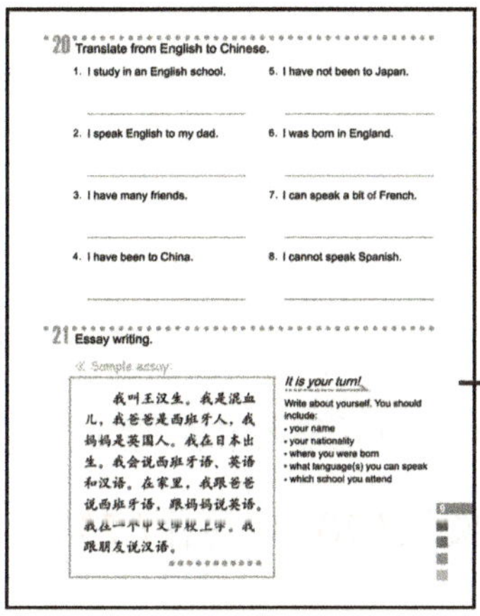

每一课有一个写作题，学生可以模仿该题的范文来写。

④

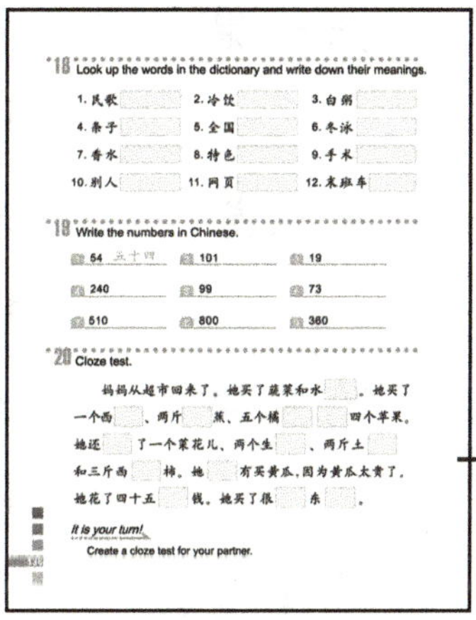

每课有一个综合填空练习，以巩固学生对词语的掌握。

每个单元后有总复习，教师应带领学生一起复习。此部分可用图卡、词语卡片和挂图辅助教学。

⑤

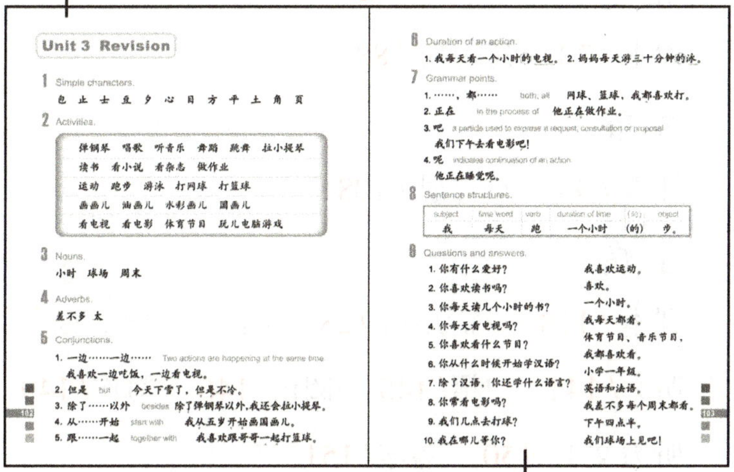

总复习中的问答题为后面单元测验中的口语题作准备。

在总复习后面有单元模拟测验。教师用书还为每个单元提供了一套考查学生听、说、读、写四项分技能的单元测验题。

⑥

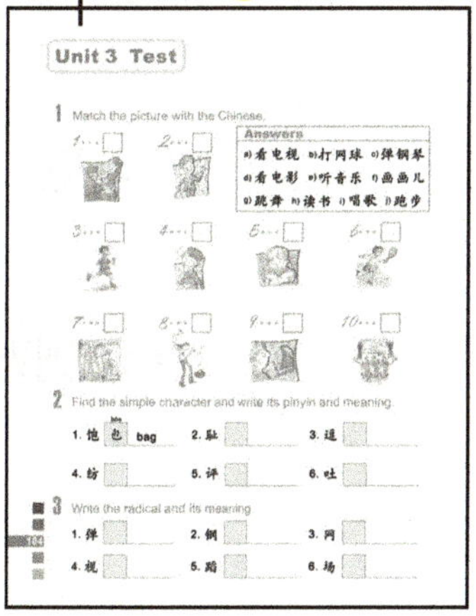

CONTENTS 目录

第一单元

教学目标

- 能询问及表达国籍和语言
- 能询问及说出所学的科目，并表达是否喜欢
- 能打电话
- 能通过打电话和朋友约会
- 能通过拼音或部首查字典、词典
- 能通过输入汉语拼音打字
- 能写出偏旁部首及独体字
- 能用所给字组词
- 能用所给词语造句
- 能看懂简单的句子及小短文
- 能翻译简单的句子
- 会写关于国籍、语言、科目的小短文

教学重点

- 语法

  a) 动宾搭配

  例子：说汉语　打电话　上课

  b) “过”的用法：在句中跟在动词的后面，表示过去的经历。

  例子：我去过中国。　我没有去过英国。

  c) “会”用为助词，放在动词前面。

  例子：我会说日语。

  d) 地点状语的位置在本单元里只出现在动词的前面。

  例子：我在家里说广东话。

- 量词

  本单元出现的量词：门。

- 独体字

  从本册书开始，每课介绍四个独体字，为以后学习合体字，尤其是形声字打好基础。

  在教独体字的时候，学生容易掌握意思，但是要说出、默写出这些汉字却很困难，所以老师应经常用词语卡片或通过其他方式帮助学生记住这些汉字。

Unit 1

Lesson 1 Countries, Languages 国家、语言

Text 1

nǐ zài nǎr chū shēng
你在哪儿出生？

měi guó
美国。

nǐ qù guo shén me guó jiā
你去过什么国家？

wǒ qù guo yīng guó hé fǎ guó
我去过英国和法国。

nǐ qù guo rì běn ma
你去过日本吗？

méi qù guo
没去过。

nǐ huì shuō shén me yǔ yán
你会说什么语言？

wǒ huì shuō hàn yǔ、yīng yǔ hé yì diǎnr rì yǔ
我会说汉语、英语和一点儿日语。

提示：

① 在教课文之前，可以先教国家和语言。老师可以准备一张世界地图，或者在电脑上展示世界地图，让学生说出"中国""美国"等国家的名称。老师可以教学生说"中国人说汉语""美国人说英语"等句子。在教这几句话时，顺便就把动词"说"教给学生了。最后，老师可以问学生："你会说什么语言？"同时就把"会"和"语言"两个词教给学生了。

② 老师要着重教"过"和"去过"。在回答"你去过日本吗？"这样的句子时，肯定回答用"去过"，否定回答用"没（有）去过"。

③ 最后，让学生听课文录音，教课文。

④ 老师可用图卡和词语卡片辅助教学。

NEW WORDS

1. 过(過) guò — pass; particle
   去过 qù guo — have been to
2. 国家 guó jiā — country
3. 英国 yīng guó — Britain
4. 法国 fǎ guó — France
5. 日本 rì běn — Japan
6. 会(會) huì — can; may
7. 说(説) shuō — speak; talk; say
8. 语(語) yǔ — language
   英语 yīng yǔ — English (language)
   日语 rì yǔ — Japanese (language)
9. 言 yán — speech
   语言 yǔ yán — language
10. 汉(漢) hàn — Han nationality
    汉语 hàn yǔ — Chinese (language)
11. 一点儿 yì diǎnr — a little bit

提示：
如果学生想学更多国家的名称，老师可以多准备一些。

1 Say the country names in Chinese.

1. 
中国(汉语)

2. 
美国(英语)

3. 
日本(日语)

4. 
英国(英语)

5. 
法国(法语)

6. 
泰国(泰语)

7. 
德国(德语)

8. 
澳大利亚(英语)

9. 
西班牙(西班牙语)

10. 
新加坡(英语/汉语)

11. 
加拿大(英语/法语)

12. 
韩国(韩语)

Extra Words

a) 德国 dé guó
b) 韩国 hán guó
c) 泰国 tài guó
d) 加拿大 jiā ná dà
e) 澳大利亚 ào dà lì yà
f) 西班牙 xī bān yá
g) 新加坡 xīn jiā pō

2 Say one sentence about each country

Example

zhōng guó rén shuō hàn yǔ
中国人说汉语。

2 Ask your classmates the following questions.

1. nǐ qù guo zhōng guó ma
你去过中国吗? 去过。/没去过。

2. nǐ qù guo yīng guó ma
你去过英国吗? ______

3. nǐ qù guo měi guó ma
你去过美国吗? ______

4. nǐ qù guo fǎ guó ma
你去过法国吗? ______

5. nǐ qù guo rì běn ma
你去过日本吗? ______

NOTE

过, a particle indicating past experience, e.g.

A: 你去过中国吗?

B: 我(没)去过。

3 Listen and tick the right pinyin. 02

1	a) fǔdǎo ✓	b) fùdào
2	a) wùdǎo	b) wǔdǎo ✓
3	a) chúcǎo	b) chūcāo ✓
4	a) shǒuzhǐ ✓	b) shōuzhī
5	a) fěndǐ	b) féndì ✓
6	a) shòugāo	b) shǒugǎo ✓

NOTE

1. When two third tones appear together, the first tone is pronounced in the second tone, e.g.
nǐ hǎo → ní hǎo

2. The tone of yī 一 changes to fourth tone when followed by a first, second or third tone, e.g.
yī jiān → yì jiān
yī nián → yì nián
yī qǐ → yì qǐ

The tone of yī 一 changes to second tone when followed by a fourth tone, e.g.
yī chuàn → yí chuàn

3. The tone of bù 不 changes to second tone when followed by a fourth tone, e.g.
bù cuò → bú cuò

提示：
关于语音知识，老师只要粗略提一下便可，不用花太多时间来教和练。

提示：
在做练习以前，可以让学生两个人一组，说出或写出学过的问句，然后再让学生参考这一题的问句进行对话。这样既复习了学过的东西，又能更自然地进行对话。

4 Make a dialogue with your partner.

《 Sample questions:

1. nǐ jiào shén me míng zi　nǐ jīn nián duō dà le　shàng jǐ nián jí
你叫什么名字？你今年多大了？上几年级？

2. nǐ zài nǎr chū shēng　nǐ shì nǎ guó rén
你在哪儿出生？你是哪国人？

3. nǐ jiā yǒu jǐ kǒu rén　yǒu shuí
你家有几口人？有谁？

4. nǐ bà ba gōng zuò ma　nǐ mā ma ne
你爸爸工作吗？你妈妈呢？

5. nǐ bà ba zuò shén me gōng zuò　tā měi tiān zěn me shàng bān
你爸爸做什么工作？他每天怎么上班？

6. nǐ zǎo shang jǐ diǎn qǐ chuáng　jǐ diǎn qù shàng xué　nǐ zěn me shàng xué
你早上几点起床？几点去上学？你怎么上学？

7. nǐ huì shuō shén me yǔ yán
你会说什么语言？

8. nǐ qù guo shén me guó jiā　nǐ xǐ huan shén me guó jiā
你去过什么国家？你喜欢什么国家？

……

提示：
做完练习后，可让学生看听力录音稿，以充分领会所听内容。

5 Listen and tick the right answers.

03

爸爸去过	√			√	√	√
妈妈去过	√	√	√			√
我去过	√					√

4

6 Read aloud.

1 zǒngtǒng　　2 shuǐzhǒng　　3 jiǔyuǎn

4 hǎoyǒu　　5 nǚzǐ　　6 suǒyǐ

7 Make dialogues with your classmates.

Example

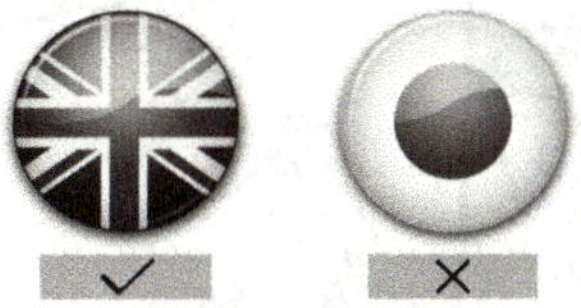

A: 你会说英语吗？(nǐ huì shuō yīng yǔ ma)

B: 我会说一点儿。(wǒ huì shuō yì diǎnr)

A: 你会说日语吗？(nǐ huì shuō rì yǔ ma)

B: 不会说。(bú huì shuō)

1.

法国 / 法语　　西班牙 / 西班牙语

2.

美国 / 英语　　德国 / 德语

3.

中国 / 汉语　　韩国 / 韩语

提示：
① 先让学生模仿例子进行对话。
② 再让学生练习"去过……"这个句型。
③ 做完以上练习后，老师可以让学生根据各自的情况编相似的对话。

8 Learn the simple characters.

cùn 寸 a unit of length (1/30 metre)

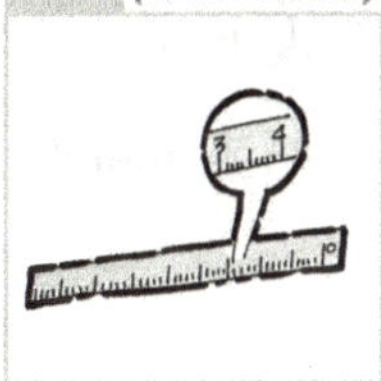

mǐ 米 rice

zú 足 foot

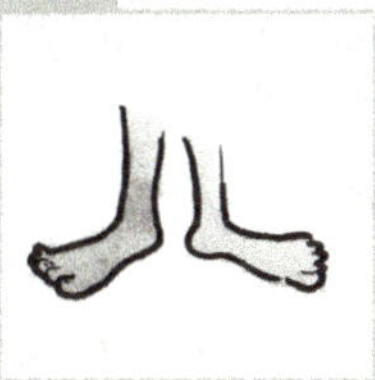

mù 木 wood; tree

提示：
教这些独体字时，要帮助学生记住它们的读音。学生一般能记住汉字的意思和书写，但很难记住读音。老师可以试着用词语卡片经常复习这些独体字。

5

提示：

① 在教课文以前，老师可以先准备几张卡片，内容为“英语”“在学校”“在家里”“很多”“跟朋友说英语”等，让学生猜意思。然后问学生以下问题：“你叫什么名字？”“你是哪国人？”“你去过什么国家？”“我们学校是英文学校吗？”“你会说什么语言？”“你在学校说什么语言？”“你在家里说什么语言？”“你跟妈妈说什么语言？”“在学校你有很多朋友吗？”“你有几个好朋友？”

② 最后，让学生听课文录音，再问几个关于课文内容的问题，以检测学生是否听懂。

③ 老师可用图卡和词语卡片辅助教学。

Text 2

04

wǒ jiào gāo wén yīng wǒ yí bàn shì xī bān yá rén yí bàn shì zhōng guó rén wǒ bà ba shì xī bān yá rén wǒ mā ma shì zhōng guó rén wǒ zài yīng wén xué xiào shàng xué wǒ huì shuō yīng yǔ xī bān yá yǔ hé hàn yǔ wǒ zài jiā li gēn mā ma shuō guǎng dōng huà zài xué xiào wǒ yǒu hěn duō péng you

我叫高文英。我一半是西班牙人，一半是中国人。我爸爸是西班牙人，我妈妈是中国人。我在英文学校上学。我会说英语、西班牙语和汉语。我在家里跟妈妈说广东话。在学校，我有很多朋友。

NEW WORDS

1. 西班牙 (xī bān yá) Spain
   西班牙人 (xī bān yá rén) Spanish (people)
   西班牙语 (xī bān yá yǔ) Spanish (language)
2. 英文 (yīng wén) English (language)
3. 学校 (xué xiào) school
4. 里(裏) (lǐ) inside
   家里 (jiā li) at home
5. 跟 (gēn) with
6. 广东(廣東) (guǎng dōng) Guangdong (a province in China)
   广东话 (guǎng dōng huà) Cantonese
7. 很 (hěn) very; quite
   很多 (hěn duō) many
8. 朋 (péng) friend
9. 友 (yǒu) friend
   朋友 (péng you) friend

6

9 Match the question with the answer.

c 1 你去过北京吗？ a) 会说一点儿。

a/e 2 你会说日语吗？ b) 我在北京一中上学。

e/a 3 你会说广东话吗？ c) 没去过。

b 4 你在哪个学校上学？ d) 我学英语和汉语。

d 5 你在学校学什么语言？ e) 不会说。

f 6 你在家里说什么语言？ f) 我跟爸爸、妈妈说汉语。

It is your turn!

Make a dialogue with your partner.
Ask the above questions.

10 Listen and tick the right answers. 05

1 a) 中国人 ✓b) 日本人 c) 英国人	2 ✓a) 英国 b) 中国 c) 法国	3 a) 日本 b) 英国 ✓c) 美国
4 a) 没去过上海 ✓b) 去过香港 c) 住在北京	5 ✓a) 说日语 b) 学日语 c) 去日本	6 a) 不学英语 b) 不学法语 ✓c) 不学日语

提示：
做完练习后，可让学生看听力录音稿，以充分领会所听内容。

7

提示：
在可能的情况下，老师可以要求学生不看问句进行对话；也可以根据实际情况再加上几个问题，这样能更好地考查学生的掌握情况。

11 Make a similar dialogue with your partner.

Example

nǐ jiào shén me míng zi
你叫什么名字？

wǒ jiào máo jiā shēng
我叫毛家生。

nǐ shàng jǐ nián jí
你上几年级？

qī nián jí
七年级。

nǐ shì nǎ guó rén
你是哪国人？

měi guó rén
美国人。

nǐ zài nǎ ge xué xiào shàng xué
你在哪个学校上学？

dà míng zhōng xué
大明中学。

nǐ zài xué xiào xué shén me yǔ yán
你在学校学什么语言？

yīng yǔ hé hàn yǔ
英语和汉语。

nǐ huì shuō shén me yǔ yán
你会说什么语言？

yīng yǔ fǎ yǔ hé hàn yǔ
英语、法语和汉语。

zài jiā li nǐ gēn bà ba shuō shén me yǔ yán
在家里，你跟爸爸说什么语言？

fǎ yǔ
法语。

gēn mā ma ne
跟妈妈呢？

hàn yǔ
汉语。

12 Activity.

Guess the following countries.

bā xī
1. 巴西
Brazil

hé lán
2. 荷兰
Holland

ā gēn tíng
3. 阿根廷
Argentina

yì dà lì
4. 意大利
Italy

mǎ lái xī yà
5. 马来西亚
Malaysia

ruì shì
6. 瑞士
Switzerland

yuè nán
7. 越南
Vietnam

fēi lǜ bīn
8. 菲律宾
Philippines

pú táo yá
9. 葡萄牙
Portugal

luó mǎ ní yà
10. 罗马尼亚
Romania

13 Speaking practice.

Example

wǒ zài xué xiào shuō yīng yǔ
我在学校说英语。
zài jiā li, wǒ gēn bà ba
在家里，我跟爸爸、
mā ma shuō hàn yǔ
妈妈说汉语。

在学校	在家里
1. 英语	汉语
2. 英语	广东话
3. 法语	英语
4. 英语	日语
5. 英语	西班牙语

提示：
老师还可以再多准备一些国家的地理位置和名称，让学生来猜。

Unit 1

Lesson 1 Countries, Languages 国家、语言

1 Copy the new words of Text 1.

一 寸 寸 讨 讨 过									
过	guò pass; particle	过	过	过					
丿 人 亼 会 会 会									
会	huì can; may	会	会	会					
丶 讠 讠 讠 讠 讠 讠 说 说									
说	shuō speak; talk; say	说	说	说					
丶 讠 讠 讠 语 语 语 语 语									
语	yǔ language	语	语	语					
丶 一 亠 言 言 言 言									
言	yán speech	言	言	言					
丶 丶 氵 汉 汉									
汉	hàn Han nationality	汉	汉	汉					

2 Write the radical of each character.

1. guò 过 ⻌	2. huì 会 人	3. shuō 说 讠	4. hàn 汉 氵	5. yīng 英 艹
6. guó 国 囗	7. jiā 家 宀	8. diǎn 点 灬	9. nǎ 哪 口	10. měi 美 ⺶

3 Write the country name under each flag.

1. 
中国

2. 
英国

3. 
法国

4. 
美国

5. 
日本

Answers

a) 美国
b) 中国
c) 英国
d) 日本
e) 法国

4 Write the meaning of each phrase.

1. 出生 be born	2. 国家 country	3. 语言 language
4. 再见 good-bye	5. 星期 week	6. 生日 birthday
7. 什么 what	8. 今年 this year	9. 多少 how many; how much
10. 名字 name	11. 明天 tomorrow	12. 电话 telephone

5 Complete the dialogues.

1. A: 你好！
   B: ________
2. A: 你今年多大了？
   B: ________
3. A: 你今年上几年级？
   B: ________
4. A: 你去过中国吗？
   B: ________
5. A: 你去过什么国家？
   B: ________
6. A: 你会说法语吗？
   B: ________

提示：
让学生根据自己的情况回答。

6 Translate from English to Chinese.

1. May 1, 2006
   二〇〇六年五月一日
2. January 10, 2007
   二〇〇七年一月十日
3. Friday, June 20
   六月二十日星期五
4. October 1,1949
   一九四九年十月一日
5. December 25, 2007
   二〇〇七年十二月二十五日
6. Sunday, January 1
   一月一日星期日

7 Make sentences.

1. 日语：我会说一点儿日语。
2. 英语：我会说英语和汉语。
3. 汉语：我爸爸学过汉语。

提示：
答案仅供参考，可让学生自由发挥。老师应检查一下学生造句所用句型、语法是否正确。

8 Complete the sentences.

1. 中国人说___汉语___。
2. 美国人说___英语___。
3. 日本人说___日语___。
4. 法国人说___法语___。
5. 英国人说___英语___。

9 Answer the questions.

提示：
让学生根据自己的情况回答。

1. 你的生日是几月几号？
____
2. 你是哪国人？
____
3. 你在哪儿出生？
____
4. 你去过什么国家？
____
5. 你现在住在哪儿？
____
6. 你会说什么语言？
____

10 Rearrange the words/phrases to form a sentence.

1. 英国和美国/去过/我/。→ 我去过英国和美国。
2. 没有/哥哥/日本/去过/。→ 哥哥没有去过日本。
3. 去过/爸爸/三个国家/。→ 爸爸去过三个国家。
4. 出生/法国/妈妈/在/。→ 妈妈在法国出生。
5. 会说/他/汉语/和/一点儿/英语/。→ 他会说汉语和一点儿英语。/他会说英语和一点儿汉语。

4

11 Reading comprehension.

我叫谢天，今年十三岁，上八年级。我在香港出生，在香港长大。我去过很多国家。我去过英国、法国、德国、日本等国家。我会说英语、汉语和一点儿日语。

《 Answer the questions:

1. 谢天今年上几年级？
   上八年级。
2. 他在哪儿出生？
   香港。
3. 他去过法国吗？
   去过。
4. 他会说汉语吗？
   会。

12 Copy the simple characters.

一 寸 寸								
寸	cùn a unit of length (1/30 metre)	寸	寸	寸				
丶 丷 䒑 半 米 米								
米	mǐ rice	米	米	米				
丨 口 口 早 早 尸 足								
足	zú foot	足	足	足				
一 十 才 木								
木	mù wood; tree	木	木	木				

5

13 Copy the new words of Text 2.

丨 冂 冂 曰 甲 甲 里								
里	lǐ inside	里	里	里				
丨 ㄇ 口 早 早 足 足 跕 跕 跕 跟 跟 跟								
跟	gēn with	跟	跟	跟				
丿 彡 彳 彳 行 行 很 很 很								
很	hěn very; quite	很	很	很				
丿 刀 月 月 刖 朋 朋 朋								
朋	péng friend	朋	朋	朋				
一 ナ 方 友								
友	yǒu friend	友	友	友				

14 Look up the country names in the dictionary.

1. 澳大利亚 (ào dà lì yà) Australia
2. 韩国 (hán guó) Korea
3. 俄罗斯 (é luó sī) Russia
4. 泰国 (tài guó) Thailand
5. 新加坡 (xīn jiā pō) Singapore
6. 德国 (dé guó) Germany
7. 意大利 (yì dà lì) Italy
8. 印度 (yìn dù) India
9. 加拿大 (jiā ná dà) Canada
10. 新西兰 (xīn xī lán) New Zealand

6

15 Translate from Chinese to English.

1. 我会说一点儿广东话。I can speak a little Cantonese.
2. 在家里，我跟爸爸说日语。I speak Japanese with my father at home.
3. 在学校，我有很多好朋友。I have many good friends at school.
4. 妹妹在法文学校上学。My younger sister studies at a French school.
5. 妈妈不会说汉语。Mother cannot speak Chinese.
6. 她没有去过中国。She has not been to China.

Type the above sentences on the computer.

16 Change the following verbs into negative forms.

1. 是→ 不是　2. 开车→ 不/没开车　3. 去过→ 没(有)去过
4. 会→ 不会　5. 喜欢→ 不喜欢　6. 上班→ 不/没上班
7. 有→ 没有　8. 吃饭→ 不/没吃饭　9. 工作→ 不/没工作

17 Circle the phrases and write them down.

汉	日	英	去	过	上
法	语	国	家	学	生
广	言	今	年	级	校
东	朋	好	西	班	牙
话	友	人	一	点	儿

1. 汉语　6. 去过
2. 朋友　7. 国家
3. 今年　8. 法语
4. 学校　9. 西班牙
5. 广东话　10. 一点儿

提示：
老师应鼓励学生多找一些词语出来。

提示：
老师应鼓励学生多找一些词语出来。

18 Combine the words in the box to make phrases.

橙	独	手	衣
走	表	服	棕
发	裤	色	生
长	女	路	校

1. 衣服　2. 长裤　3. 长发

4. 橙色　5. 手表　6. 棕色

7. 走路　8. 独生女　9. 校服

19 Circle the sentences as required.

我	会	说	一	点	儿	日	语
不	在	语	英	说	人	国	英
会	我	家	住	在	北	京	学
说	有	在	里	上	学	法	校
西	很	跟	家	说	汉	语	学
班	多	妈	英	里	广	言	在
牙	朋	妈	文	校	吃	东	我
语	友	说	学	国	家	饭	话

√ 1. I speak Cantonese at home.

√ 2. I can speak a little Japanese.

√ 3. I cannot speak Spanish.

√ 4. Our family live in Beijing.

√ 5. I have many friends.

√ 6. I eat at home.

√ 7. I study English at school.

√ 8. English people speak English.

8

20 Translate from English to Chinese.

1. I study in an English school.

   我在英文学校上学。

2. I speak English to my dad.

   我跟爸爸说英语。

3. I have many friends.

   我有很多朋友。

4. I have been to China.

   我去过中国。

5. I have not been to Japan.

   我没有去过日本。

6. I was born in England.

   我在英国出生。

7. I can speak a bit of French.

   我会说一点儿法语。

8. I cannot speak Spanish.

   我不会说西班牙语。

21 Essay writing.

« Sample essay:

我叫王汉生。我是混血儿，我爸爸是西班牙人，我妈妈是英国人。我在日本出生。我会说西班牙语、英语和汉语。在家里，我跟爸爸说西班牙语，跟妈妈说英语。我在一个中文学校上学。我跟朋友说汉语。

It is your turn!

Write about yourself. You should include:

- your name
- your nationality
- where you were born
- what language(s) you can speak
- which school you attend

9

提示：

① 在教课文前，可以先让学生做第11页第1题，特别是要让他们猜“有的”的意思。之后老师应讲解：在罗列时可以用句型“有的……，有的……，还有的……”。

② 接着，老师教表示科目的词语：数学、体育、美术、音乐、电脑。教完科目，可向学生介绍“上数学课”这样的用法。然后，老师可以问：“你喜欢上数学课吗？”“你喜欢上体育课吗？”“你喜欢我们的学校吗？”“你在学校有很多朋友吗？”等等。

③ 最后，老师让学生听课文录音，再问几个关于课文内容的问题，比如“王朋今年多大了？”“他上几年级？”“他有很多朋友吗？”“在学校，他喜欢上什么课？”“他不喜欢上什么课？”

④ 老师可用图卡和词语卡片辅助教学。

Lesson 2 Subjects of Study 科目

Text 1

06

wǒ jiào wáng péng jīn nián shí wǔ suì shàng
我叫王朋，今年十五岁，上
shí yī nián jí wǒ yǒu hěn duō péng you
十一年级。我有很多朋友。

tā men yǒu de shì yīng guó rén yǒu de shì
他们有的是英国人，有的是
měi guó rén hái yǒu de shì rì běn rén
美国人，还有的是日本人。
zài xué xiào wǒ xǐ huan shàng shù xué kè tǐ yù kè
在学校，我喜欢上数学课、体育课
hé měi shù kè wǒ bù xǐ huan
和美术课，我不喜欢
shàng yīn yuè kè hé diàn nǎo kè
上音乐课和电脑课。

NEW WORDS

1. 有的 (yǒu de) some
2. 还(還) (hái) also
3. 数(數) (shù) number
   数学 (shù xué) maths
4. 体(體) (tǐ) body
5. 育 (yù) educate
   体育 (tǐ yù) physical training; PE
6. 美 (měi) beautiful
7. 术(術) (shù) art; skill
   美术 (měi shù) art
8. 音 (yīn) sound; tone
9. 乐(樂) (yuè) music
   音乐 (yīn yuè) music
10. 脑(腦) (nǎo) brain
   电脑 (diàn nǎo) computer

1 Match the picture with the Chinese.

lù shang yǒu hěn duō chū zū chē
a) 路上有很多出租车，
yǒu de shì lán sè de yǒu de
有的是蓝色的，有的
shì hóng sè de
是红色的。

mèi mei zài xué xiào yǒu hěn duō péng
b) 妹妹在学校有很多朋
you yǒu de shì zhōng guó rén
友，有的是中国人，
yǒu de shì rì běn rén
有的是日本人。

gē ge yǒu hěn duō niú zǎi kù
c) 哥哥有很多牛仔裤，
yǒu de shì hēi sè de yǒu de
有的是黑色的，有的
shì lán sè de
是蓝色的。

jiě jie yǒu hěn duō péng yuō yǒu
d) 姐姐有很多朋友，有
de shì nán de yǒu de shì nǚ
的是男的，有的是女
de
的。

11

提示：
做完练习后，老师可以问学生：“你喜欢上汉语课吗？”“你喜欢上美术课吗？”等等。

2 Say the following in Chinese.

1  汉语

2 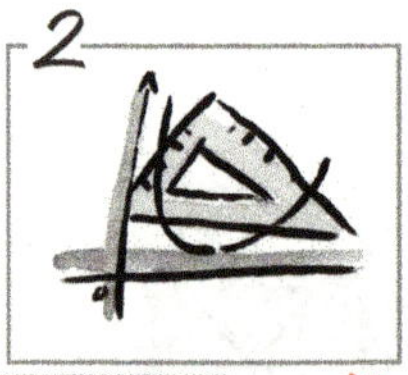 数学

3  体育

4  美术

5  音乐

6  电脑

7  化学

8  英语

9  历史

10  地理

11  戏剧

Extra Words

a) 历史 (lìshǐ)
b) 地理 (dìlǐ)
c) 戏剧 (xìjù)
d) 化学 (huàxué)

提示：
听完录音后，可让学生读出练习中所有的音节。

3 Listen and tick the right pinyin. 07

Practice Focus
neutral tone

1 a) yǎnjìng b) yǎnjing ✓
2 a) xiězì ✓ b) xiézi
3 a) jūnzǐ b) qúnzi ✓
4 a) lǎoshī ✓ b) lǎoshi
5 a) hétào b) hétao ✓
6 a) jiǎzhuāng b) jiàzhuang ✓

12

4 Complete the sentences.

1 路上有很多车，有的是出租车，有的是公共汽车，有的是 电车 ，还有的是 小汽车 。

2 姐姐有很多中国朋友，有的是南京人，有的是香港人，有的是 北京人 ，还有的是 上海人 。

3 妈妈有很多朋友，有的是律师， 有的是老师，有的是商人，还有的是秘书 。

4 爸爸有很多衬衫，有的是蓝色的，有的是 橙色的，有的是棕色的，还有的是灰色的 。

提示：答案仅供参考。

5 Write a sentence with each group of words/phrases given.

1. 英国　美国　日本→ 我去过英国和美国，还去过日本。
2. 英语　汉语　法语→ 我会说英语和汉语，还会说法语。
3. 数学　体育　美术→ 我喜欢上数学和体育课，还喜欢上美术课。
4. 毛衣　外套　长裤→ 我有毛衣和外套，还有长裤。
5. 红色　蓝色　棕色→ 我喜欢红色和蓝色，还喜欢棕色。
6. 一个哥哥　一个姐姐　一个妹妹→ 我有一个哥哥和一个姐姐，还有一个妹妹。

提示：
① 老师应建议学生在句子里用“还”。
② 答案仅供参考。

提示：
做完练习后，可让学生看听力录音稿，以充分领会所听内容。

6 Listen and choose the right answers.

08

1. 高文英会说 a 。 a) 英语和汉语 b) 日语和西班牙语 c) 英语和日语

2. 黄红没有 c 。 a) 英国朋友 b) 美国朋友 c) 西班牙朋友

3. 王蓝喜欢上 a 。 a) 数学和电脑课 b) 体育和音乐课 c) 英语和电脑课

4. 小白没去过 c 。 a) 英国和法国 b) 美国和中国 c) 中国和日本

5. 王美的 a 。 a) 哥哥也工作 b) 爸爸是商人 c) 妈妈开车上班

6. 大年 b 。 a) 在家说英语 b) 在学校学法语 c) 在学校有中国朋友

提示：
教这些独体字时，要帮助学生记住它们的读音。学生一般能记住汉字的意思和书写，但很难记住读音。老师可试着用词语卡片经常复习这些独体字。

7 Learn the simple characters.

dòu 斗 fight

lì 力 strength

qīng 青 blue; green

lì 立 stand

14

Text 2

09

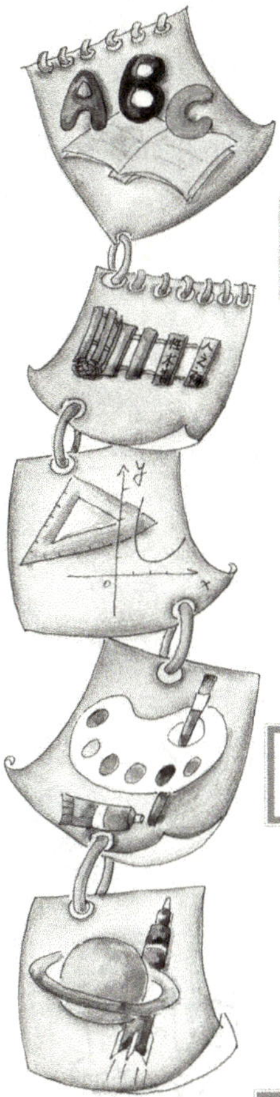

nǐ jīn nián xué jǐ mén kè
你今年学几门课？

shí mén kè
十门课。

nǎ shí mén kè
哪十门课？

yīng yǔ hàn yǔ shù xué
英语、汉语、数学、
měi shù kē xué yīn yuè
美术、科学、音乐、
diàn nǎo lì shǐ dì lǐ
电脑、历史、地理
hé xì jù
和戏剧。

nǐ xǐ huan shàng nǎ mén kè
你喜欢上哪门课？

wǒ xǐ huan shàng lì shǐ kè hé
我喜欢上历史课和
dì lǐ kè
地理课。

nǐ bù xǐ huan shàng nǎ mén kè
你不喜欢上哪门课？

wǒ bù xǐ huan shàng xì jù
我不喜欢上戏剧
hé kē xué kè
和科学课。

提示：

① 在教课文之前，老师可以先复习一下这些词语：英语、汉语、数学、体育、美术、音乐、电脑，然后教生词：科学、历史、地理、戏剧。老师可以准备一些句子，如：“我今年学五门课。”“我今年学汉语、英语、数学、体育和历史。”“我喜欢上历史和地理课。”

② 接着，老师可以问学生怎样把这些陈述句改成疑问句，如：“你今年学几门课？”“你今年学哪五门（什么）课？”“你喜欢上什么课？”“你不喜欢上什么课？”

③ 最后，老师让学生听课文录音，再问几个关于课文内容的问题，以检测学生是否听懂。

④ 老师可用图卡和词语卡片辅助教学。

NEW WORDS

1. 门(門) mén — door; measure word	4. 史 shǐ — history	6. 戏(戲) xì — play; drama
2. 科 kē — a branch of academic study	历史 lì shǐ — history	7. 剧(劇) jù — play; drama; opera
科学 kē xué — science	5. 理 lǐ — reason; natural science	戏剧 xì jù — drama; play
3. 历(歷、曆) lì — experience; calendar	地理 dì lǐ — geography	

提示：
做完练习后，老师可以问学生以下问题：你今年学几门课？你今年学哪几门课？你喜欢上什么课？你不喜欢上什么课？

8 Say one sentence about each picture.

Example

wǒ xǐ huan shàng yīng yǔ kè
我喜欢上英语课。

Extra Words

a) 生物 shēng wù
b) 物理 wù lǐ

1
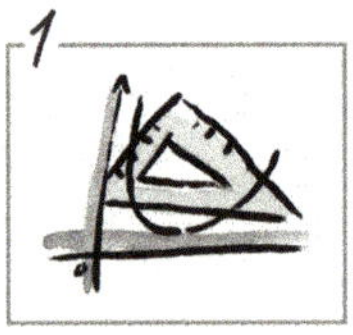

2

3

4

5

6

7

8

9

10

11

12

9 Interview ten classmates.

QUESTIONS	喜欢	不喜欢
1. 你喜欢上英语课吗？ (nǐ xǐ huan shàng yīng yǔ kè ma)	正 下	T
2. 你喜欢上汉语课吗？ (nǐ xǐ huan shàng hàn yǔ kè ma)		
3. 你喜欢上数学课吗？ (nǐ xǐ huan shàng shù xué kè ma)		
4. 你喜欢上体育课吗？ (nǐ xǐ huan shàng tǐ yù kè ma)		
5. 你喜欢上美术课吗？ (nǐ xǐ huan shàng měi shù kè ma)		
6. 你喜欢上音乐课吗？ (nǐ xǐ huan shàng yīn yuè kè ma)		
7. 你喜欢上电脑课吗？ (nǐ xǐ huan shàng diàn nǎo kè ma)		
8. 你喜欢上历史课吗？ (nǐ xǐ huan shàng lì shǐ kè ma)		
9. 你喜欢上地理课吗？ (nǐ xǐ huan shàng dì lǐ kè ma)		
10. 你喜欢上戏剧课吗？ (nǐ xǐ huan shàng xì jù kè ma)		
11. 你喜欢上科学课吗？ (nǐ xǐ huan shàng kē xué kè ma)		

Report to the class:

八个同学喜欢上英语课。两个同学不喜欢上英语课。……

提示：
在做此练习时，老师可以让学生在教室里随意走动，向10个同学提问。如果时间有限，可以采用两人对话的形式进行练习。

提示：
以下16个词语可供活动使用：名字、再见、星期、明年、电话、年级、老师、商人、现在、晚上、每天、走路、英语、戏剧、律师、上午。

10 Activity.

Example

国家	英国	法国	日本
体育	语言	汉语	学校
朋友	家里	很多	中学
数学	电脑	美术	音乐

INSTRUCTIONS

1 The whole class may join the activity.

2 Each student is given a piece of paper with 16 squares. The teacher writes on the board 16 words/phrases, and the students are asked to copy them onto their paper in whatever order they like.

3 The students are asked to tick off the word/phrase the teacher says. Anyone who ticks off four words/phrases in a line in any directions shouts "Bingo".

提示：
在做此练习时，老师要强调"哪"的用法。在口语中要经常复习，用"哪"来提问。

11 Ask your classmates the following questions.

1. nǐ shì nǎ guó rén
你是哪国人？

2. nǐ zài nǎ ge xué xiào shàng xué
你在哪个学校上学？

3. nǐ nǎ tiān bú shàng xué
你哪天不上学？

4. nǐ xǐ huan nǎ mén kè
你喜欢哪门课？

5. nǐ xǐ huan nǎ ge lǎo shī
你喜欢哪个老师？

哪

12 Interview your partner.

《 Sample questions:

1. nǐ jiào shén me míng zi
你叫什么名字？

2. nǐ jīn nián duō dà le
你今年多大了？

3. nǐ shàng jǐ nián jí
你上几年级？

4. nǐ jīn nián xué jǐ mén kè
你今年学几门课？

……

Report to the class:

她叫王小红，
今年十三岁，
上八年级。
她家有……

18

13 Listen and tick the right answers.

10

1	2	3
a) 科学课 ✓	a) 爱好	a) 颜色
b) 十门课	b) 语言	b) 语言 ✓
c) 历史课	c) 音乐课 ✓	c) 校服

4	5	6
a) 黑色和红色	a) 校服 ✓	a) 跟朋友说西班牙语
b) 黄色和蓝色	b) 朋友	b) 跟妈妈说广东话 ✓
c) 蓝色和红色 ✓	c) 工作	c) 在学校说英语

提示：做完练习后，可让学生看听力录音稿，以充分领会所听内容。

14 Role play.

INSTRUCTIONS

Interview such a famous person as an actor, a singer and an athlete. And you should know from him/her the following:

- his/her name
- his/her nationality
- his/her telephone number
- countries he/she has been to
- the language he/she can speak

Example

A：你叫什么名字？(nǐ jiào shénme míngzi)

B：我叫________。(wǒ jiào)

A：你是哪国人？(nǐ shì nǎ guó rén)

B：我是________。(wǒ shì)

……

19

1 Copy the new words of Text 1.

Character	Pinyin / Meaning	Stroke order
还	hái also	一 丆 不 不 不 还 还
数	shù number	丶 丷 丷 米 米 米 娄 娄 娄 数 数 数 数
体	tǐ body	丿 亻 仁 什 什 休 体
育	yù educate	丶 亠 亡 云 产 育 育 育
美	měi beautiful	丶 丷 丷 丷 羊 羊 差 美 美
术	shù art; skill	一 十 才 木 术
音	yīn sound; tone	丶 亠 亠 立 立 产 音 音 音

10

一 ㄷ 乐 乐 乐							
乐	yuè music	乐	乐	乐			
丿 月 月 月 月` 肝 肣 胶 脑 脑							
脑	nǎo brain	脑	脑	脑			

2 Write the radical of each character.

1. 很 (hěn) 彳
2. 还 (hái) 辶
3. 体 (tǐ) 亻
4. 育 (yù) 月
5. 音 (yīn) 立/日
6. 美 (měi) 𦍌
7. 脑 (nǎo) 月
8. 校 (xiào) 木
9. 喜 (xǐ) 士
10. 数 (shù) 攵

3 Write the following in Chinese.

1. 英语

2. 数学

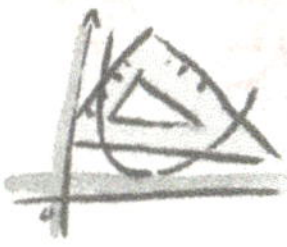

3. 体育

4. 音乐

5. 汉语

6. 美术

7. 电脑

8. 地理

11

提示：
老师应鼓励学生多找一些词语出来。

4 Circle the phrases and write them down.

数	体	育	朋	很	多
音	学	出	友	不	上
乐	生	日	电	脑	课
公	共	汽	车	美	手
汉	语	言	中	国	术

1. 朋友
2. 音乐
3. 数学
4. 体育
5. 汉语
6. 美术
7. 很多
8. 电脑课
9. 生日
10. 公共汽车

5 Combine one part from each box to form a character.

radicals

亻 月 𧾷 攵 讠
⺶ 辶 人 艹 宀

other parts

娄 大 寸 央 豕
囟 艮 吾 云 本

体	数	语	美	过
英	家	脑	会	跟

提示：
让学生根据自己的情况回答。

6 Answer the questions.

1. 你每天早上几点起床？

______

2. 你吃早饭吗？

______

3. 你们早上几点上课？

______

4. 你们下午几点放学？

______

12

7 Translate from Chinese to English.

1. 我们汉语班的学生，有的是英国人，有的是日本人，还有的是法国人。

   In our Chinese class, there are English students, Japanese students and French students.

2. 我喜欢上英语课和外语课。我不喜欢上音乐课和体育课。

   I like English and foreign language lessons, I do not like music and P.E. lessons.

3. 我会说英语、法语和一点儿汉语。我不会说日语。

   I can speak English, French and a little Chinese. I cannot speak Japanese.

8 Reading comprehension.

我叫高书文，今年十六岁，上十一年级。我今年学十门课：英语、汉语、数学、科学、地理、历史、音乐、电脑、戏剧和体育。我喜欢上数学课和科学课，因为数学课和科学课的老师都对我很好。我不喜欢上体育课和音乐课，因为我不喜欢体育活动，也不会唱歌、弹琴。

« Answer the questions:

1. 高书文今年多大了？
   十六岁。
2. 她今年学几门课？
   十门课。
3. 她喜欢上什么课？
   数学课和科学课。
4. 她不喜欢上什么课？
   体育课和音乐课。
5. 她会弹琴吗？
   不会。

13

9 Translate from English to Chinese.

1. I take the school bus to school.
我坐校车上学。

2. I go to bed at 10:30 p.m.
我晚上十点半睡觉。

3. I like my maths teacher.
我喜欢我的数学老师。

4. I do not like P.E. lessons.
我不喜欢上体育课。

5. At school, I have many friends.
在学校，我有很多朋友。

6. I like my school.
我喜欢我的学校。

10 Copy the simple characters.

丶 ⺀ 亠 斗								
斗	dòu fight	斗	斗	斗				
𠃌 力								
力	lì strength	力	力	力				
一 二 三 丰 丰 青 青 青								
青	qīng blue; green	青	青	青				
丶 亠 亠 立 立								
立	lì stand	立	立	立				

14

11 Copy the new words of Text 2.

丶 丨 门								
门	mén door; measure word	门	门	门				
一 二 千 禾 禾 禾 禾 禾 科								
科	kē a branch of academic study	科	科	科				
一 厂 万 历								
历	lì experience; calendar	历	历	历				
丨 冂 口 史 史								
史	shǐ history	史	史	史				
一 二 干 王 王 玎 玎 玾 理 理 理								
理	lǐ reason; natural science	理	理	理				
フ 又 又 戏 戏 戏								
戏	xì play; drama	戏	戏	戏				
一 コ 尸 尸 尸 尸 居 居 剧 剧								
剧	jù play; drama; opera	剧	剧	剧				

12 Write the meaning of each phrase.

1. 音乐 music
2. 体育 P.E.
3. 数学 maths
4. 电脑 computer
5. 日语 Japanese (language)
6. 汉语 Chinese (language)
7. 美术 art
8. 地理 geography
9. 科学 science
10. 历史 history
11. 法语 French (language)
12. 戏剧 drama

13 Write the time in Chinese.

1. 12:30 中午十二点半
2. 09:45 上午九点三刻
3. 15:55 下午三点五十五分
4. 23:30 晚上十一点半
5. 06:15 早上六点一刻
6. 12:05 中午十二点零五分
7. 20:10 晚上八点十分
8. 10:35 上午十点三十五分

14 Write the following in Chinese.

1. 美术

2. 数学

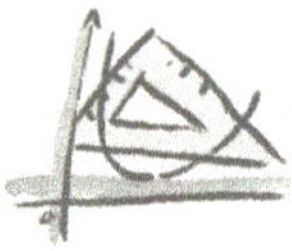

3. 化学

4. 历史

5. 地理

6. 戏剧

7. 体育

8. 音乐

16

15 Answer the questions.

1. 你今年学几门课？哪几门课？

____

2. 你喜欢上哪门课？不喜欢上哪门课？

____

3. 你喜欢哪个老师？不喜欢哪个老师？

____

提示：让学生根据自己的情况回答。

16 Translate from English to Chinese.

1. I walk to school every day. 我每天走路上学。
2. I go to school at 8:00. 我早上八点去上学。
3. My father drives to work every day. 我爸爸每天开车上班。
4. My mother does not work. 我妈妈不工作。
5. I am 12 years old and in seventh grade. 我十二岁，上七年级。
6. I can speak English and a little Chinese. 我会说英语和一点儿汉语。

17 Write one word for each radical.

1. 攵 数　2. 月 脑　3. 王 班　4. 厂 历　5. 讠 说

6. 禾 科　7. 刂 剧　8. 又 戏　9. 亻 体　10. 𦍌 美

提示：老师可鼓励学生为每个偏旁部首多写几个汉字。

17

18 Look up the words in the dictionary and write down their meanings.

1. 口语 spoken language	2. 脚跟 heel	3. 头脑 brains; mind
4. 数字 number	5. 日历 calendar	6. 好友 good friend
7. 过去 past	8. 立体 three-dimentional	9. 京剧 Beijing Opera

19 Fill in the blanks with the question words in the box.

几　什么　谁　怎么　哪　哪儿

1. 你去过什么国家？
2. 你家有几口人？有谁？
3. 在家，你跟爸爸说什么语言？
4. 你每天怎么上学？
5. 你的汉语老师是哪国人？
6. 你姐姐住在哪儿？

20 Add more words to each category.

提示：答案仅供参考。老师应鼓励学生多写几个词语。

1. 昨天　今天　明天
2. 你好　你早　再见
3. 爸爸　妈妈　姐姐　哥哥　弟弟　妹妹
4. 中国　美国　日本　英国　法国　西班牙
5. 起床　上学　上班
6. 红色　蓝色　黄色　棕色　橙色　黑色
7. 校服　衬衫　汗衫　外套　裙子　长裤
8. 数学　历史　地理　科学　美术　体育
9. 日语　汉语　英语

18

21 Rearrange the words/phrases to form a sentence/question.

1. 学/我/今年/十门课/。 我今年学十门课。
2. 哪门课/你/喜欢/学/? 你喜欢学哪门课?
3. 有/英语课/今天/我/。 我今天有英语课。
4. 汉语/在学校/学/我/。 我在学校学汉语。
5. 跟/妈妈/我/广东话/说/。 我跟妈妈说广东话。
6. 一点儿/我/说/会/法语/。 我会说一点儿法语。

Type the above sentences on the computer.

22 Essay writing.

« Sample essay:

我叫陈天力，今年十五岁，上十年级。我们汉语班一共有二十个学生。我们有的是日本人，有的是美国人，有的是英国人，有的是韩国人，还有的是法国人。今年我上十门课：数学、英语、汉语、科学等等。我喜欢上数学课和电脑课。我不喜欢上体育课和音乐课。

It is your turn!

Write about yourself. You should include:

- your name, age and grade
- number of students in your Chinese class and their nationalities
- the subjects you take this year
- the subjects you like or dislike

提示：

① 在教课文之前，老师可以先复习"你好！""您早！""再见！"，然后教新句子"谢谢你。""不客气。""请问""哪一位？""等一等。"

② 在上一课里出现了"你家里"，在本课我们可以把"在家"当做一个词来学。

③ 老师可以先复习一下称呼：爸爸、妈妈、姐姐、哥哥、弟弟、妹妹，然后带出怎样说"先生"，也可以同时教"小姐"。

④ 有时候让学生听课文录音之前不用把课文里出现的所有生词都教完。老师要鼓励学生猜生词的意思，并试着理解含有生词的课文录音。

⑤ 在听完录音后，老师可以让学生两人一组，把这两段对话的大意讲出来。

⑥ 老师可用图卡和词语卡片辅助教学。

Unit 1

Lesson 3 Making Phone Calls 打电话

Text 1

11

20

①

nín hǎo xiǎo míng zài jiā ma
您好！小明在家吗？

tā bú zài
他不在。

xiè xie nín
谢谢您！

bú kè qi
不客气。

②

bái xiān sheng zài jiā ma
白先生在家吗？

zài qǐng wèn nǐ shì nǎ yí wèi
在。请问，你是哪一位？

wǒ jiào wáng dōng
我叫王东。

qǐng děng yi děng wǒ qù jiào tā
请等一等，我去叫他。

New Words

1. 在家 (zài jiā) be at home
2. 谢(謝) (xiè) thank
   谢谢 (xiè xie) thanks
3. 客 (kè) guest
4. 气(氣) (qì) gas; air
   客气 (kè qi) polite
   不客气 (bú kè qi) You're welcome.
5. 先 (xiān) earlier; first of all
   先生 (xiān sheng) Mr.; husband
6. 请(請) (qǐng) please
7. 问(問) (wèn) ask
   请问 (qǐng wèn) excuse me; one may ask
8. 位 (wèi) place; seat; measure word
   哪一位 (nǎ yí wèi) Whom am I talking to?
9. 等 (děng) wait
   等一等 (děng yi děng) wait a moment

1 Make dialogues with your partner.

1

2

3

4

5

Sentences for Reference

a) 你（您）早！(nǐ (nín) zǎo)
b) 你（您）好！(nǐ (nín) hǎo)
c) 再见！(zài jiàn)
d) 谢谢你！(xiè xie nǐ)
e) 不客气。(bú kè qì)

提示：
听完录音后，可让学生读出练习中所有的音节。

2 Listen and add tonal marks to the pinyin.

12

Practice Focus
neutral tone

1 shétou
2 háizi
3 pútao
4 hánhu
5 nuǎnhuo
6 bièniu

提示：
做完练习后，老师可以说一句“请坐”，选一个学生把这句话用动作表演出来。

3 Match the picture with the answer.

1

b

2

f

3

h

4

g

5

d

6

a

7

e

8

c

Answers

a) qǐng wèn 请问
b) qǐng shuō 请说
c) qǐng zuò 请坐
d) qǐng chī 请吃
e) qǐng chuān shang 请穿上
f) qǐng fàng xia 请放下
g) qǐng shàng chē 请上车
h) qǐng xià chē 请下车

提示：
答案仅供参考。

4 Say the sentences in another way.

1. jīn tiān wǎn shang lái wǒ jiā zuò yi zuò
今天晚上来我家坐一坐。

今天晚上来我家坐坐。

2. nǐ qù wèn yí xià lǎo shī
你去问一下老师。

你去问问老师。

3. qǐng nǐ shuō yi shuō nǐ jīn nián xué shén me kè
请你说一说你今年学什么课。

请你说一下你今年学什么课。

4. wǒ men wǎn shang chū qu zǒu zou
我们晚上出去走走。 我们晚上出去走一走。

5. qǐng nǐ děng yí xià
请你等一下。 请你等一等。

6. nǐ chuān yi chuān zhè tào xiào fú
你穿一穿这套校服。 你穿一下这套校服。

NOTE

The expressions 等一等, 等等 and 等一下 all imply a short and quick action, and express an attempt or trial, e.g.

请你等一下。

5 Activity.

1 亻	2 女	3 日	4 夕	5 宀
6 心	7 人	8 冖	9 目	10 月
11 山	12 王	13 讠	14 石	15 灬
16 自	17 阝	18 纟	19 禾	20 癶
21 辶	22 氵	23 ⺶	24 口	25 厂

INSTRUCTIONS

1 The class is divided into small groups.

2 Each group is asked to memorize the radicals listed on the left. Then the teacher gives a dictation on those radicals.

3 The group writing more correct radicals than any other group wins the activity.

23

提示：
做完练习后，可让学生看听力录音稿，以充分领会所听内容。

6 Listen and match.

13

c 1 小文	a) 有妈妈的手机号码。
e 2 大明	b) 去北京了。
b 3 小红的爸爸	c) 在家。
a 4 冬冬	d) 明天没有历史课。
f 5 京京	e) 是小文的朋友。
d 6 大生	f) 没有表。

提示：
让学生两个人一组，根据情景编四段对话，然后老师指定其中一个情景叫某一组表演给其他同学看。

7 Role play.

Make telephone calls.

Situations

1	2	3	4
Call your father's office, but he is not in.	Call your best friend's home, and he/she is at home.	Call Mr. Huang's home. He is not in. He is in Beijing.	Call your friend Xiaoming. He is at home.

提示：
教这些独体字时，要帮助学生记住它们的读音。学生一般能记住汉字的意思和书写，但很难记住读音。老师可以用词语卡片经常复习这些独体字。

8 Learn the simple characters.

shǐ 矢 arrow

mǐn 皿 utensils

jīn 巾 towel

dàn 旦 dawn

Text 2

14

提示：

① 在教课文之前，老师可以让学生先做第26页第9题，顺便把"对不起！""没关系。"教给学生。

② 老师可以先教下列词语：小姐、打电话、打错电话、回来、知道，然后，可让学生试着用这些词造句，比如："小姐，你叫什么名字？""我每天打电话。""你打错电话了。""你几点回来？""你知道我是谁吗？"

③ 最后，老师给学生听课文录音，让学生试着把这两段对话的大意讲出来。

④ 老师可用图卡和词语卡片辅助教学。

NEW WORDS

1. 小姐 (xiǎo jie) Miss
2. 打 (dǎ) strike; send
3. 错(錯) (cuò) mistake; wrong
4. 对(對) (duì) right
   对不起 (duì bu qǐ) I'm sorry.
5. 关(關) (guān) close
6. 系(係) (xì) system
   关系 (guān xi) relationship
   没关系 (méi guān xi) It doesn't matter.
7. 回(迴) (huí) return
8. 来(來) (lái) come
   回来 (huí lai) return
9. 知 (zhī) know
10. 道 (dào) say; talk
    知道 (zhī dào) know
11. 一会儿 (yí huìr) a little while

9 Make dialogues with your partner.

1

2

3

4

5

6

Sentences for Reference

a) 对不起! (duì bu qǐ)
b) 没关系。 (méi guān xi)
c) 谢谢! (xiè xie)
d) 不客气。 (bú kè qi)
e) 你好! (nǐ hǎo)
f) 您早! (nín zǎo)
g) 再见! (zài jiàn)

26

10 Role play.

Make telephone calls.

1	2	3	4	5
Someone is looking for your dad, but he is not at home. He has gone to China. Ask the person to call again this Tuesday.	Someone is looking for your mum. She is not at home. She is at school. Ask the person to call back at 8 p.m. tonight.	Someone calls to talk to your elder brother. He is not at home. He has gone to Beijing. Ask the person to call again this Friday.	Someone calls to talk to your elder sister. She is at home. You go to fetch her.	Someone calls to talk to your younger brother. He is sleeping. Ask the person to call again tomorrow morning.

提示：
让每两个学生一组，根据情景编五段对话，然后指定其中一个情景叫某一组表演给其他同学看。

11 Activity.

Example

国家	出生	语言	汉语
朋友	喜欢	学校	很多
请问	数学	体育	美术
不客气	等一等	……	

INSTRUCTIONS

1 The class is divided into two teams.

2 The team members line up on both sides of the classroom. One member from each team stands near the board.

3 The teacher puts up 10-15 cards with characters on the board. The teacher says one word, and the person who is the first to touch the card wins a point.

提示：
以下词语可供活动使用：英语、一点儿、在家、电脑、音乐、科学、历史、地理、戏剧、请问、先生、小姐、回来、知道。

提示：
做完练习后，可让学生看听力录音稿，以充分领会所听内容。

12 Listen and tick the right answers.

15

1.
a) 没有电话
b) 没有睡觉
c) 没有大生 ✓

2.
a) 晚上七点洗澡
b) 晚上七点吃饭
c) 晚上七点回家 ✓

3.
a) 晚上十点睡觉
b) 上午十点四十分上英语课
c) 下午四点半放学 ✓

4.
a) 等一会儿再打电话 ✓
b) 五点回家
c) 下午三点五十分放学

5.
a) 起床了
b) 睡觉了 ✓
c) 上学了

6.
a) 在家 ✓
b) 在学校
c) 在朋友家

提示：
老师应提醒学生：在含有"知道"的问句中，除了用疑问词外，还要在问句最后加"吗"。

13 Change the following sentences into questions.

1. wǒ bù zhī dào tā shì shuí
我不知道他是谁。→ 你知道他是谁吗？

2. wǒ bù zhī dào xiàn zài jǐ diǎn
我不知道现在几点。→ 你知道现在几点吗？

3. wǒ bù zhī dào tā zuò shén me gōng zuò
我不知道他做什么工作。→ 你知道他做什么工作吗？

4. wǒ bù zhī dào tā shì nǎ guó rén
我不知道她是哪国人。→ 你知道她是哪国人吗？

5. wǒ bù zhī dào bà ba jǐ diǎn huí lai
我不知道爸爸几点回来。→ 你知道爸爸几点回来吗？

6. wǒ bù zhī dào tā duō dà le
我不知道他多大了。→ 你知道他多大了吗？

28

14 Interview your classmates.

QUESTIONS	知道	不知道
nǐ de yīng yǔ lǎo shī shì nǎ guó rén 1. 你的英语老师是哪国人?	英国人	
nǐ jīn tiān yǒu jǐ jié kè 2. 你今天有几节课?		
nǐ bà ba zuò shén me gōng zuò 3. 你爸爸做什么工作?		
nǐ mā ma zuò shén me gōng zuò 4. 你妈妈做什么工作?		
nǐ de hàn yǔ lǎo shī xǐ huan shén me yán sè 5. 你的汉语老师喜欢什么颜色?		
nǐ de shù xué lǎo shī zěn me shàng bān 6. 你的数学老师怎么上班?		
xiàn zài jǐ diǎn le 7. 现在几点了?		
nǐ bà ba zǎo shang jǐ diǎn shàng bān 8. 你爸爸早上几点上班?		
nǐ bà ba chuān shén me yī fu shàng bān 9. 你爸爸穿什么衣服上班?		

提示：
做练习前，老师可以让每两个学生一组，每组写出十个问句。

15 Activity.

穿 说 开 吃

校服 晚饭
汉语 校车

INSTRUCTIONS

1 The class is divided into groups of 3 or 4.

2 The teacher gives out two sets of cards. There are verbs on one set of the cards, and nouns on the other. The students are asked to match the verbs with the nouns to form phrases. They need to write down the phrases with correct character writing.

3 The group, which makes more correct phrases than any other group, is the winner.

提示：
以下短语可供活动使用：打电话、上汉语课、喜欢红色、说英语、问老师、坐校车。

1 Copy the new words of Text 1.

谢	xiè thank	谢	谢	谢				
客	kè guest	客	客	客				
气	qì gas; air	气	气	气				
先	xiān earlier; first of all	先	先	先				
请	qǐng please	请	请	请				
问	wèn ask	问	问	问				
位	wèi place; seat; measure word	位	位	位				

丿 ㇒ ㇏ ⺮ 竺 竺 竺 笙 笙 笙 笺 等								
等	děng wait	等	等	等				

2 Find the word in the box to form a phrase.

气 脑 理 育 乐 剧 史 术 校 学

1. 数 学 2. 体 育 3. 地 理 4. 客 气 5. 电 脑
6. 美 术 7. 戏 剧 8. 音 乐 9. 历 史 10. 学 校

3 Match the question with the answer.

b 1 你今年学几门课？ a) 美国、英国、法国和中国。
d 2 你喜欢学哪门课？ b) 八门课。
a 3 你去过什么国家？ c) 他不在。他出去了。
f 4 你会说什么语言？ d) 历史和地理。
c 5 小明在家吗？ e) 上海二中。
e 6 你在哪个学校上学？ f) 英语和一点儿汉语。

4 Write one word for each radical.

1. 厂 历 2. ⺮ 等 3. 讠 谢 4. 宀 客 5. 门 问
6. 又 欢 7. 刂 剧 8. 攵 数 9. 禾 科 10. 士 喜

提示：老师可鼓励学生为每个偏旁部首多写几个汉字。

提示：
答案仅供参考。

5 Complete the dialogues.

1. A: 米老师在家吗？
   B: 她不在家。
2. A: 谢谢您！
   B: 没关系。
3. A: 请问，小明在家吗？
   B: 在。请问，你是哪一位？
4. A: 王老师在家吗？
   B: 在，请等一等。
5. A: 你叫什么名字？
   B: 我叫史言。
6. A: 请问，你是哪一位？
   B: 我是你哥哥的朋友。

6 Write the pinyin and characters.

1 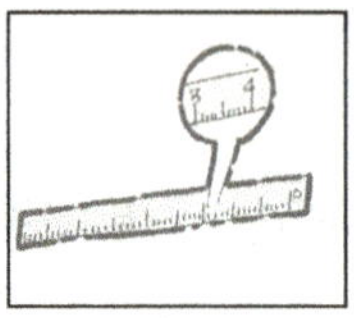
cùn 寸

2 

mǐ 米

3 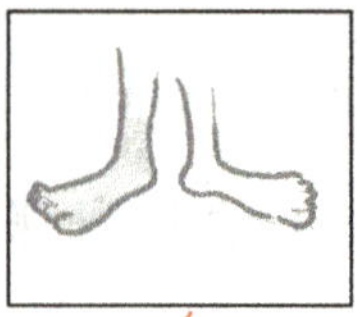
zú 足

4 
mù 木

5 
lì 力

6 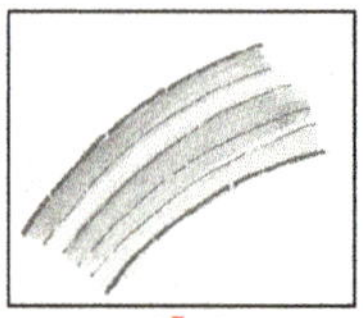
qīng 青

7 
lì 立

8 
dòu 斗

7 Count the strokes of each character.

1.	zài	在	6
2.	děng	等	12
3.	wèi	位	7
4.	jiào	叫	5
5.	nín	您	11
6.	xiè	谢	12
7.	kè	客	9
8.	qì	气	4
9.	qǐng	请	10
10.	wèn	问	6

22

8 Write dialogues in the bubbles.

9 Fill in the missing part to form a sentence/question.

1. 小明不 在家 ，他出去了。请问 ，您是 哪一位 ？
2. 我的朋友，有的是美国人，有的 是日本人，有的 是英国人。
3. 我在 英文学校 上学。我今年上 八年级 。
4. 在学校，我有 很多朋友 。
5. 我今年学 五门课 ：历史、地理、英语、汉语和电脑。

23

10 Reading comprehension.

我今天下午四点去了小明家。他正好不在家。他妈妈在家。他妈妈说他去电影院看电影了。他妈妈叫我晚上给他打电话。晚上七点，我给小明打电话了。他还是不在家。晚上十点我又给他打电话。他妈妈说他还没有回家。他去哪儿了？

True or false:

T 1. 下午四点小明不在家。

T 2. 今天下午小明去看电影了。

F 3. "我"晚上六点又打了一个电话给小明。

F 4. 小明十点回家了。

11 Copy the simple characters.

ノ 𠂉 𠂉 午 矢								
矢	shǐ arrow	矢	矢	矢				
丨 冂 冂 冂 皿								
皿	mǐn utensils	皿	皿	皿				
丨 冂 巾								
巾	jīn towel	巾	巾	巾				
丨 冂 日 日 旦								
旦	dàn dawn	旦	旦	旦				

24

12 Copy the new words of Text 2.

一 † 扌 扌 打								
打	dǎ strike; send	打	打	打				
丿 𠂉 𠂉 𠂉 钅 钅 钅 钅 钅 钳 错 错 错								
错	cuò mistake; wrong	错	错	错				
フ 又 又 对 对								
对	duì right	对	对	对				
丶 丷 丷 兰 兰 关								
关	guān close	关	关	关				
一 ㄥ 幺 幺 幺 系 系								
系	xì system	系	系	系				
丨 冂 冂 回 回 回								
回	huí return	回	回	回				
一 一 一 立 平 来 来								
来	lái come	来	来	来				
丿 𠂉 ⺧ 矢 矢 矢 知 知								
知	zhī know	知	知	知				

丶 丷 䒑 䒑 产 首 首 首 首 ˋ首 诮 道								
道	dào say; talk	道	道	道				

13 Write the meaning of each phrase.

1. 对不起 I'm sorry.
2. 没关系 It doesn't matter.
3. 回来 return
4. 谢谢你 Thank you.
5. 不客气 You're welcome.
6. 知道 know
7. 哪一位 Whom am I talking to?
8. 等一等 wait a moment
9. 小姐 Miss
10. 打电话 make a phone call
11. 您早 Good morning!
12. 先生 Mr. ; husband

14 Translate from Chinese to English.

1. 你知道今天是几月几号吗？ Do you know what date it is today?
2. 你知道我今年学几门课吗？ Do you know how many subjects I study this year?
3. 你知道谁打电话来了吗？ Do you know who called?
4. 你知道他会说什么语言吗？ Do you know what language he can speak?
5. 你知道爸爸几点回家吗？ Do you know what time dad comes home?
6. 你知道妈妈跟老师说了什么吗？ Do you know what mother said to the teacher?

15 Look up the words in the dictionary and write down their meanings.

1. 客人 guest
2. 生气 get angry
3. 日历 calendar
4. 学问 learning; knowledge
5. 请客 entertain guests
6. 家人 family member

26

16 Fill in the missing word to form a phrase.

1. 号 mǎ 码　2. 回 lai 来　3. 电 huà 话　4. 没 guān 关 xi 系

5. 请 wèn 问　6. 喜 huan 欢　7. 历 shǐ 史　8. 对不 qǐ 起

9. 小 jie 姐　10. 知 dào 道　11. 先 sheng 生　12. 哪一 wèi 位

17 Translate from English to Chinese.

(一)

A: May I know if Dasheng is at home?
请问，大生在家吗？

B: You dialed the wrong number.
你打错电话了。

A: I am sorry.
对不起。

B: It doesn't matter.
没关系。

(二)

A: May I know if Xiaoming is at home?
请问，小明在家吗？

B: I am sorry that he is not at home.
对不起，他不在家。

A: Do you know when he is back?
你知道他几点回来吗？

B: I don't know. Please call him tomorrow.
我不知道，请明天再打来。

18 Look up the words in the dictionary and write down their meanings.

1. kǒu 口 mouth　　pǐn 品 article
2. huǒ 火 fire　　yán 炎 scorching; inflammation
3. mù 木 wood; tree　　lín 林 forest

19 Rearrange the words/phrases to form a sentence/question.

1. 你/请问,/哪一位/是/? → 请问，你是哪一位？
2. 等一等,/去/他/叫/我/。→ 等一等，我去叫他。
3. 晚上/你/回来/几点/? → 你晚上几点回来？
4. 等一会儿/你/再打来/请/。→ 请你等一会儿再打来。
5. 电话号码/多少/你家的/是/? → 你家的电话号码是多少？

Type the above sentences on the computer.

20 Find the opposite words in the box and write them down.

短	地	错
下	少	白
矮	晚	小

1. 上 → 下　2. 黑 → 白　3. 对 → 错
4. 长 → 短　5. 高 → 矮　6. 早 → 晚
7. 多 → 少　8. 大 → 小　9. 天 → 地

提示：
老师应鼓励学生多找一些词语出来。

21 Circle the phrases and write them down.

对	不	起	床	生	科
没	有	客	气	小	学
关	门	说	汉	语	广
系	回	家	里	东	大
知	道	来	话	号	码

1. 起床　6. 号码
2. 对不起　7. 科学
3. 没关系　8. 广东话
4. 回家　9. 汉语
5. 知道　10. 客气

28

22 Colour the words/phrases as required.

提示：
"◇" 表示黄色；
"○" 表示绿色；
"□" 表示紫色。

电脑	律师	老师	起床	西班牙语
英语	戏剧	上课	对不起	不客气
法语	日语	音乐	商人	哪一位
科学	睡觉	地理	上学	等一等
秘书	历史	吃饭	请问	没关系

1. school subjects: 黄色
2. jobs: 绿色
3. routines: 紫色
4. phrases used for phone calls: 红色

23 Rearrange the sentences to make two telephone conversations.

（一）

我叫胡家方。③

你是哪一位？②

请问，王先生在家吗？①

请等一等，我去叫他。④

谢谢。⑤

（二）

9326 2576。④

他不在。请你打他的手机。②

请问，黄老师在吗？①

他的手机号码是多少？③

不客气。⑥

谢谢你。⑤

29

提示：
老师可用图卡、词语卡片和挂图辅助教学。

Unit 1 Revision

1 Simple characters.

1. 寸 米 足 木 斗 力 青 立 矢 皿 巾 旦

2 Countries, languages and dialects.

国家：英国 法国 日本 西班牙

语言：汉语 英语 日语 西班牙语

方言：广东话

3 School subjects.

数学 体育 美术 音乐 电脑 历史 地理 戏剧 科学

4 Other nouns and pronoun.

学校 先生 小姐 朋友 有的

5 Measure word.

十门课

6 Set phrases.

1. 谢谢你 2. 不客气 3. 请问 4. 哪一位
5. 等一等 6. 一点儿 7. 对不起 8. 没关系
9. 不知道 10. 等一会儿 11. 好吗 12. 打错电话了

7 Grammar points.

1. 过 a particle indicating past experience
   a) 我去过中国。
   b) 我没有去过美国。

2. 会 can; may

我会说汉语。

3. 跟 with

我在家里跟妈妈说汉语。

8 Verbs.

1. 说(汉语)　2. 上(数学课)　3. 喜欢　4. 叫(他)
5. 打(电话)　6. 问　7. 回来　8. 等　9. 知道

9 Adverb.

还　很

10 Sentence structures.

subject	在+ place	verb	object
我	在家里	说	广东话。
他	在英文学校	上学。	
你	在哪儿	出生?	

11 Questions and answers.

1. 你在哪儿出生?　美国。
2. 你去过什么国家?　我去过英国和日本。
3. 你去过美国吗?　(没有)去过。
4. 你会说什么语言?　英语和一点儿汉语。
5. 你会说法语吗?　(不)会。
6. 你今年学几门课?　十门。
7. 你喜欢上什么课?　历史、地理和科学。
8. 请问，王老师在家吗?　(不)在。
9. 你是哪一位?　我叫王明。
10. 你下午几点回来?　三点半。

Unit 1 Test

1 Write the country name and its language under each flag.

英国	汉语
日本	美国
中国	法国
日语	英语
法语	
西班牙	
西班牙语	

1.  中国，汉语
2.  英国，英语
3.  美国，英语
4. 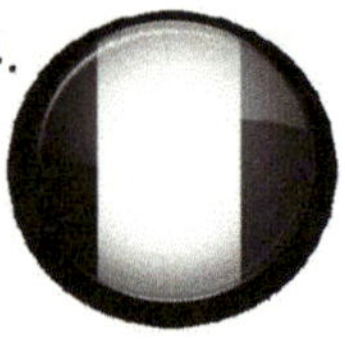 法国，法语
5.  西班牙，西班牙语
6.  日本，日语

2 Match the picture with the Chinese.

a)美术	b)地理	c)汉语	d)历史	e)戏剧
f)体育	g)音乐	h)电脑	i)化学	j)数学

1. j 
2. a 
3. i 
4. d 
5. b 
6. f 
7. g 
8. h 
9. e 
10. c 

3 Match the Chinese with the English.

d 1 不客气 a) thank you

e 2 对不起 b) excuse me

b 3 请问 c) wait a minute

a 4 谢谢你 d) you are welcome

f 5 没关系 e) sorry

c 6 等一等 f) never mind

4 True or false.

T 1 中国人说汉语。

T 2 美国人不说日语。

T 3 香港人说广东话。

T 4 法国人说法语。

F 5 英国人都会说西班牙语。

5 Rearrange the words/phrases to form a sentence.

1. 说/妈妈/广东话/会/。→ 妈妈会说广东话。
2. 去过/爸爸/美国/。→ 爸爸去过美国。
3. 他/不/上/音乐课/喜欢/。→ 他不喜欢上音乐课。
4. 说/哥哥/一点儿/法语/会/。→ 哥哥会说一点儿法语。
5. 一半/他/中国人/是/。→ 他一半是中国人。
6. 广东话/说/在家里/他/。→ 他在家里说广东话。

6 Match the question with the answer.

d 1 请问，王先生在家吗？　　a) 没有。

a 2 你去过上海吗？　　b) 十一门课。

e 3 你会说什么语言？　　c) 科学和历史。

b 4 你今年学几门课？　　d) 对不起，他不在家。

f 5 王小姐几点回来？　　e) 英语和一点儿日语。

c 6 你喜欢上什么课？　　f) 不知道。

7 Write the radical and its meaning.

1. 说 讠 speech　2. 跟 𧾷 foot　3. 很 彳 two people

4. 客 宀 roof with chimney　5. 错 钅 metal　6. 知 矢 arrow

8 Fill in the blanks with the words found in the grid.

科	出	电	话
学	生	法	东
回	汉	语	广
来	家	日	言

1. 他在日本 学日语 。
2. 你会说什么 语言 ？
3. 你打错了 电话 。
4. 你几点 回家 ？

9 Find the simple character and write its pinyin and meaning.

1. 村 寸 (cùn) 1/30 metre　2. 迷 米 rice　3. 抖 斗 fight

4. 粒 立 stand　5. 清 青 blue; green　6. 历 力 strength

10 Translation.

1. 我没有去过西班牙。I have not been to Spain.
2. I have been to Japan. 我去过日本。
3. 你会说法语吗？Can you speak French?
4. I can speak a little Chinese. 我会说一点儿汉语。
5. 你今年学几门课？How many subjects do you study this year?
6. I like music and art lessons. 我喜欢上音乐和美术课。
7. 对不起，王小姐不在家。I'm sorry, Miss Wang is not at home.
8. Excuse me, is Mr. Wang in? 请问，王先生在家吗？

11 Reading comprehension.

我在一个英文学校上学。我今年学十门课。我喜欢上科学课和地理课，我不喜欢上美术课。我在学校学英语和汉语。我在家跟妈妈说英语和广东话。在学校我有很多朋友。他们有的是中国人，有的是英国人，还有的是美国人。

《 Answer the questions:

1. 他有法国朋友吗？
   没有。
2. 他在学校学什么语言？
   英语和汉语。
3. 他喜欢上什么课？
   科学和地理课。
4. 他喜欢上美术课吗？
   不喜欢。

Unit 1: Listening Paper

1 Choose the correct pinyin.

1. a) yǔyán　b) yù yán
2. a) fàngyǎn　b) fāngyán
3. a) shūxuě　b) shùxué
4. a) lìshǐ　b) lìshì
5. a) xìjù　b) xìqǔ
6. a) huìlái　b) huílai

2 Write the pinyin with correct tones.

1. ______________　2. ______________　3. ______________

4. ______________　5. ______________　6. ______________

3 Choose the right answers.

1. 爸爸去过___。
   a) 日本　b) 英国　c) 美国
2. 妈妈会说___。
   a) 一点儿法语　b) 英语
   c) 西班牙语
3. 大生今年___。
   a) 上十年级　b) 十一岁
   c) 上十一年级
4. 小月喜欢上___。
   a) 体育课　b) 戏剧课
   c) 数学课
5. 王先生___。
   a) 不在家　b) 在家
   c) 回家了
6. 小文一会儿___。
   a) 上学　b) 回家　c) 打电话

4 Choose the right answers.

1. 他在___出生。
   a) 上海　b) 香港　c) 北京
2. 他一半___，一半是___。
   a) 英国人，美国人
   b) 美国人，法国人
   c) 美国人，西班牙人
3. 他会说一点儿___。
   a) 西班牙语　b) 广东话
   c) 上海话
4. 他爸爸是___。
   a) 律师　b) 老师　c) 商人
5. 他今年___岁，上___年级。
   a) 十七，十二
   b) 十二，七
   c) 十一，七
6. 他喜欢上___课。
   a) 科学　b) 历史
   c) 美术

Unit 1: Speaking Paper

Answer the following questions.

1. 你在哪儿出生？
2. 你是哪国人？你爸爸、妈妈是哪国人？
3. 你去过什么国家？你去过中国吗？
4. 你会说什么语言？你在学校学什么语言？
5. 你在家里跟爸爸说什么语言？跟妈妈说什么语言？
6. 你在哪儿上学？
7. 你今年学几门课？什么课？
8. 你喜欢上哪门课？
9. 你不喜欢上哪门课？
10. 你家的电话号码是多少？

Unit 1: Reading Paper

1 Write down the meanings of the following phrases.

1. 哪一位 ________ 2. 不知道 ________ 3. 对不起 ________

4. 没关系 ________ 5. 打电话 ________ 6. 不客气 ________

2 Write down the meanings of the simple characters.

1. 寸 ________ 2. 足 ________ 3. 斗 ________ 4. 青 ________

5. 矢 ________ 6. 皿 ________ 7. 旦 ________ 8. 立 ________

3 Find the missing word in the box to form a phrase.

学	育	生	史	剧	问	校	家

1. 数____ 2. 先____ 3. 戏____ 4. 体____

5. 国____ 6. 请____ 7. 历____ 8. 学____

4 Match the question with its answer.

____ 1 你在哪儿出生? a) 没去过。

____ 2 你去过美国吗? b) 十四门。

____ 3 你会说什么语言? c) 北京。

____ 4 你今年学几门课? d) 法语和科学。

____ 5 你喜欢上什么课? e) 六点半。

____ 6 你晚上几点回家? f) 英语和一点儿汉语。

5 Rearrange the words/phrases to form a sentence.

1. 在/说/我/西班牙语/家里/。→ ____________________

2. 没有/我/中国/去过/。→ ____________________

3. 学/在/我/学校/汉语/。→ ____________________

4. 喜欢/不/科学课/我/上/。→ ____________________

5. 他/说/法语/一点儿/会/。→ ____________________

6. 不/王先生/家/在/。→ ____________________

6 Find the radical and write it down with its meaning.

1. 访: ____ ______ 2. 踢: ____ ______ 3. 得: ____ ______

4. 称: ____ ______ 5. 钢: ____ ______ 6. 宠: ____ ______

7 Find the phrase and write it down next to its meaning.

1. return ____________

2. go to school ____________

3. school ____________

4. at home ____________

5. student ____________

6. lawyer ____________

日	回	来	电
语	本	律	话
上	校	在	师
学	生	家	老

8 Reading comprehension.

谢东在香港出生，生日是五月九日。谢东今年十二岁，上八年级。他家有五口人：爸爸、妈妈、哥哥、姐姐和他。他妈妈是美国人，爸爸是中国人。他爸爸、妈妈都工作。爸爸是商人，妈妈是老师。在家里，他跟妈妈说英语，跟爸爸说广东话。

谢东今年在学校学十三门课，有数学、英语、科学、历史、地理等等。他还在学校学汉语。他喜欢上历史课和体育课。他不喜欢上美术课和音乐课。他在学校有很多朋友，有的是中国人，有的是英国人，还有的是日本人。

谢东去过很多国家，有英国、法国、西班牙、中国等等。

Answer the following questions in Chinese.

1. 谢东今年上几年级？
2. 他家有几口人？
3. 他爸爸、妈妈工作吗？
4. 他爸爸做什么工作？
5. 他妈妈是老师吗？
6. 他在学校学几门课？
7. 他喜欢上什么课？
8. 他在学校有朋友吗？
9. 在学校，他学什么语言？
10. 谢东去过法国吗？

Unit 1: Writing Paper

1 Translation.

1. 你在哪儿出生? ______________________________

2. 你家有谁? ______________________________

3. 你今年上几年级? ______________________________

4. I am studying 13 subjects this year. ______________________________

5. I study Chinese at school. ______________________________

6. Both my parents work. ______________________________

2 Write a paragraph about yourself.

You should include:

- your name, date of birth, age, place of birth, nationality, grade
- how many members there are in your family
- what your parents do
- subjects you study in school this year
- subjects you like/dislike
- languages you can speak at home
- languages you study in school
- countries you have been to, and have not been to

Words for Reference

生日	年级	数学	科学	地理	历史	音乐
美术	出生	今年	汉语	体育	工作	学校
国家	英国	律师	语言	商人	都	说
跟	叫	课	西班牙语			

Unit 1: Listening Scripts

1 Choose the correct pinyin.

1. yǔyán
2. fāngyán
3. shùxué
4. lìshǐ
5. xìjù
6. huílai

2 Write the pinyin with correct tones.

1. hànyǔ
2. tǐyù
3. diànnǎo
4. qǐngwèn
5. yìdiǎnr
6. duìbuqǐ

3 Choose the right answers.

1. 爸爸去过美国和法国。
2. 妈妈会说汉语、英语和一点儿日语。
3. 大生今年十五岁，上十一年级。
4. 小月喜欢上戏剧课和科学课。
5. 对不起，王先生不在家。
6. 小文不在家。她一会儿回来。

4 Choose the right answers.

A：你在哪儿出生？

B：我在北京出生。

A：你是哪国人？

B：我一半是美国人，一半是西班牙人。

A：你会说西班牙语吗？

B：会说一点儿？

A：你爸爸做什么工作？

B：他是律师。

A：你今年多大了？上几年级？

B：我十二岁，上七年级。

A：你喜欢上什么课？

B：我喜欢上美术课和地理课。

Unit 1: Answers

Listening Paper

1
1. a 2. b 3. b 4. a
5. a 6. b

2
1. hànyǔ 2. tǐyù
3. diànnǎo 4. qǐngwèn
5. yìdiǎnr 6. duìbuqǐ

3
1. c 2. b 3. c 4. b
5. a 6. b

4
1. c 2. c 3. a 4. a
5. b 6. c

Reading Paper

1
1. Whom am I talking to?
2. I don't know.
3. I'm sorry.
4. It doesn't matter.
5. make a phone call
6. You're welcome.

2
1. 1/30 metre 2. foot
3. fight 4. bule; green
5. arrow 6. utensils
7. dawn 8. stand

3
1. 学 2. 生 3. 剧 4. 育
5. 家 6. 问 7. 史 8. 校

4
1. c 2. a 3. f 4. b
5. d 6. e

5
1. 我在家里说西班牙语。
2. 我没有去过中国。
3. 我在学校学汉语。
4. 我不喜欢上科学课。
5. 他会说一点儿法语。
6. 王先生不在家。

6
1. 讠 speech 2. ⻊ foot
3. 亻 two people 4. 禾 seedling
5. 钅 metal 6. 宀 roof with chimney

7
1. 回来 2. 上学 3. 学校
4. 在家 5. 学生 6. 律师

8
1. 他上八年级。
2. 五口人。
3. 他爸爸、妈妈都工作。
4. 他爸爸是商人。
5. 是。
6. 十三门课。
7. 历史课和体育课。
8. 有很多朋友。
9. 英语和汉语。
10. 去过。

Writing Paper

1
1. Where were you born?
2. Who do you have in your family?
3. What grade are you in?
4. 我今年学13门课。
5. 我在学校学汉语。
6. 我爸爸、妈妈都工作。

第二单元

教学目标

- 能询问及表达季节和天气情况
- 能询问及说出病症
- 能表达简单的意愿，比如不想上学、想休息等等
- 能通过打电话跟朋友约会
- 能通过拼音或偏旁部首查字典
- 能通过输入汉语拼音来打字
- 能写出偏旁部首及独体字
- 能用所给字组词
- 能用所给词语造句
- 能看懂简单的句子及小短文
- 能翻译简单的句子
- 能写出天气预报、叙述生病的情况
- 能用日记的形式写作

教学重点

- 语法

  a) “要”和“想”在句子中要放在其他动词前面。

  例子：我要去看医生。　　我想在家休息。

  b) 表示时间的副词“常常、经常、有时候”，应放在动词的前面。

  例子：我常常感冒。

  c) “有”在这个单元表示估计。

  例子：今天气温有二十八度。

  d) “了”表示动作的完成以及状态的变化。

  例子：他去看医生了。　　他今天生病了。

  e) 时间状语和地点状语同时出现，时间状语在前，地点状语在后，最后是动词。

  例子：我/今天/在家里/休息。

  f) 时量补语一般放在动词后边，表示动作持续的时段。

  例子：我要在家休息两天。

- 疑问词

  本单元出现的疑问词：怎么样。

- 独体字

  本单元共介绍12个独体字，为以后学习合体字尤其是形声字打好基础。在教独体字的时候，老师应经常通过用词语卡片或其他方式来帮助学生记住这些汉字。学生较容易掌握独体字的意思，但是要说出或写出这些汉字，却比较困难。

提示：

① 在教课文之前，老师可以先复习年、月、日、星期的说法及顺序，比如：二〇〇九年九月二十日星期四，然后再复习“昨天、今天、明天、去年、今年、明年”。

② 可以让学生先做第31页第1题，教学生四个生词：晴天、多云、有雨、有台风，并提醒学生造句的时候要注意句中的动词，例如：“今天是晴天”，要用“是”，因为“晴天”是个名词；“今天多云”，在这个句子中不用“是”，因为在中文里形容词能直接做谓语；“今天有（小）雨”，动词要用“有”。

③ 最后，给学生听课文录音，并让他们试着把课文大意讲出来。

④ 老师可用图卡和词语卡片辅助教学。

Unit 2

Lesson 4 Weather 天气

Text 1

16

běi jīng
北京

jīn tiān shì qíng tiān, qì wēn zài èr shí dù zuǒ yòu。míng tiān yǒu xiǎo yǔ。
今天是晴天，气温在二十度左右。明天有小雨。

shàng hǎi
上海

jīn tiān duō yún, qì wēn èr shí bā dào sān shí èr dù。míng tiān yǒu tái fēng。
今天多云，气温二十八到三十二度。明天有台风。

New Words

1. 晴 (qíng) fine; clear
   晴天 (qíng tiān) sunny day
2. 温 (wēn) warm; temperature
   气温 (qì wēn) air temperature
3. 度 (dù) degree
4. 左 (zuǒ) left
5. 右 (yòu) right
   左右 (zuǒ yòu) around
6. 雨 (yǔ) rain
   小雨 (xiǎo yǔ) light rain
7. 云(雲) (yún) cloud
   多云 (duō yún) cloudy
8. 到 (dào) up to
9. 台(颱) (tái) platform
10. 风(風) (fēng) wind
    台风 (tái fēng) typhoon

30

1 Match the picture with the answer.

1 ··· d

2 ··· b

3 ··· a

4 ··· c

Answers

a) 今天是晴天。(jīn tiān shì qíng tiān)

b) 今天多云。(jīn tiān duō yún)

c) 今天有雨。(jīn tiān yǒu yǔ)

d) 今天有台风。(jīn tiān yǒu tái fēng)

2 Speaking practice.

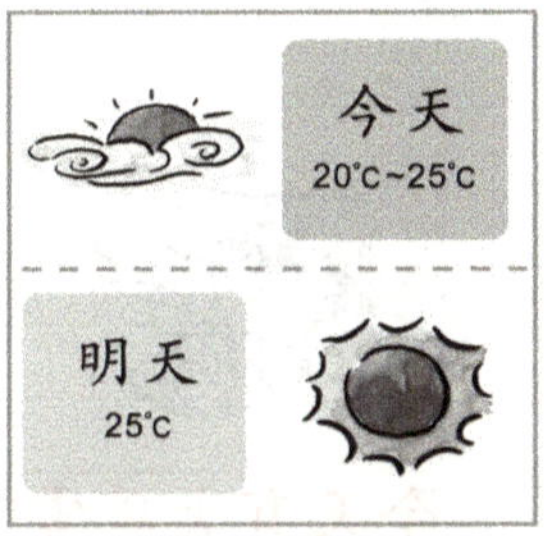

Example

jīn tiān duō yún, qì wēn èr shí dào èr shí wǔ dù.
今天多云，气温二十到二十五度。

míng tiān shì qíng tiān, qì wēn zài èr shí wǔ dù zuǒ yòu.
明天是晴天，气温在二十五度左右。

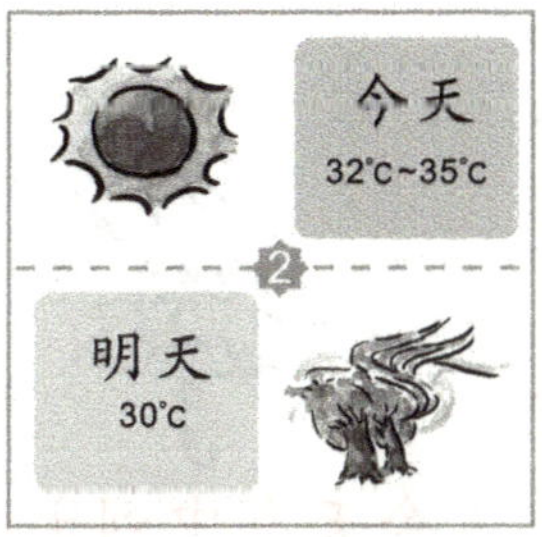

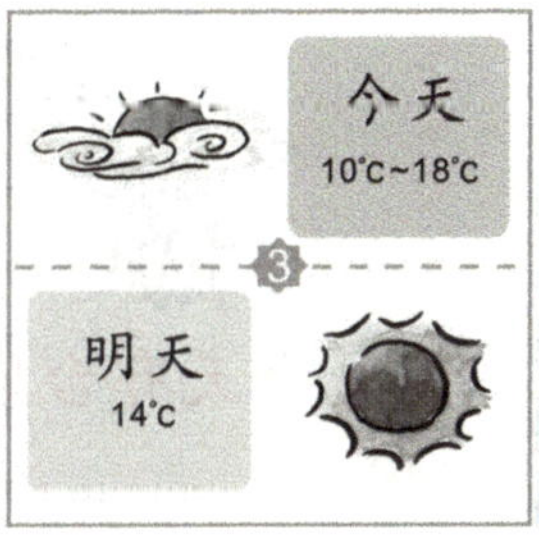

提示：
听完录音后，可让学生读出练习中所有的音节。

3 Listen and tick the right answers.

17

Practice Focus

iu ui

1. ⓐ jiùguì ⓑ jiǔhuì ✓
2. ⓐ zhìhuì ⓑ zhǐhuī ✓
3. ⓐ táozuì ✓ ⓑ táoshuì
4. ⓐ huíjiā ✓ ⓑ huìjià
5. ⓐ xiūhuì ✓ ⓑ xiūkuì
6. ⓐ jītuì ⓑ jītuǐ ✓

提示：
可让有能力的学生多学几个词语：大风雪、阴天、中到大雨。

4 Say one sentence about each picture.

Example

jīn tiān shì qíng tiān
今天是晴天。

Extra Sentences

a) jīn tiān yǒu dà fēng xuě
今天有大风雪。

b) jīn tiān shì yīn tiān
今天是阴天。

c) jīn tiān yǒu zhōng dào dà yǔ
今天有中到大雨。

1

今天有小雨。

2

今天多云。

3

今天有大风雪。

4

今天有台风。

5

今天有中到大雨。

6

今天是阴天。

32

5 Speaking practice.

 北京 běijīng 5°C~15°C

 青岛 qīngdǎo 10°C~15°C

 大连 dàlián 12°C~18°C

 上海 shànghǎi 18°C~23°C

 西安 xī'ān 10°C~15°C

 厦门 xiàmén 20°C~26°C

 香港 xiānggǎng 22°C~30°C

Example

香港今天有台风，气温二十二到三十度。

提示：老师可以让学生上网找一个中国的城市，预报该城市明天的天气情况。

6 Listen, tick the right boxes and write down the temperature.

18

					气温
1. 北京	√				5°C~18°C
2. 纽约				√	20℃～25℃
3. 香港			√		28℃～32℃
4. 上海		√			10℃～15℃
5. 巴黎	√				15℃左右
6. 伦敦				√	4℃～10℃

提示：做完练习后，可让学生看听力录音稿，以充分领会所听内容。

提示：
老师还可以把学生分成两人一组，让每一组选其中一幅图，写出当天的天气情况及图中人物的穿着。

7 Speaking practice.

30℃ 左右

Example

jīn tiān duō yún, qì wēn zài sān shí dù zuǒ yòu.
今天多云，气温在三十度左右。

tā jīn tiān chuān hàn shān hé duǎn kù.
他今天穿汗衫和短裤。

1 … 10℃~15℃

今天是晴天，气温十到十五度。她穿衬衫、外套和裙子。

2 … 20℃ 左右

今天有雨，气温在二十度左右。他穿校服。

3 … 32℃~35℃

今天有台风，气温三十二到三十五度。他穿汗衫和短裤。

提示：
教这些独体字时，要帮助学生记住它们的读音。学生一般能记住汉字的意思和书写，但很难记住读音。老师可以试着用词语卡片经常复习这些独体字。

8 Learn the simple characters.

shé 舌 tongue	guā 瓜 melon	yáng 羊 sheep	hé 禾 seedling

Text 2 19

jīn tiān tiān qì zěn me yàng
今天天气怎么样?

yīn tiān
阴天。

míng tiān tiān qì zěn me yàng
明天天气怎么样?

guā dà fēng, xià dà xuě
刮大风，下大雪。

míng tiān duō shao dù
明天多少度?

líng xià shí dù zuǒ yòu
零下十度左右。

35

提示：

① 在教课文之前，老师可以复习一下Text 1中学过的关于天气的词语“晴天、多云、小雨、台风、气温、左右”，然后教Text 2的生词“阴天、刮风、下雪”。接着，老师教学生询问天气：“今天天气怎么样？”回答应该是：“今天多云/是晴天/有小雨（台风）/刮大风/下雪。”

② 最后，让学生听课文录音，并鼓励他们猜猜“零下十度左右”是什么意思。

③ 老师可用图卡和词语卡片辅助教学。

提示：
老师应鼓励有能力的学生多学一些生词，比如"雷雨、冰雹"等。

New Words

1. 天气 (tiān qì) weather
2. 怎么样 (zěn me yàng) how
3. 阴(陰) (yīn) overcast
   阴天 (yīn tiān) overcast day
4. 刮(颳) (guā) blow
   刮风 (guā fēng) windy
*5. 下 (xià) fall
   雪 (xuě) snow
6. 下雪 (xià xuě) snow
7. 零下 (líng xià) below zero

9 Match the picture with the answer.

1… f

2… d

3… a

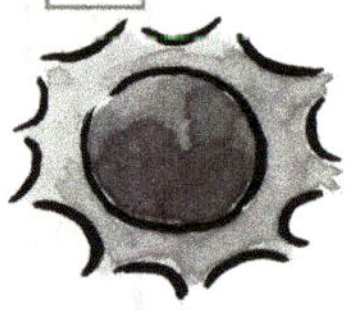

4… h

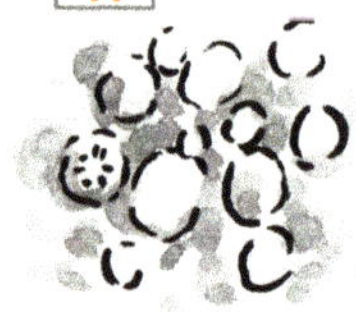

5… g

6… b

7… e

8… c

Answers

a) 今天是晴天。(jīn tiān shì qíng tiān)
b) 今天是阴天。(jīn tiān shì yīn tiān)
c) 今天多云。(jīn tiān duō yún)
d) 今天有小雨。(jīn tiān yǒu xiǎo yǔ)
e) 今天有大风雪。(jīn tiān yǒu dà fēng xuě)
f) 今天有台风。(jīn tiān yǒu tái fēng)
g) 今天有雷雨。(jīn tiān yǒu léi yǔ)
h) 今天有冰雹。(jīn tiān yǒu bīng báo)

10 Make dialogues with your partner.

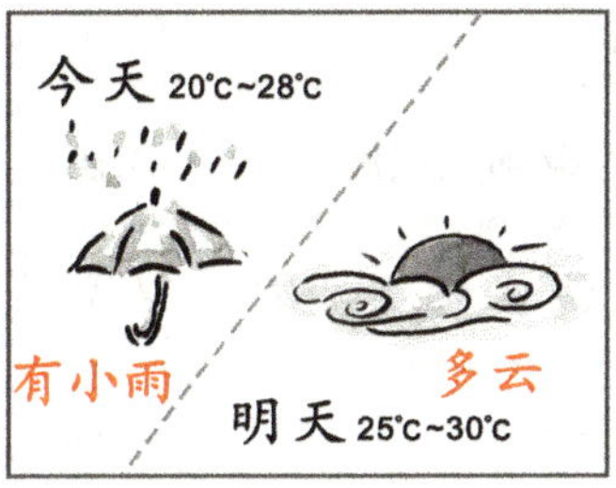

Example

jīn tiān tiān qì zěn me yàng
A：今天天气怎么样？

duō yún xià wǔ yǒu xiǎo yǔ
B：多云，下午有小雨。

qì wēn duō shao dù
A：气温多少度？

èr shí dào èr shí bā dù
B：二十到二十八度。

míng tiān tiān qì zěn me yàng
A：明天天气怎么样？

……

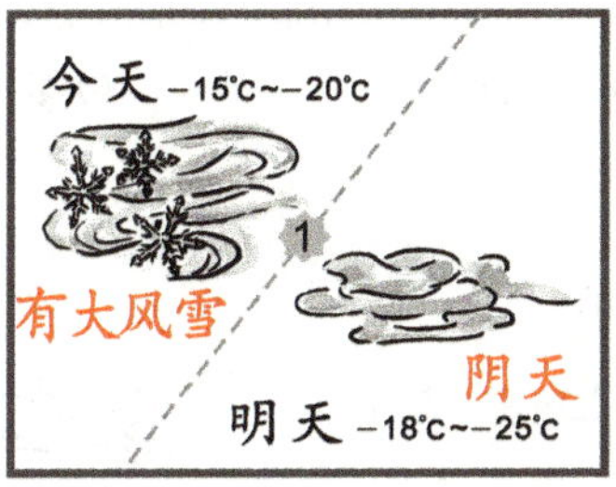

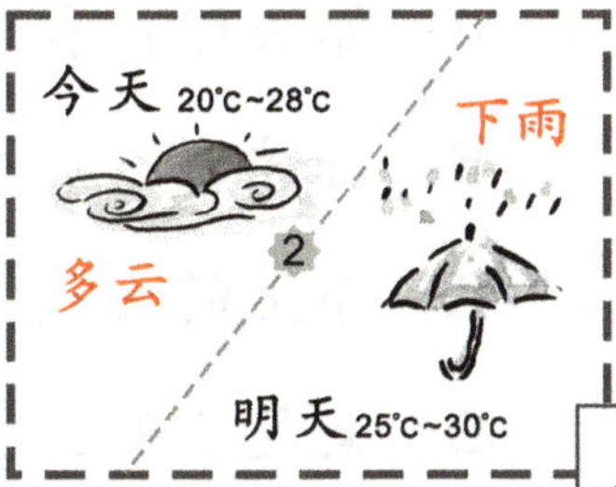

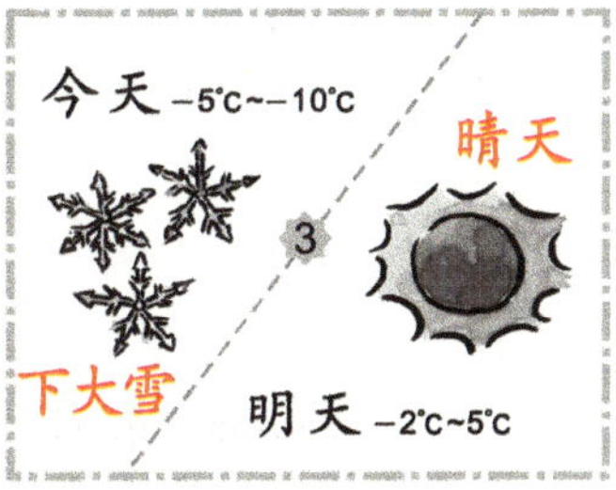

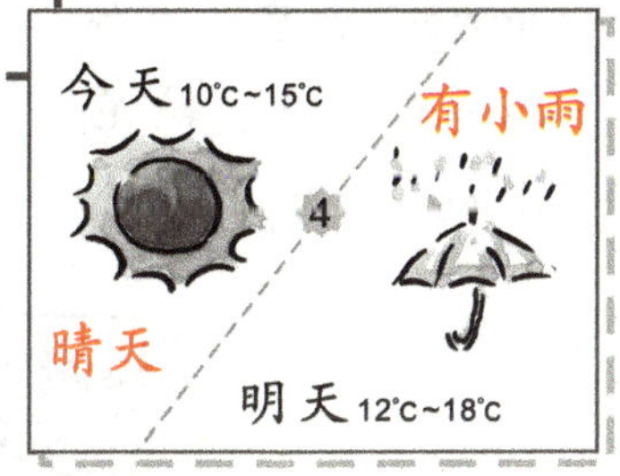

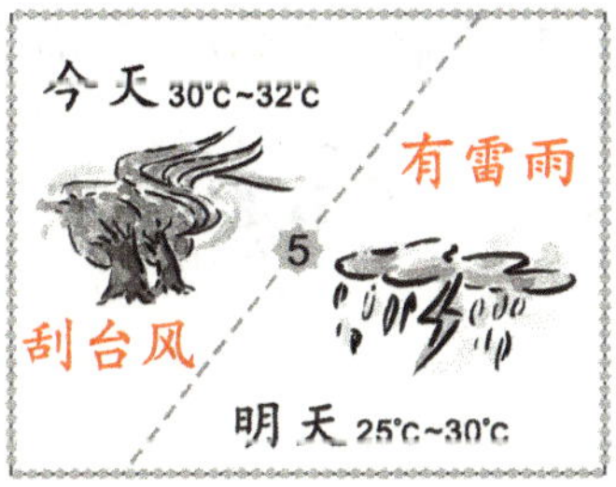

提示：
做完练习后，可让学生看录音稿，以充分领会所听内容。

11 Listen and tick the right answers.

20

1 伦敦明天	a) 有小雨	b) 晴 ✓	c) 下大雪
2 北京明天	a) 是阴天 ✓	b) 有中到大雨	c) 晴
3 上海今天	a) 有雨	b) 气温在10度左右	c) 刮大风 ✓
4 香港今天	a) 阴	b) 多云 ✓	c) 晴
5 纽约明天	a) 刮台风	b) 下大雪	c) 晴 ✓
6 巴黎明天	a) 阴	b) 有雨 ✓	c) 多云

12 Make dialogues with your partner.

Talk about the weather in the following cities in a specific season.

Situations

1. Spring：东京、伦敦
2. Summer：北京、香港
3. Autumn：巴黎、悉尼
4. Winter：纽约、上海

Example

A：你去过伦敦吗？(nǐ qù guo lún dūn ma)

B：去过。(qù guo)

A：那里的天气怎么样？(nà li de tiān qì zěn me yàng)

B：天气不好，常常下雨，(tiān qì bù hǎo, cháng cháng xià yǔ)
气温在十五度左右。(qì wēn zài shí wǔ dù zuǒ yòu)

38

13 Match the question with the answer.

b 1 你家有几口人？ a) 她大眼睛、高鼻子。

i 2 你家有谁？ b) 四口人。

e 3 你今年多大了？ c) 她坐校车上学。

a 4 你姐姐长什么样？ d) 我妈妈也工作。

c 5 你姐姐每天怎么上学？ e) 我今年十四岁。

d 6 我妈妈工作。你妈妈呢？ f) 今天没有雨。

g 7 你那里今天天气怎么样？ g) 多云，下午有雪。

f 8 今天有雨吗？ h) 二十度左右。

h 9 明天多少度？ i) 爸爸、妈妈、姐姐和我。

It is your turn!

Make a question with each of the dotted words and then ask your partner to answer them.

14 Activity.

提示：以下词语可供活动使用：下雪、零下、天气、多云、知道、回来、小姐、先生、戏剧、科学、地理、历史。

Example

今天	明天	昨天
晴天	气温	十度
左右	多云	台风
刮风	阴天	怎么样

INSTRUCTIONS

1 The whole class may join the activity.

2 The teacher puts up 10-15 words/phrases on the board. The students are given 2-3 minutes to memorize them.

3 Then the teacher takes off one word/phrase secretly and asks the students to tell the missing word/phrase.

4 Those students, who say the wrong word/phrase, are out of the activity.

39

Unit 2

Lesson 4 Weather 天气

1 Copy the new words of Text 1.

丨 冂 日 日 日一 日二 日⺪ 日丰 日丰 晴 晴 晴								
晴	qíng fine; clear	晴	晴	晴				
丶 丶 氵 氵 氵ㄇ 氵日 氵日 氵日 氵昷 氵昷 温 温								
温	wēn warm; temperature	温	温	温				
丶 亠 广 广 庐 庐 庐 庐 度								
度	dù degree	度	度	度				
一 ナ ナ 左 左								
左	zuǒ left	左	左	左				
一 ナ 才 右 右								
右	yòu right	右	右	右				
一 厂 冂 币 币 雨 雨 雨								
雨	yǔ rain	雨	雨	雨				
一 二 云 云								
云	yún cloud	云	云	云				

36

一 丆 丕 五 至 至 到 到								
到	dào up to	到	到	到				
厶 厶 台 台 台								
台	tái platform	台	台	台				
丿 几 凡 风								
风	fēng wind	风	风	风				

2 Write the following in Chinese.

1. 台风

2. 下雨

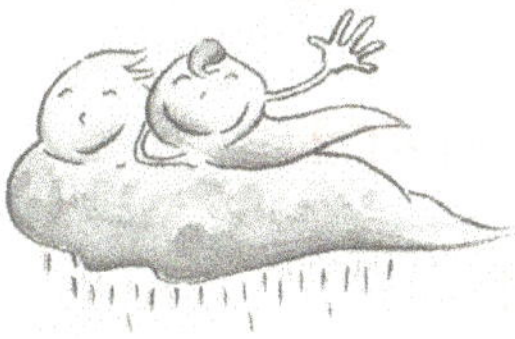

3. 多云

4. 晴天

Answers

a) 多云
b) 晴天
c) 下雨
d) 台风

37

3 Highlight the sentences and then write them down.

①今	天	②明	天	有	八	号	台	风。
学	是	晴	天。	③白	老	师	在	家
④请	问,	你	⑤我	等	⑥我	去	没	吗?
⑦今	天	是	哪	一	会	过	中	国。
⑧谢	多	云,	不	位?	儿	再	打	来。
谢	您。	气	温	在	十	度	左	右。

1. 今天是晴天。
2. 明天有八号台风。
3. 白老师在家吗?
4. 请问,你是哪一位?
5. 我等一会儿再打来。
6. 我去过中国。
7. 今天多云,气温在十度左右。
8. 谢谢您。

提示:
让学生根据实际情况来完成。

4 Complete the weather forecast.

38

今天 ______________,气温 ______________。

明天 ______________________________。

提示：
老师应鼓励学生多找一些词语出来。

5 Circle the phrases and write them down.

今	明	多	云	大	小
晴	天	少	上	下	雨
左	右	班	学	生	不
气	温	知	道	请	客
十	度	台	风	问	气

1. 今天
2. 多云
3. 左右
4. 气温
5. 台风
6. 知道
7. 请问
8. 不客气
9. 下雨
10. 上学

6 Describe the pictures.

2 今天多云，气温十五到二十度。她穿衬衫和牛仔裤。

1 今天是晴天，气温二十五到三十二度。他穿汗衫和短裤。

3 今天下雨，气温十到十五度。他穿外套和长裤。

39

7 Translate from English to Chinese.

1. Today is June 25th, 2006.

   今天是二〇〇六年六月二十五日。

2. Tomorrow is Friday. It is my birthday.

   明天星期五，是我的生日。

3. Today is cloudy, the temperature is between 10°C and 18°C.

   今天多云，气温十到十八度。

4. Tomorrow will be a sunny day, and the temperature will be around 10 degrees.

   明天是晴天，气温在十度左右。

8 Correct any mistakes.

1. 今天有晴天。
   今天是晴天。
2. 气温左右十到十五度。
   气温十到十五度。
3. 今天是多云。
   今天多云。
4. 明天是台风。
   明天有台风。
5. 小文是在家吗？
   小文在家吗？
6. 你等一等再打来。
   你等一会儿再打来。
7. 我会说汉语一点儿。
   我会说一点儿汉语。
8. 我是十二岁。
   我十二岁。

40

9 Reading comprehension.

上海的夏天不常下雨，常常是晴天。上海的七、八月很热，气温在三十五度左右。上海的冬天很冷，但是不常下雪，气温在五度以下。上海的一月最冷。

True or false:

T 1. 上海的七月常常是晴天。

T 2. 上海的夏天很热。

F 3. 上海的冬天经常下雪。

T 4. 上海冬天很冷。

Type the above paragraph on the computer.

10 Copy the simple characters.

一 二 千 千 舌 舌									
舌	shé tongue	舌	舌	舌					
一 厂 瓜 瓜 瓜									
瓜	guā melon	瓜	瓜	瓜					
丶 丷 丷 兰 兰 羊									
羊	yáng sheep	羊	羊	羊					
一 二 千 禾 禾									
禾	hé seedling	禾	禾	禾					

41

11 Copy the new words of Text 2.

阝阝阴阴阴阴								
阴	yīn overcast	阴	阴	阴				
一二千千舌舌刮刮								
刮	guā blow	刮	刮	刮				
一厂门币币雨雨雪雪雪雪								
雪	xuě snow	雪	雪	雪				

12 Write the meaning of each phrase.

1. 晴天 sunny day
2. 多云 cloudy
3. 下雨 rain
4. 气温 air temperature
5. 台风 typhoon
6. 左右 around
7. 阴天 overcast day
8. 下雪 snow
9. 刮风 windy
10. 天气 weather
11. 零下 below zero
12. 小雨 light rain

13 Look up the words in the dictionary and write down their meanings.

1. 冰雹 hail
2. 潮湿 damp; humid
3. 打雷 thunder
4. 干燥 dry
5. 大雾 fog
6. 洪水 flood
7. 闪电 lightning
8. 龙卷风 tornado

42

14 Write the following in Chinese.

1
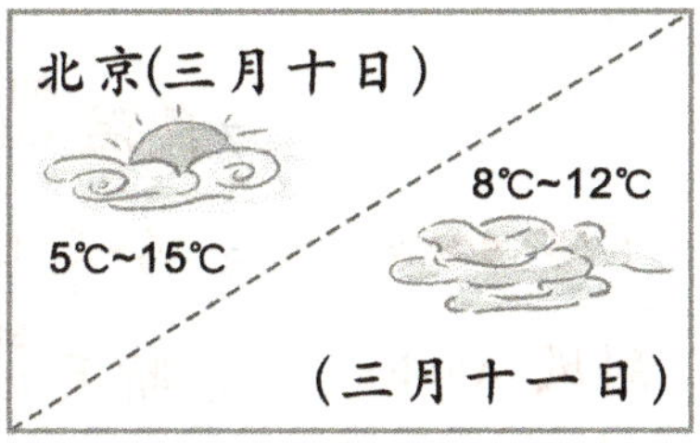

北京今天多云，气温五到十五度。明天是阴天，气温八到十二度。

2
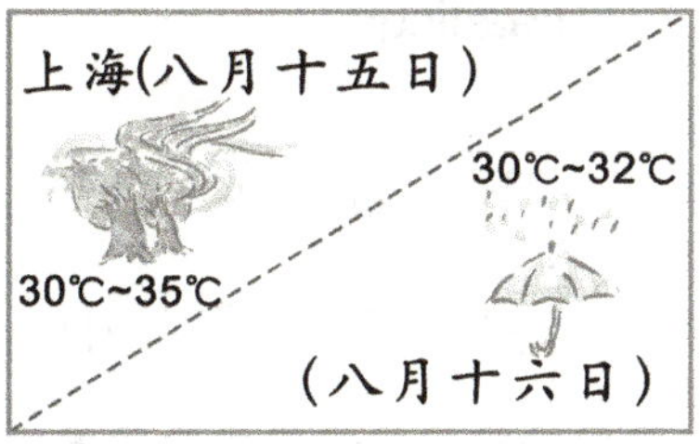

上海今天有台风，气温三十到三十五度。明天有雨，气温三十到三十二度。

3
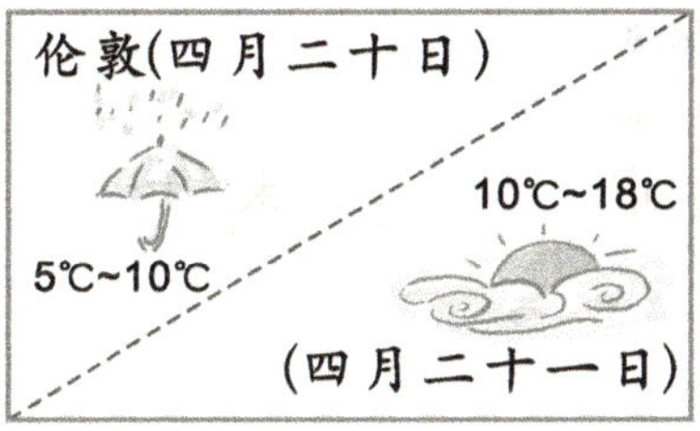

伦敦今天有雨，气温五到十度。明天多云，气温十到十八度。

4
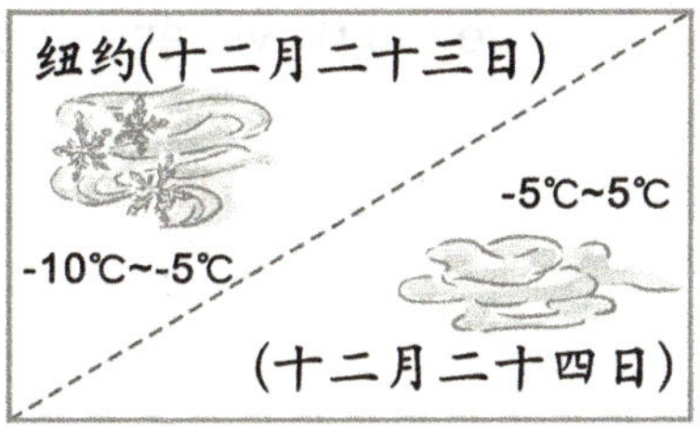

纽约今天有大风雪，气温零下十度到零下五度。明天是阴天，气温零下五度到五度。

15 Write one word for each radical.

1. 广 度　2. ⻗ 雪　3. 心 怎　4. 氵 温　5. 日 晴

6. 刂 刮　7. 阝 阴　8. ⺮ 等　9. 夕 多　10. 木 样

提示：老师应鼓励学生为每个偏旁部首多写几个汉字。

43

提示：
老师应鼓励学生多组一些词语。

16 Combine the words in the box to form phrases. Write down their meanings.

下	台	刮	云
雪	雨	多	小
风	天	今	晴
气	阴	明	温
左	大	零	右

1. 下雨 rain
2. 下雪 snow
3. 刮风 windy
4. 阴天 overcast day
5. 多云 cloudy
6. 左右 around
7. 气温 air temperature
8. 今天 today
9. 晴天 sunny day
10. 台风 typhoon
11. 明天 tomorrow
12. 小雨 light rain

17 Write the pinyin and characters.

1. shǐ 矢

2. mǐn 皿

3. jīn 巾

4. mù 木

5. shé 舌

6. guā 瓜
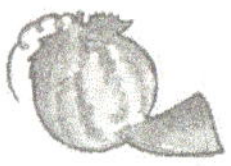

7. yáng 羊

8. hé 禾

9. dòu 斗

10. lì 力
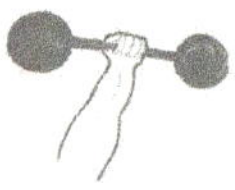

11. qīng 青

12. lì 立

13. cùn 寸

14. mǐ 米

15. zú 足
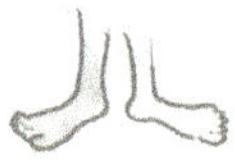

18 Answer the questions.

1. 今天几月几号？

______

2. 今天星期几？

______

3. 今天天气怎么样？

______

4. 今天气温多少度？

______

5. 明天天气怎么样？

______

6. 明天有雨吗？

______

提示：
让学生根据实际情况回答。

19 Fill in the missing word to form a phrase.

1. 多 云	2. 晴 天	3. 气 温	4. 台 风	5. 下 雪/雨
6. 数 学	7. 汉 语	8. 体 育	9. 音 乐	10. 电 话
11. 历 史	12. 地 理	13. 戏 剧	14. 美 术	15. 喜 欢

20 Essay writing.

« Sample essay:

西安

今天晴，气温在二十度左右。
明天多云，气温十五到二十度。
后天有小雨，气温在十度左右。

It is your turn!

Choose a city and write its weather condition with temperature of:
- today
- tomorrow
- the day after tomorrow

Unit 2

Lesson 5 Seasons 季节

提示：

① 在教课文之前，老师可以先让学生做第41页第1题。老师应鼓励学生猜出以下生词的意思：热、冷、暖和、凉快。

② 在Text1里，老师先教学生"春天、夏天"两个生词，然后让学生说一说这两个季节的天气情况。

③ 老师向学生介绍"最"的用法：后面加形容词，表示"程度最深的"。

④ 最后，老师让学生听课文录音，并鼓励学生猜出课文大意。

⑤ 在教天气时，让学生记住以下句型：

a）今天是晴天/阴天。

b）今天多云/刮风。

c）今天下小雨/下雪。

d）今天很冷/不热。

⑥ 老师可用图卡和词语卡片辅助教学。

Text 1

21

shàng hǎi chūn tiān bù lěng
上海春天不冷，
yǒu shí hou xià yǔ
有时候下雨，
qì wēn zài èr shí wǔ
气温在二十五
dù yǐ xià
度以下。

nán jīng xià tiān hěn rè cháng
南京夏天很热，常
cháng shì qíng tiān zuì gāo qì
常是晴天，最高气
wēn yǒu sān shí bā dù
温有三十八度。

NEW WORDS

1. 春 chūn spring
   春天 chūn tiān spring
2. 冷 lěng cold
3. 时(時) shí time; hour
4. 候 hòu time
   时候 shí hou time; moment
   有时候 yǒu shí hou sometimes
5. 下雨 xià yǔ rain
6. 以下 yǐ xià below; under
7. 南京 nán jīng Nanjing (city)
8. 夏 xià summer
   夏天 xià tiān summer
9. 热(熱) rè hot
10. 常 cháng often
    常常 cháng cháng often
11. 最 zuì most
    最高 zuì gāo highest; tallest

*12 有 yǒu used for estimation

40

1 Match the picture with the answer.

1 … c

2 … h

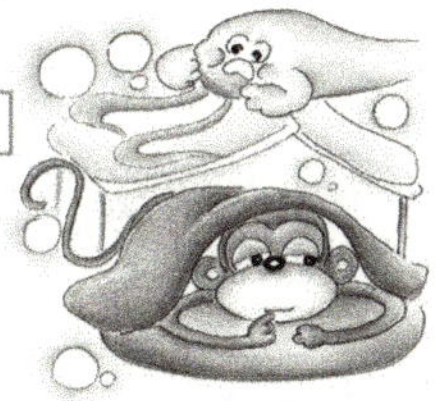

3 … d

4 … b

5 … e

6 … f

7 … g

8 … a

Answers

a) jīn tiān shì qíng tiān, hěn rè
今天是晴天，很热。

b) jīn tiān duō yún, hěn nuǎn huo
今天多云，很暖和。

c) jīn tiān yǒu tái fēng
今天有台风。

d) jīn tiān xià dà xuě, hěn lěng
今天下大雪，很冷。

e) jīn tiān xià dà yǔ, bù lěng
今天下大雨，不冷。

f) jīn tiān shì yīn tiān, hěn liáng kuai
今天是阴天，很凉快。

g) jīn tiān yǒu xiǎo yǔ, bù lěng yě bú rè
今天有小雨，不冷也不热。

h) jīn tiān yǒu dà fēng xuě, hěn lěng
今天有大风雪，很冷。

提示：
做完练习后，可让学生读出所有的音节。

2 Listen and add tonal marks to the pinyin. 22

1 jiǔliú　2 xiùqiú　3 jiǔguì
4 qìshuǐ　5 liúshuǐ　6 qiúduì

Practice Focus
iu　ui

提示：
做完练习后，可让学生看听力录音稿，以充分领会所听内容。

3 Listen, tick the right boxes and write down the temperature. 23

	热	冷	晴	阴	多云	刮风	下雨	下雪	气温
1. 上海夏天	√						√		30°C 以上
2. 北京春天		√				√			15℃～25℃
3. 南京夏天	√		√						30℃以上
4. 香港秋天			√						15℃～25℃
5. 纽约春天			√				√		10℃～20℃
6. 伦敦春天							√	√	10℃～20℃

4 Speaking practice.

Example

tā xiǎo yǎn jing
他小眼睛、
gāo bí zi xiǎo
高鼻子、小
zuǐ ba tā chuān
嘴巴。他穿
chèn shān hé cháng kù
衬衫和长裤。

1. 他大眼睛、小鼻子、大嘴巴。他穿汗衫、外套和长裤。

2. 他有大眼睛、小鼻子和小嘴巴。他穿汗衫和短裤。

42

5 Make as many sentences as possible with the words given.

Example
bà ba yǒu shí hou chuān niú zǎi kù shàng bān
爸爸有时候穿牛仔裤上班。

Adverbs	Verbs			Nouns		
常常	穿	上班	上学	早饭	校车	出租车
不常	坐	放学	起床	短裤	地铁	牛仔裤
有时候	吃	睡觉	走路	汉语	阴天	晴天
	说	下雪	下雨	汗衫	晚饭	公共汽车

6 Oral presentation.

Choose a country /city and search information about its weather. You need to follow the guidelines .

NOTE

有 is used for estimation, e.g.

今天最高气温有三十五度。

Situations

①

在这个国家/城市：
- 春天天气怎么样？
- 气温多少度？
- 常常下雨吗？
- 人们穿什么衣服？

②

在这个国家/城市：
- 夏天的天气怎么样？
- 有台风吗？
- 最高气温有多少度？
- 人们穿什么衣服？

Example

běi jīng de xià tiān yǒu shí hou xià yǔ
北京的夏天有时候下雨，
hěn rè zuì gāo qì wēn yǒu sān shí bā
很热，最高气温有三十八
dù rén men chuān hàn shān hé duǎn kù
度。人们穿汗衫和短裤。

提示：
① 做练习前应提醒学生，在汉语中时间状语一般放在动词前。
② 以下答案仅供参考：
a) 上海冬天不常下雪。
b) 妈妈有时候坐公共汽车上班。
c) 我常常穿牛仔裤。
d) 我有时候晚上十一点睡觉。
e) 我常常跟哥哥说汉语。

提示：
让学生两人一组，选择其中一个情景编一段对话，然后表演给其他同学看。

7 Role play.

Example

xiǎo míng nǐ hǎo wǒ shì dōng yún
A：小明，你好！我是冬云。

dōng yún nǐ hǎo nǐ zài nǎr
B：冬云，你好！你在哪儿？

wǒ zài nán jīng
A：我在南京。

nán jīng tiān qì zěn me yàng rè ma
B：南京天气怎么样？热吗？

hěn rè měi tiān sān shí wǔ dù zuǒ yòu
A：很热，每天三十五度左右。

nǐ nǎ tiān huí lai
B：你哪天回来？

wǒ xīng qī liù huí lai
A：我星期六回来。

Make similar calls to your friends.

Situations

a

You are in Beijing. It is summer there, and it is very hot. You are coming back next Sunday.

b

You are in Shanghai. It is spring there. It often rains. You are coming back on April 14th.

提示：
教这些独体字时，要帮助学生记住它们的读音。学生一般能记住汉字的意思和书写，但很难记住读音。老师可以试着用词语卡片经常复习这些独体字。

8 Learn the simple characters.

44

Text 2

24

běi jīng qiū tiān tiān qì zuì hǎo
北京秋天天气最好，
bù lěng yě bú rè jīng cháng
不冷也不热，经常
shì qíng tiān qì wēn zài shí
是晴天，气温在十
wǔ dù yǐ shàng
五度以上。

dōng jīng dōng tiān hěn lěng yǒu
东京冬天很冷，有
shí hou xià xuě zuì dī qì
时候下雪，最低气
wēn líng xià shí wǔ dù
温零下十五度。

NEW WORDS

1. 秋 (qiū) autumn	经常 (jīng cháng) often	5. 冬 (dōng) winter
秋天 (qiū tiān) autumn	3. 以上 (yǐ shàng) over; above	冬天 (dōng tiān) winter
2. 经(經) (jīng) constant; regular	4. 东京 (dōng jīng) Tokyo	6. 低 (dī) low

45

提示：
① 在教课文之前，老师可以先复习词语："春天、夏天、以下、有时候、高、最"，然后再教生词"秋天、冬天、以上、低"。
② 最后，让学生听课文录音，并鼓励学生猜出课文大意。
③ 老师可用图卡和词语卡片辅助教学。

9 Speaking practice.

Example

shàng hǎi xià tiān hěn rè, jīng cháng shì qíng tiān,
上海夏天很热，经常是晴天，

zuì gāo qì wēn sān shí bā dù.
最高气温三十八度。

1… 伦敦：春天 10°C ~15°C

伦敦春天不冷也不热，气温十到十五度。

2… 巴黎：秋天 15°C 左右

巴黎秋天天气很好，气温在十五度左右。

3… 悉尼：春天 25°C 左右

悉尼春天不冷，气温在二十五度左右。

4… 东京：冬天 最低气温-10°C

东京冬天很冷，有时候下雪，最低气温零下十度。

5… 北京：夏天 最高气温38°C

北京夏天很热，常常是晴天，不常下雨，最高气温有三十八度。

10 Activity.

提示：
以下句子可供活动使用：

a) 今天气温三十度以上。
b) 上海今天气温零下五度左右。
c) 今天最低气温十二度。
e) 东京秋天不常下雨。

Example

jīn tiān xià xiǎo yǔ, hěn rè.
1. 今天下小雨，很热。

běi jīng dōng tiān yǒu shí hou xià xuě.
2. 北京冬天有时候下雪。

46

INSTRUCTIONS

1 The class is divided into small groups.

2 The teacher whispers a phrase/sentence to one member of the group. The phrase/sentence is whispered along to the last student of the group.

3 If the last student can repeat the sentence exactly as the teacher whispered it, the group wins one point.

11 Listen and match.

25

c 1 上海的秋天　　a) 最低气温10℃左右。

a 2 香港的冬天　　b) 不常下雨，气温在20℃左右。

f 3 南京的春天　　c) 不冷也不热。

e 4 北京的夏天　　d) 很冷，有时候有大风雪。

d 5 伦敦的冬天　　e) 不常下雨，很热。

b 6 东京的春天　　f) 常常是晴天，气温在10℃～25℃。

12 Speaking practice.

shàng hǎi de chūn tiān
上海的春天：10℃～20℃
经常下雨

nán jīng de xià tiān
南京的夏天：32℃～38℃
常常是晴天

xiāng gǎng de qiū tiān
香港的秋天：10℃～20℃
常常是晴天

běi jīng de dōng tiān
北京的冬天：－8℃～10℃
有时候下雪

47

答案(仅供参考)：

1. 上海春天经常下雨，气温十到二十度。
2. 南京的夏天常常是晴天，气温三十二度到三十八度。
3. 香港的秋天常常是晴天，气温十到二十度。
4. 北京的冬天有时候下雪，气温零下八度到十度。

提示：
这一题难度较大。老师可以让学生两人一组，选择几个词语造句。以下答案仅供参考：

a) 我最喜欢夏天。
b) 我每天最早起床。
c) 我每天最晚睡觉。
d) 我的朋友最多。
e) 我们学校的法国学生最少。
f) 在我们班，我最高。
g) 爸爸的手最长。
h) 北京冬天最冷。
i) 今天最热。
j) 我爸爸的鞋最大。
k) 我的鞋最小。
l) 姐姐是我最好的朋友。

13 Make a sentence with each phrase in the box.

a) 最喜欢	e) 最少	i) 最热
b) 最早	f) 最高	j) 最大
c) 最晚	g) 最长	k) 最小
d) 最多	h) 最冷	l) 最好

Example

běi jīng xià tiān zuì rè
北京夏天最热。

14 Complete the paragraph below.

悉尼的春天

伦敦的夏天

纽约的秋天

曼谷的冬天

bái xiān sheng jīn nián liù shí èr suì tā shì měi guó rén tā bù gōng zuò
白先生今年六十二岁。他是美国人。他不工作。
tā chūn tiān qù xī ní xī ní de chūn tiān cháng cháng shì tā xià tiān qù
他春天去悉尼，悉尼的春天常常是…… 他夏天去
lún dūn tā qiū tiān qù niǔ yuē tā dōng tiān qù màn gǔ
伦敦…… 他秋天去纽约…… 他冬天去曼谷……

48

15 Oral presentation.

Example

shàng hǎi de qiū tiān shì cóng jiǔ yuè dào shí yī yuè shàng hǎi de
上海的秋天是从九月到十一月。上海的
qiū tiān tiān qì hěn hǎo cháng cháng shì qíng tiān qì wēn shí dào
秋天天气很好，常常是晴天，气温十到
èr shí dù rén men chuān wài tào máo yī cháng kù děng
二十度，人们穿外套、毛衣、长裤等。

Choose a country/city and search information about its weather. You need to follow the guidelines below.

①	②
在这个国家/城市：	在这个国家/城市：
•秋天是几月到几月？	•冬天是几月到几月？
•秋天天气怎么样？	•冬天天气怎么样？
•常常是晴天吗？	•常常下雪吗？
•气温多少度？	•最低气温多少度？
•人们穿什么衣服？	•人们穿什么衣服？

提示：
老师可以让学生做一个ppt，放上一些图片/照片，学生一边放ppt，一边介绍该城市/国家。

16 Role play.

《 Sample questions:

nǐ jiào shén me míng zi
1. 你叫什么名字？

nǐ zài nǎr chū shēng
2. 你在哪儿出生？

nǐ huì shuō shén me yǔ yán
3. 你会说什么语言？

nǐ zài jiā shuō shén me yǔ yán
4. 你在家说什么语言？

nǐ jīn nián xué jǐ mén kè shén me kè
5. 你今年学几门课？什么课？

INSTRUCTIONS

Suppose you are meeting a new student in your class. Make a conversation with him/her.

nǐ xǐ huan shàng shén me kè
6. 你喜欢上什么课？

nǐ bù xǐ huan shàng shén me kè
7. 你不喜欢上什么课？

……

提示：
以下问句可供活动使用：
a) 你最喜欢哪个季节？
b) 你喜欢夏天吗？
c) 夏天天气怎么样？
d) 你冬天常常穿什么衣服？

Unit 2

Lesson 5 Seasons 季节

1 Copy the new words of Text 1.

一 = 三 丰 夫 夫 春 春 春									
春	chūn spring	春	春	春					
丶 冫 冫 人 冫 冷 冷									
冷	lěng cold	冷	冷	冷					
丨 冂 月 日 日一 时 时									
时	shí time; hour	时	时	时					
丿 亻 亻 亻 亻 亻 亻 亻 侯 候									
候	hòu time	候	候	候					
一 丆 丆 百 百 百 百 頁 夏 夏									
夏	xià summer	夏	夏	夏					
一 十 扌 扌 执 执 执 热 热 热									
热	rè hot	热	热	热					
丨 丨 丷 丷 尚 尚 尚 尚 常 常 常									
常	cháng often	常	常	常					

46

丨 冂 日 日 旦 早 早 旱 旱 旱 最 最								
最	zuì most	最	最	最				

2 Write the meaning of each phrase.

1. 下雨	rain	2. 下雪	snow	3. 刮风	windy
4. 春天	spring	5. 夏天	summer	6. 不热	not hot
7. 很冷	very cold	8. 气温	air temperature	9. 以下	below; under
10. 多云	cloudy	11. 常常	often	12. 有时候	sometimes

3 Write one sentence about each picture.

1

今天刮台风。

2

今天是阴天。

3

今天下雪。

4

今天是晴天。

5

今天很热。

6

今天很冷。

提示：
让学生根据自己了解的情况来完成。

4 Complete the sentences.

1. 北京冬天______。
2. 南京夏天______。
3. 今天气温______。
4. 明天______？
5. ______很冷。
6. ______不热。

提示：
老师应鼓励学生多找一些词语出来。

5 Circle the phrases and write them down.

有	时	候	怎	么	样
常	常	今	夏	春	下
多	年	明	天	雪	雨
云	少	气	以	上	刮
水	温	零	下	台	风

1. 怎么样
2. 有时候
3. 夏天
4. 春天
5. 常常
6. 台风
7. 以下
8. 气温
9. 下雨
10. 多云

6 Rearrange the words/phrases to form a sentence.

1. 春天／香港／下雨／有时候／。→ 香港春天有时候下雨。
2. 北京／不常／下雨／夏天／。→ 北京夏天不常下雨。
3. 常常／春天／下雨／上海／。→ 上海春天常常下雨。
4. 很冷／冬天／东京／。→ 东京冬天很冷。
5. 夏天／气温／三十八度以下／在／南京／的／。
→ 南京夏天的气温在三十八度以下。

7 Correct any mistakes. Write down the correct sentences.

1. 北京的春天刮风有时候。北京的春天有时候刮风。
2. 今天东京的气温在以下零度。今天东京的气温在零度以下。
3. 南京夏天天气是热。南京夏天天气很热。
4. 上海春天下雨常常。上海春天常常下雨。
5. 今天是冷。今天很/不冷。
6. 今天香港是台风。今天香港有台风。
7. 今天伦敦的气温在左右二十度。今天伦敦的气温在二十度左右。

8 Reading comprehension.

北京的春天晴天多，阴天少，不常下雨，但是经常刮风。北京的夏天很热，有时候最高气温可达三十八度。北京的秋天天气最好，不冷也不热，常常是晴天。北京的冬天很冷，最低气温可达零下十六度。北京冬天有时候下雪。

« Answer the questions:

1. 北京春天常常刮风吗？
   常常刮风。
2. 北京的夏天最高气温多少度？
   三十八度。
3. 北京的秋天天气怎么样？
   不冷也不热，常常是晴天。
4. 北京冬天常下雪吗？
   有时候下雪。

提示：
答案仅供参考。

9 Make a sentence with each word given.

1. 常常：上海春天常常下雨。
2. 有时候：北京冬天有时候下雪。
3. 冷：香港冬天不冷。
4. 热：南京夏天很热。
5. 春天：东京春天有时候天气很好。
6. 夏天：北京夏天最高气温有38℃。

10 Copy the simple characters.

一 𠂇 车 东 东				
东	dōng east	东	东	东
一 十 冂 冂 冇 冇 冇 南 南				
南	nán south	南	南	南
一 丆 丙 丙 西 西				
西	xī west	西	西	西
丨 丬 丬 北 北				
北	běi north	北	北	北

50

11 Copy the new words of Text 2.

丿 二 千 禾 禾 禾 秋 秋 秋								
秋	qiū autumn	秋	秋	秋				
乚 纟 纟 纟 纟 经 经 经								
经	jīng constant; regular	经	经	经				
丿 夕 夂 冬 冬								
冬	dōng winter	冬	冬	冬				
丿 亻 亻 亻 亻 低 低								
低	dī low	低	低	低				

12 Find the opposite words in the box and write them down.

早	白	冬
热	去	右
长	下	少
外	错	低
春	小	地

1. 黑→白　2. 对→错　3. 晚→早

4. 秋→春　5. 多→少　6. 冷→热

7. 上→下　8. 来→去　9. 高→低

10. 左→右　11. 天→地　12. 里→外

13. 夏→冬　14. 短→长　15. 大→小

13 Write the pinyin and meaning of each word/phrase.

1. 晴天 qíng tiān — sunny day	2. 最好 zuì hǎo — the best	3. 秋天 qiū tiān — autumn
4. 左右 zuǒ yòu — around	5. 台风 tái fēng — typhoon	6. 冬天 dōng tiān — winter
7. 经常 jīng cháng — often	8. 零下 líng xià — below zero	9. 多少度 duō shao dù — how many degrees
10. 阴天 yīn tiān — overcast day	11. 多云 duō yún — cloudy	12. 怎么样 zěn me yàng — how

14 Write the following in Chinese.

1

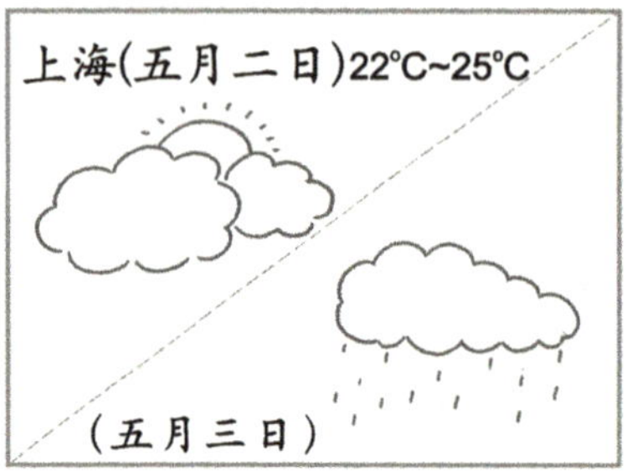

上海今天多云，最高气温二十五度，最低气温二十二度。明天有小雨。

2

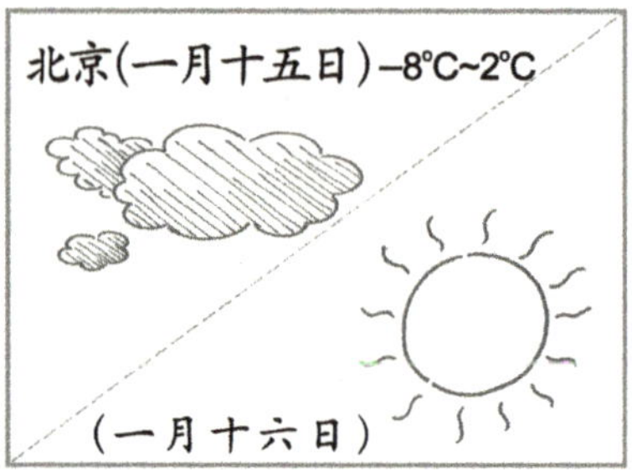

北京今天是阴天，最高气温两度，最低气温零下八度。明天是晴天。

3

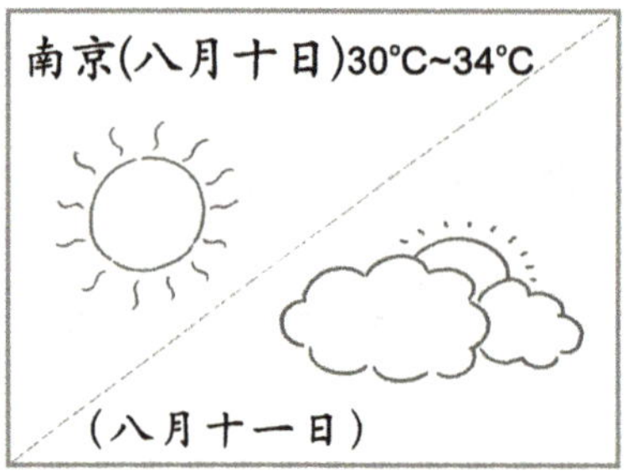

南京今天是晴天，最高气温三十四度，最低气温三十度。明天多云。

15 Match the question with the answer.

c 1 今天几月几号？ a) 刮大风，下大雨。

a 2 今天天气怎么样？ b) 十五到二十度。

e 3 明天有雨吗？ c) 九月二十二号。

b 4 明天气温多少度？ d) 不冷。

d 5 上海春天冷吗？ e) 明天不下雨。明天多云。

f 6 南京夏天常常下雨吗？ f) 有时候下雨。

16 Translate from English to Chinese.

1 It is overcast today. There will be a light rain tomorrow morning.

今天是阴天。明天上午有小雨。

2 It is cloudy in the morning, but it will be raining in the afternoon. The highest temperature today is 28°C.

今天上午多云，下午有雨，最高气温二十八度。

3 It is cold today. The temperature is between 5°C and 15°C. There will be a light rain tomorrow.

今天很冷，气温五到十五度。明天有小雨。

4 It is very hot today. The temperature is about 33°C. There will be a typhoon tomorrow.

今天很热，气温在三十三度左右。明天有台风。

提示：
让学生根据自己的情况回答。

17 Answer the questions.

1. 你春天经常穿什么衣服？

我春天经常穿 ______________________

____

2. 你夏天经常穿什么衣服？

____

____

3. 你秋天经常穿什么衣服？

____

____

4. 你冬天经常穿什么衣服？

____

____

18 Rearrange the words/phrases to form a sentence/question.

1. 秋天／上海／最好／天气／ 。→ 上海秋天天气最好。
2. 北京／刮风／春天／常常 ／。→ 北京春天常常刮风。
3. 有时候／香港／刮台风／夏天 ／。→ 香港夏天有时候刮台风。
4. 热／南京／夏天／很 ／。→ 南京夏天很热。
5. 天气／伦敦／怎么样／春天／ ？→ 伦敦春天天气怎么样？
6. 巴黎／最低／冬天／多少度／气温／ ？

→ 巴黎冬天最低气温多少度？

54

Type the above sentences on the computer.

19 Fill in the missing word to form a phrase.

1. 以 下　2. 经 常　3. 秋 天　4. 请 问　5. 广东 话
6. 回 答　7. 电 话　8. 戏 剧　9. 音 乐　10. 对不 起
11. 语 言　12. 很 好　13. 体 育　14. 汉 语　15. 没关 系
16. 中 国　17. 数 学　18. 美 术　19. 历 史　20. 不客 气

20 Write one word for each radical.

1. 日 春　2. 冫 冷　3. ⺌ 常　4. 纟 经　5. 饣 饭
6. 𧾷 路　7. 走 起　8. 方 放　9. 石 码　10. 女 好

21 Essay writing.

« Sample essay:

香港的春天常常下雨，有时候有雾。我常常穿衬衫、毛衣和长裤。香港的夏天很热，最高气温三十三度。我常常穿汗衫和短裤。香港的秋天天气最好，不冷也不热，气温在二十度左右。我常常穿毛衣、外套和长裤。香港的冬天不太冷，最低气温十度。香港的冬天不下雪。我有时候穿大衣、毛衣和长裤。

It is your turn!

Write about yourself. You should include:

- the weather conditions of the four seasons of your city
- the clothes you wear in each season

提示：
老师可鼓励学生为每个偏旁部首多写几个汉字。

55

提示：

① 在教课文之前，老师可以先教第51页第2题中“了”的用法。这样，学生对课文的理解就容易了。

② 老师可以教学生通过偏旁部首猜出汉字的意思。比如说“ ”部跟疾病有关，“口”跟嘴巴有关，同时，就把“病、痛、咳嗽”教给学生了。

③ 在教“发烧、咳嗽、头痛”时，应提示学生：在说明病症时，这些词语前不用再加动词，如“有”。

④ 最后，老师给学生听课文录音，并鼓励学生猜出课文大意。老师还可以问几个有关课文内容的问题，以检测学生是否听懂课文。

⑤ 老师可用图卡和词语卡片辅助教学。

Unit 2

Lesson 6 Sickness 生病

Text 1

26

wǒ jīn tiān shēng bìng le
我今天生病了，
fā shāo ké sou
发烧、咳嗽，
hái tóu tòng wǒ jīn
还头痛。我今
tiān méi qù shàng xué
天没去上学，
xià wǔ mā ma dài wǒ
下午妈妈带我
qù kàn yī shēng le
去看医生了。

NEW WORDS

1. bìng 病 illness; disease
   shēng bìng 生病 fall ill
2. shāo 烧(燒) burn; run a fever
   fā shāo 发(發)烧 have a fever
3. ké 咳 cough
4. sòu 嗽 cough
   ké sou 咳嗽 cough
5. tòng 痛 ache; pain
   tóu tòng 头痛 headache
6. dài 带(帶) take; bring
7. kàn 看 look at; see; treat (a patient or an illness)
8. yī 医(醫) medicine
   yī shēng 医生 doctor

50

1 Say the time in Chinese.

Example 23:45 晚上十一点三刻 (wǎn shang shí yī diǎn sān kè)

1 08:00 早上八点	2 12:00 中午十二点	3 14:30 下午两点半
4 18:15 晚上六点一刻	5 10:05 上午十点零五分	6 20:45 晚上八点三刻
7 06:20 早上六点二十分	8 15:50 下午三点五十分	9 21:35 晚上九点三十五分

2 Translate from Chinese to English.

1. jiě jie qù běi jīng le
姐姐去北京了。
My elder sister has gone to Beijing.

2. guā fēng le
刮风了。
It is windy now.

3. xiǎo dì di huì shuō huà le
小弟弟会说话了。
My younger brother can talk now.

4. wǒ xiàn zài xǐ huan shàng hàn yǔ kè le
我现在喜欢上汉语课了。
I enjoy the Chinese lessons now.

5. gē ge qù dǎ diàn huà le
哥哥去打电话了。
My elder brother has gone to make a telephone call.

6. tiān qíng le
天晴了。
It is sunny now.

7. xià dà xuě le
下大雪了。
It is snowing now.

8. wǒ zhī dào le
我知道了。
I know.

NOTE

1. 了 expresses a completed action, e.g. 爸爸去上班了。
2. 了 also indicates a change or new circumstance, e.g. 下雨了。

提示：
以下句子可供练习使用：
a) 妹妹今年上六年级了。
b) 妈妈回来了。
c) 姐姐去上英语课了。
d) 奶奶睡觉了。
e) 火车来了。
f) 王老师走了。

3 Listen and add tonal marks to the pinyin.

27 51

1 dòujiǎor 2 gòuzào 3 gāoshǒu
4 jiàoshòu 5 xiāoshòu 6 zòuxiào

Practice Focus
ao ou

提示：
做完练习后，可让学生读出所有的音节。

提示：
在做练习前，老师可以引导学生复习人体部位，比如：头、手、脚、腿、眼睛、嘴巴、鼻子、耳朵。大部分学生能说出这些人体部位，但不一定能写出汉字。不妨在这里练习一下，书写这些汉字。

4 Say the following in Chinese.

头痛

咳嗽

发烧

肚子疼

感冒

脚疼

手疼

眼睛疼

嗓子疼

Extra Words

a) 眼睛疼 (yǎn jing téng)
b) 嗓子疼 (sǎng zi téng)
c) 肚子疼 (dù zi téng)
d) 脚疼 (jiǎo téng)
e) 手疼 (shǒu téng)
f) 感冒 (gǎn mào)

5 Say one sentence about each picture.

他早上七点起床。

他今天没有吃早饭。

他今天咳嗽。

他头痛。

他今天生病了。

妈妈带他看医生了。

52

6 Look up the words in the dictionary and write down their meanings.

1 病人 patient　　2 吃药 take medicine　　3 病床 hospital bed

4 病房 ward　　5 医院 hospital　　6 护士 nurse

7 Activity.

① 彳	② 巾	③ 豸	④ ⻗	⑤ 灬	⑥ 刂
⑦ 广	⑧ 饣	⑨ 方	⑩ 目	⑪ 木	⑫ ⻊
⑬ 土	⑭ 又	⑮ ⺈	⑯ 米	⑰ 纟	⑱ 衤
⑲ 穴	⑳ 矢	㉑ 页	㉒ 扌	㉓ 艹	㉔ 走

INSTRUCTIONS

1 The class is divided into small groups.

2 Each group is asked to memorize the radicals listed on the left. Then the teacher gives a dictation on those radicals.

3 The group writing more correct radicals than any other group wins the activity.

8 Listen and choose the right answers.

28

1 大生 a 。	2 小红 b 。	3 王医生 a 。
a) 生病了 b) 上课去了 c) 睡觉了	a) 去上学了 b) 发烧了 c) 咳嗽了	a) 星期一不上班 b) 星期一上班 c) 星期一九点上班
4 白老师是 c 。	5 弟弟 a 。	6 香港今天 b 。
a) 英语老师 b) 地理老师 c) 数学老师	a) 冬天常常咳嗽 b) 夏天常常发烧 c) 春天常常头痛	a) 下小雨 b) 有台风 c) 刮大风，下大雨

提示：做完练习后，可让学生看听力录音稿，以充分领会所听内容。

53

9 Make similar dialogues with your partner.

Example

对话 1

nǐ cháng shēng bìng ma
A：你常生病吗？

wǒ cháng shēng bìng　wǒ shàng ge xīng qī shēng bìng le　fā shāo　hái ké sou
B：我常生病。我上个星期生病了，发烧，还咳嗽。

nǐ qù kàn yī shēng le ma
A：你去看医生了吗？

qù kàn le
B：去看了。

shuí dài nǐ qù kàn yī shēng de
A：谁带你去看医生的？

wǒ mā ma
B：我妈妈。

nǐ kàn guo zhōng yī ma
A：你看过中医吗？

méi kàn guo
B：没看过。

对话 2

bìng rén　wáng yī shēng zài ma
病人：王医生在吗？

hù shi　zài　nǐ shì nǎ yí wèi
护士：在。你是哪一位？

bìng rén　wǒ jiào wáng míng　shì tā de bìng rén　wǒ jīn tiān shēng bìng le　wǒ zhōng wǔ qù kàn bìng　hǎo ma
病人：我叫王明，是他的病人。我今天生病了。我中午去看病，好吗？

hù shi　hǎo　zhōng wǔ shí èr diǎn bàn　hǎo ma
护士：好。中午十二点半，好吗？

bìng rén　hǎo　xiè xie　zài jiàn
病人：好，谢谢。再见！

10 Learn the simple characters.

gōng
弓 bow

tián
田 field

zì jǐ
自己 oneself

提示：
教这些独体字时，要帮助学生记住它们的读音。学生一般能记住汉字的意思和书写，但很难记住读音。老师可以试着用词语卡片经常复习这些独体字。

Text 2

29

nǐ nǎr bù shū fu
你哪儿不舒服？

wǒ sǎng zi téng
我嗓子疼。

nǐ fā shāo ma
你发烧吗？

fā shāo sān shí jiǔ dù èr
发烧，三十九度二。

nǐ gǎn mào le jīn tiān bú yào qù shàng xué le
你感冒了，今天不要去上学了。

wǒ yě bù xiǎng qù
我也不想去。

nǐ yào zài jiā xiū xi liǎng tiān
你要在家休息两天。

xiè xie yī shēng
谢谢医生。

NEW WORDS

1. shū 舒 stretch; relax
   shū fu 舒服 comfortable
2. sǎng 嗓 throat
   sǎng zi 嗓子 throat
3. téng 疼 ache; pain
4. gǎn 感 feel; sense
5. mào 冒 emit; send out
   gǎn mào 感冒 common cold
6. yào 要 want; need; should; will
   bú yào 不要 don't
7. xiǎng 想 think; want
8. xiū 休 rest
9. xī 息 rest
   xiū xi 休息 rest

55

提示：

① 在教课文之前，老师可以先教第56页第11题中"要"和"想"的用法，还可以先教第58页第15题中"不要"的用法。

② 老师也可以先带领学生做第56页第12题，同时就把"疼、感冒、嗓子"这几个生词教给学生了。

③ 最后，老师可以让学生听课文录音，一边听一边把生词"舒服、休息"教给学生。在Text2里，老师应向学生解释：在"你要在家休息两天。"这个句子里，地点词及时间词的位置。

④ 老师可用图卡和词语卡片辅助教学。

答案：

1. I will go to school this afternoon.
2. You need to wear a sweater today.
3. You should take the subway.
4. I want to sleep now.
5. My younger brother wants to go home.
6. My elder brother wants to learn Chinese.

提示：

以下句子可供练习使用：

a) 姐姐明年要工作了。(will)

b) 我想做医生。(want)

c) 你要吃早饭。(need; should)

d) 我要睡觉。(want)

e) 哥哥想去中国上大学。(want)

11 Translate from Chinese to English.

1. jīn tiān xià wǔ wǒ yào qù xué xiào
今天下午我要去学校。

2. jīn tiān nǐ yào chuān máo yī
今天你要穿毛衣。

3. nǐ yào zuò dì tiě qù
你要坐地铁去。

4. wǒ xiàn zài xiǎng qù shuì jiào
我现在想去睡觉。

5. dì di xiǎng huí jiā
弟弟想回家。

6. gē ge xiǎng xué hàn yǔ
哥哥想学汉语。

NOTE

1. 要 means "want", "need", "should" or "will", e.g.
   a) 今天你要穿大衣上学。
   b) 在北京你要每天说汉语。
2. 想 means "think" or "want", e.g.
   我想去上学。

It is your turn!

Make two sentences, one with "要" and the other with "想".

12 Say one sentence about each picture.

1

他头痛。

2

他脚疼。

3

他咳嗽。

4

他感冒了。

5

他嗓子疼。

6

他耳朵疼。

7

他眼睛疼。

8

他手疼。

13 Make one sentence with each word/phrase.

Example

wǒ zuó tiān méi yǒu qù shàng xué
我昨天没有去上学。

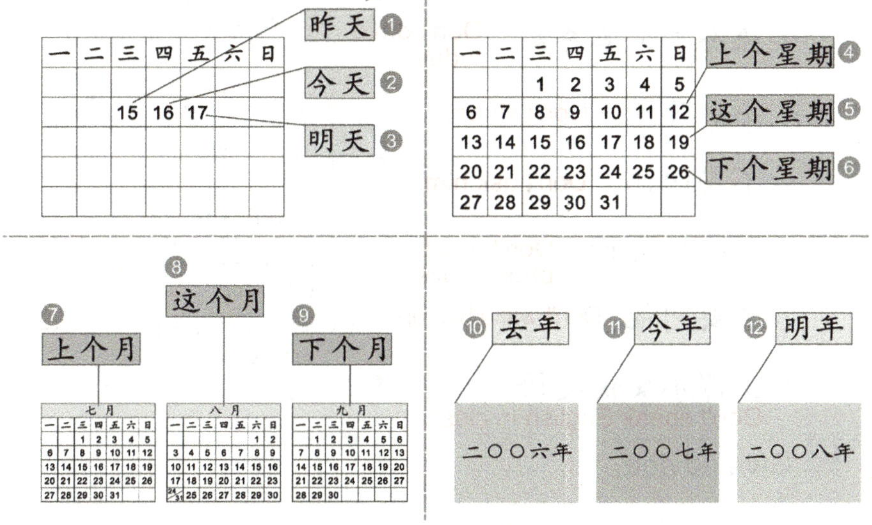

14 Listen, tick the right boxes and write down the temperature. 30

	发烧	头痛	嗓子疼	咳嗽	在家休息	看医生	体温
1.大生	✓				✓		39.8°C
2.王星		✓		✓	✓	✓	
3.东东			✓		✓		
4.大年	✓				✓	✓	38.5℃
5.小明		✓	✓			✓	
6.美文		✓				✓	

57

提示：
以下答案仅供参考。
❶ 我昨天发烧了。
❷ 他今天没有去学校。
❸ 她明天去北京。
❹ 姐姐上个星期感冒了。
❺ 这个星期我们没有体育课。
❻ 下个星期我妈妈去西班牙。
❼ 上个月北京很冷。
❽ 这个月上海不冷。
❾ 下个月我妹妹要上学了。
❿ 南京去年夏天很热。
⓫ 今年冬天香港不冷。
⓬ 明年我十二岁。

提示：
做完练习后，可让学生看听力录音稿，以充分领会所听内容。

提示：
以下句子可供练习使用：
a) 不要工作了。
b) 不要走路去上学。
c) 不要穿牛仔裤去上班。
d) 不要带他去看医生。

15 Translate from Chinese to English. Then do the activity.

1. 不要说了！(bú yào shuō le) Don't talk!
2. 不要吃了！(bú yào chī le) Don't eat!
3. 你今天不要开车。(nǐ jīn tiān bú yào kāi chē) Don't drive today.
4. 不要睡觉。(bú yào shuì jiào) Don't sleep.
5. 不要问他。(bú yào wèn tā) Don't ask him.
6. 不要打电话。(bú yào dǎ diàn huà) Don't make phone calls.
7. 不要叫他。(bú yào jiào tā) Don't wake him up.
8. 上课不要说英语。(shàng kè bú yào shuō yīng yǔ) Don't speak English in class.

NOTE

不要 means "don't", e.g. 不要走路回家。

INSTRUCTIONS

1 The whole class may join the activity.

2 When the teacher says a command, the students are expected to do something different.

3 Those who follow the command are out of the activity.

16 Give advice.

1 北京现在是春天，常常刮大风，气温在十度左右。

去北京你要带外套、长裤、帽子等。

2 妈妈今天生病了。她头痛、咳嗽、嗓子疼，还发烧。

她要去看医生。

3 今天是晴天，很热，气温在三十五度以上。

你出去要穿汗衫、短裤。

4 现在晚上十一点半。

不要看书了。去睡觉。

58

17 Make either questions or sentences with "想".

Example

1. nǐ jīn nián xiǎng xué rì yǔ ma
你今年想学日语吗？
2. nǐ xiàn zài xiǎng chī wǎn fàn ma
你现在想吃晚饭吗？
3. wǒ jīn tiān bù xiǎng qù shàng xué
我今天不想去上学。
4. wǒ xiàn zài xiǎng shuì jiào
我现在想睡觉。

Words for Reference

a) chī fàn 吃饭	f) xué fǎ yǔ 学法语
b) wèn lǎo shī 问老师	g) huí jiā 回家
c) dǎ diàn huà 打电话	h) kàn yī shēng 看医生
d) chuān cháng kù 穿长裤	i) xiū xi 休息
e) qù běi jīng 去北京	j) zuò chē 坐车

提示：
以下句子可供练习使用：
a) 我现在不想吃饭。
b) 我想去问老师。
c) 我想打电话给爸爸。
d) 我今天不想穿长裤。
e) 我下个月想去北京。
f) 我想学法语。
g) 我现在想回家。
h) 你想去看医生吗？
i) 我想休息半小时。
j) 你想坐车去吗？

18 Draw pictures based on the descriptions below.

1	2	3	4
昨天下雨了，天气很冷。小天上学没有穿外套。	他昨天晚上发烧了。他没有吃晚饭。	他今天早上头痛，嗓子也疼。	中午他妈妈带他去看医生了。医生叫他在家休息一天。

It is your turn!

Write captions for the pictures below.

1 昨天他没有穿毛衣。

2 他昨天晚上生病了。

3 今天早上发烧了。

4 他今天没有去上学。他去看医生了。

59

1 Copy the new words of Text 1.

丶 亠 广 广 疒 疒 疒 疔 病 病								
病	bìng illness; disease	病	病	病				
丶 丷 火 火 火 炏 炏 烧 烧 烧								
烧	shāo burn; run a fever	烧	烧	烧				
丨 口 口 口 叶 咗 咳 咳 咳								
咳	ké cough	咳	咳	咳				
丨 口 口 口 口 口 口 味 味 味 嗽 嗽 嗽 嗽								
嗽	sòu cough	嗽	嗽	嗽				
丶 亠 广 广 疒 疒 疒 疒 疒 痛 痛 痛								
痛	tòng ache; pain	痛	痛	痛				
一 十 卄 卅 卅 卅 卅 带 带								
带	dài take; bring	带	带	带				
一 二 三 手 手 看 看 看 看								
看	kàn look at; see; treat (a patient or an illness)	看	看	看				

一 丆 丆 石 至 医 医								
医	yī medicine	医	医	医				

2 Write the pinyin and meaning of each phrase.

1. lǎo shī 老师 teacher
2. lǜ shī 律师 lawyer
3. shāng rén 商人 businessman
4. mì shū 秘书 secretary
5. yī shēng 医生 doctor
6. bìng rén 病人 patient
7. fā shāo 发烧 fever
8. ké sou 咳嗽 cough
9. tóu tòng 头痛 headache

3 Write the parts of the body in Chinese.

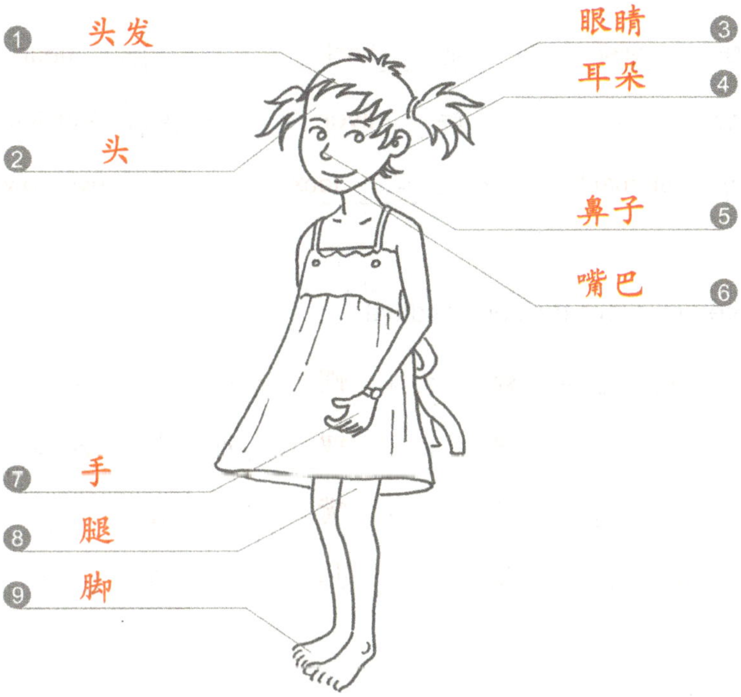

57

提示：
答案仅供参考。

4 Write words/phrases in Chinese for each category.

1. parts of the body: 眼睛 鼻子 嘴巴 耳朵 手
2. clothing: 汗衫 衬衫 长裤 短裤 毛衣 校服 牛仔裤
3. colours: 白色 黑色 红色 蓝色 橙色 棕色 灰色
4. modes of transport: 校车 公共汽车 出租车 电车 地铁
5. weather conditions: 下雨 下雪 多云 阴天 晴天
6. subjects of study: 汉语 音乐 体育 数学 科学

5 Look up the words in the dictionary and write down their meanings.

1. 腰 (yāo) waist
2. 背 (bèi) back
3. 心脏 (xīn zàng) heart
4. 肺 (fèi) lung
5. 肝 (gān) liver
6. 肩膀 (jiān bǎng) shoulder
7. 胃 (wèi) stomach
8. 脖子 (bó zi) neck
9. 眉毛 (méi mao) eyebrow

提示：
老师可鼓励学生为每个偏旁部首多写几个汉字。

6 Write one word for each radical.

1. 疒 病 2. 火 烧 3. 巾 帽 4. 目 眼 5. 钅 错
6. 矢 知 7. 衤 裤 8. 王 理 9. 山 岁 10. 穴 穿
11. 米 粉 12. ⺈ 色 13. 口 嘴 14. 手 看 15. 亻 体
16. 冫 冷 17. 日 晴 18. 灬 热 19. 纟 级 20. 禾 租

58

7 Translate from Chinese to English.

1. 妹妹今天生病了，她头痛、咳嗽。她今天没有去上学。
   My younger sister is sick today. She has a headache and coughs as well. She did not go to school today.

2. 弟弟早上头痛，妈妈带他去看医生了。
   My younger brother had a headache this morning. My mum took him to see a doctor.

3. 今天天气很不好，刮大风、下大雨。我没有去上学。
   Today's weather is very bad. It is windy and rainy. I did not go to school.

4. 黄老师生病了，她没有来上班。我们今天不上地理课。
   Miss Huang is sick today and she did not come to work. We did not have a geography lesson today.

8 Reading comprehension.

五月三日　　　　天气：多云

我今天没去上学，我生病了。今天早上我六点半起床。起床后我觉得头痛、咳嗽，还发烧，有38.6℃。妈妈叫我不要去上学了。

下午妈妈下班回家，她带我去看医生了。医生说我感冒了，叫我在家休息两天。

« Answer the questions:

1. 他今天上学了吗？
   没有。
2. 他今天早上几点起床？
   六点半。
3. 他发烧吗？多少度？
   发烧。38.6℃。
4. 他去看医生了吗？
   去看医生了。

59

9 Find the missing words in the box to make phrases.

法	医
下	云
病	少
气	发
学	阴
痛	上
英	大

1. 医 / 学 生 病

2. 以 下 / 上

3. 多 云 / 少

4. 阴 天 / 气

5. 头 痛 / 发

6. 英 / 法 语

10 Copy the simple characters.

㇇ ㇕ 弓				
弓	gōng bow	弓	弓	弓
丨 冂 冃 用 田				
田	tián field	田	田	田
ノ 亻 白 白 自 自				
自	zì oneself	自	自	自
㇇ ㇕ 己				
己	jǐ oneself	己	己	己

60

11 Copy the new words of Text 2.

舒	shū stretch; relax	舒	舒	舒				
嗓	sǎng throat	嗓	嗓	嗓				
疼	téng ache; pain	疼	疼	疼				
感	gǎn feel; sense	感	感	感				
冒	mào emit; send out	冒	冒	冒				
要	yào want; need; should; will	要	要	要				
想	xiǎng think; want	想	想	想				
休	xiū rest	休	休	休				

′ 亻 ㇒ 白 白 自 自 息 息 息								
xī rest	息	息	息	息				

12 Write the following in Chinese.

1. 头痛

2. 发烧

3. 咳嗽

4. 嗓子疼

5. 感冒

6. 耳朵疼

7. 脚疼

8. 手疼

13 Write the radicals.

1. 车 vehicle
2. 忄 feeling
3. 革 leather
4. 牜 cow
5. 虫 insect
6. 户 household
7. 贝 treasure
8. 力 strength

62

14 Translate from English to Chinese.

1. one day 一天
2. one day and a half 一天半
3. seven o'clock in the evening 晚上七点
4. Monday morning 星期一上午
5. June 10, 2007 二〇〇七年六月十日
6. two days 两天
7. the whole morning 一个上午
8. three o'clock in the afternoon 下午三点
9. Saturday noon 星期六中午
10. Friday, December 25 十二月二十五日星期五

15 Colour the phrases as required.

提示：
"□" 表示紫色；
"○" 表示黄色；
"◇" 表示蓝色。

感冒	鼻子	数学	夏天	不舒服
历史	医生	下雨	咳嗽	没关系
嘴巴	发烧	生病	汉语	嗓子疼
晴天	眼睛	耳朵	头痛	怎么样
休息	气温	地理	音乐	对不起
多云	体育	美术	电脑	戏剧

1. sickness: 红色
2. school subjects: 紫色
3. parts of the body: 黄色
4. weather conditions: 蓝色

16 Translate from English to Chinese.

1. I have a headache today.

   我今天头痛。

2. You need to wear your overcoat.

   你要穿大衣。

3. I don't want to take the bus.

   我不想坐公共汽车。

4. Don't go to school today.

   今天不要去学校。

5. You need to rest at home.

   你要在家休息。

6. I need to see the doctor this afternoon.

   我今天下午要去看医生。

17 Rearrange the words/phrases to form a sentence.

1. 不想/今天/我/上学/。→ 我今天不想上学。
2. 要/你/休息/在家/。→ 你要在家休息。
3. 下午/看医生/我/去/要/。→ 我下午要去看医生。
4. 上班/王老师/今天/没有/。→ 王老师今天没有上班。
5. 有时候/冬天/北京/下雪/。→ 北京冬天有时候下雪。
6. 不常/上海/下雨/夏天/。→ 上海夏天不常下雨。
7. 国家/去过/很多/他/。→ 他去过很多国家。

Type the above sentences on the computer.

18 Translate from Chinese to English.

1. 今天很冷，我不想出去。 Today is very cold and I do not want to go out.	2. 今天我不舒服，我不想去上学。 I am not feeling well today and I do not want to go to school.
3. 爸爸今天感冒了，他没有去上班。 My dad is having a cold today and he did not go to work.	4. 今天很热，我不想出去。 Today is very hot and I do not want to go out.
5. 昨天下雪了，今天我不想开车上班。 It snowed yesterday and I do not want to drive to work today.	6. 妈妈头痛，今天在家休息一天。 My mum is having a headache. She stays at home today and rests for one day.

19 Essay writing.

« Sample essay:

上个星期一我生病了。我嗓子疼、头痛、咳嗽，还发烧，三十八度六。妈妈带我去看医生了。医生说我感冒了，要我在家休息两天。星期一和星期二我没有去上学。

It is your turn!

Write a similar account of you being sick. You should include:

- when you felt sick
- the symptoms you had
- whether you went to see the doctor or not
- whether you went to school or not
- how long you rested at home

提示：
老师可用图卡、词语卡片和挂图辅助教学。

Unit 2 Revision

1 Simple characters.

舌 瓜 羊 禾 东 西 南 北 弓 田 自己

2 Weather conditions.

1. 天气：晴天 多云 刮风 刮台风 阴天 小雨 下雨 下雪 热 冷
2. 气温：十度 零下五到十度 三十度以上 二十度以下 十五度左右 高 低

3 Seasons.

春天 夏天 秋天 冬天

4 Sickness.

生病 感冒 发烧 咳嗽 头痛 嗓子疼 不舒服

5 Verbs.

带 看(医生) 休息

6 Auxiliary verbs.

1. 要 want; need; should; will

   你要在家里休息。

2. 不要 don't

   你明天不要再来了。

3. 想 think; want

   我明天想去上学。

7 Question word.

怎么样

8 Adverbs.

常常/经常 最

9 Grammar points.

1. 了 expresses a completed action.

   我下午去看医生了。

2. 了 also indicates a change or new circumstance.

   他生病了。

3. 有 is used for estimation.

   今天有三十度。

10 Sentence structures.

1.

subject	stative adj.
今天	多云。
北京的冬天	很冷。
我今天	不舒服。

2.

subject	time word	place word	verb
你	今天	在家里	休息。

11 Questions and answers.

1. 今天天气怎么样?	今天阴天。
2. 今天多少度?	十六到二十五度。
3. 上海的春天冷吗?	不冷。
4. 香港夏天最高气温多少度?	三十三度左右。
5. 你常常生病吗?	不常生病。
6. 你哪儿不舒服?	我头痛，嗓子也疼。
7. 你发烧吗?	不发烧。
8. 你今天想去上学吗?	不想去。

Unit 2 Test

1 Match the picture with the Chinese.

1… d

2… g

3… e

4… h

5… c

6… f

7… b

8… a

Answers

a) 冷
b) 刮台风
c) 下雪
d) 晴天
e) 多云
f) 热
g) 阴天
h) 下雨

2 Match the picture with the Chinese.

a)咳嗽　b)嗓子疼　c)头痛　d)发烧

1… d

2… a

3… c

4… b

3 Write the radical and its meaning.

1. 晴 日 sun	2. 刮 刂 long knife	3. 雪 ⻗ snow
4. 热 灬 heat	5. 冷 冫 cold	6. 痛 疒 disease

68

4 Make phrases with “最” and write their meanings.

高	低
好	喜欢
冷	热

1. 最好 the best
2. 最高 the highest
3. 最冷 the coldest
4. 最低 the lowest
5. 最热 the hottest
6. 最喜欢like sb./sth. most

5 Find the simple character and write its pinyin and meaning.

1. 话 舌 shé tongue
2. 洋 羊 yáng sheep
3. 背 北 běi north
4. 冻 东 dōng east
5. 躬 弓 gōng bow
6. 牺 西 xī west

6 Translation.

1 香港的春天不冷也不热。 Hong Kong's spring is neither cold nor hot.	2 Beijing's winter is very cold. 北京的冬天很冷。
3 今天多云，气温五到十五度。Today is cloudy, and the temperature is five to fifteen degrees.	4 It will be sunny tomorrow. The temperature is around 15℃. 明天是晴天，气温在十五度左右。
5 不要打电话了，吃饭！ Don't talk over the phone any more. Eat now!	6 Don't take the taxi. Take the bus. 不要坐出租车。坐公共汽车去。
7 我今天不想走路上学。 I do not want to walk to school today.	8 I want to go to Shanghai next year. 我明年想去上海。

7 Complete the sentences.

a) 今天早上要去看医生	d) 最高气温三十度左右
b) 你不要开车上班	e) 王老师生病了
c) 最低气温零下八度	f) 妈妈下午带他去看医生了

1. 北京的冬天很冷，最低气温零下八度。
2. 我们今天没上汉语课，王老师生病了。
3. 英国的夏天不热，最高气温三十度左右。
4. 今天有大风雪，你不要开车上班。
5. 弟弟今天早上生病了，妈妈下午带他去看医生了。

8 Translation.

1 It is sunny in Shanghai today. The temperature is 20℃～25℃. There will be light rain tomorrow.	上海今天是晴天，气温二十到二十五度。明天有小雨。
北京今天多云，气温在二十度左右。明天是晴天。	2 It is cloudy in Beijing today. The temperature is around 20℃. It will be sunny tomorrow.

70

9 Rearrange the sentences to form a paragraph.

1. 小明上学没有穿外套。
2. 他今天要在家休息。
3. 今天早上妈妈要带他去看医生。
4. 昨天很冷，还下了大雪。
5. 昨天晚上他发烧了，嗓子也疼。

　　昨天很冷，还下了大雪。小明上学没有穿外套。昨天晚上他发烧了。嗓子也疼。今天早上妈妈要带他去看医生。他今天要在家休息。

10 Fill in the blanks with Chinese.

1. 今天天<u>气</u>怎么<u>样</u>？
2. 明<u>天</u>零下十度左<u>右</u>。
3. 上海的春天有<u>时</u>候下雨。
4. 南京的秋天常<u>常</u>是晴天。
5. 今天最<u>高</u>气温三十五度。
6. 今天下<u>小</u>雨，明天多云。

11 Write about the four seasons of your city.

春天 ______________________________

____

____

____

提示：
让学生根据实际情况来写。

Unit 2: Listening Paper

2

1 Choose the correct pinyin.

1. a) xiàxuě b) xiàxué
2. a) tiánqī b) tiānqì
3. a) duōyún b) dōuyún
4. a) guāfēng b) guáfāng
5. a) xiūxī b) xiūxi
6. a) késou b) késuò

2 Write the pinyin with correct tones.

1. ______________ 2. ______________ 3. ______________

4. ______________ 5. ______________ 6. ______________

3 Choose the right answers.

1. 北京今天___。
   a) 阴 b) 晴 c) 多云
2. 上海今天___。
   a) 二十岁 b) 多云
   c) 刮风
3. 南京夏天___。
   a) 很热 b) 不热
   c) 很冷
4. 东京冬天___。
   a) 不冷 b) 很冷 c) 不下雪
5. 弟弟今天___。
   a) 发烧 b) 嗓子疼
   c) 头痛
6. 哥哥今天___。
   a) 看医生 b) 不上学
   c) 感冒了

4 Choose the right answers.

1. 香港今天___。
   a) 刮台风 b) 是晴天
   c) 很热
2. 北京春天常___。
   a) 下雪 b) 刮风
   c) 下雨
3. 上海明天___。
   a) 二十到二十八度
   b) 十二到二十度
   c) 十二到十八度
4. 小明今天___。
   a) 在家 b) 在学校
   c) 上学了
5. 小文今天___。
   a) 发烧 b) 嗓子疼
   c) 咳嗽
6. 大生昨天___。
   a) 看医生了
   b) 上学了
   c) 没生病

Unit 2: Speaking Paper

Answer the following questions.

1. 今天天气怎么样?
2. 今天气温多少度?
3. 昨天下雨了吗? 明天有雨吗?
4. 这里春天常刮风吗?
5. 这里夏天热不热? 最高气温多少度?
6. 这里秋天常下雨吗?
7. 这里冬天冷吗? 常下雪吗? 最低气温多少度?
8. 你冬天常穿什么衣服? 夏天常穿什么衣服?
9. 你常生病吗?
10. 你常感冒吗?

Unit 2: Reading Paper

1 Find the radical and write it down with its meaning.

1. 零____ ________ 2. 烤____ ________ 3. 刮____ ________

4. 秋____ ________ 5. 冻____ ________ 6. 症____ ________

2 Find the missing word in the box to form a phrase.

阴	冷	少	右	下	白	低	晚

1. 上→____ 2. 左→____ 3. 热→____ 4. 早→____

5. 晴→____ 6. 多→____ 7. 高→____ 8. 黑→____

3 Rearrange the words/phrases to form a sentence.

1. 最低/三度/今天/气温/。→ ____________________

2. 有时候/夏天/香港/刮台风/。→ ____________________

3. 要/在家/爸爸/两天/休息/。→ ____________________

4. 妹妹/没有/今天/上学/。→ ____________________

5. 他/上学/明天/不想/。→ ____________________

6. 早上/我/每天/起床/六点半/。→ ____________________

4 Write down the meaning of the simple characters.

1. 瓜 ________ 2. 舌 ________ 3. 东 ________ 4. 弓 ________

5. 南 ________ 6. 北 ________ 7. 田 ________ 8. 西 ________

5 Match the question with the answer.

____ 1 今天天气怎么样？
____ 2 明天气温多少度？
____ 3 你哪儿不舒服？
____ 4 你今天想上学吗？
____ 5 你常常生病吗？
____ 6 你昨天去哪儿了？

a) 零下五到二度。
b) 我想在家休息。
c) 上午有小雪。
d) 妈妈带我去看医生了。
e) 不常生病。
f) 我咳嗽，嗓子也疼。

6 Find the missing word in the box to form a phrase.

| 天 | 冒 | 风 | 云 | 常 | 学 | 息 | 痛 |

1. 休 ____
2. 阴 ____
3. 感 ____
4. 头 ____
5. 刮 ____
6. 多 ____
7. 经 ____
8. 上 ____

7 Find the phrase and write it down with its meaning.

1. ________ ____________
2. ________ ____________
3. ________ ____________
4. ________ ____________
5. ________ ____________
6. ________ ____________

经	医	病	感
常	生	衣	冒
多	不	舒	服
云	休	息	气
刮	台	风	温

8 Reading comprehension.

西安一年有四个季节：春天、夏天、秋天和冬天。

西安的春天是三月到五月。西安人春天要穿毛衣、衬衫和长裤。西安的夏天是六月到八月。西安夏天很热，有时候下雨，最高气温在三十五度左右。夏天人们穿汗衫、短裤和裙子。西安的秋天是九月到十一月。西安秋天的天气最好，不冷也不热，常常是晴天。西安的冬天是十二月到二月。西安冬天很冷，有时候下雪，最低气温在零下十度左右。冬天人们要穿毛衣和大衣。

Answer the following questions in Chinese.

1. 西安一年有几个季节？
2. 西安的春天是几月到几月？
3. 西安人春天穿什么衣服？
4. 西安夏天常下雨吗？
5. 西安夏天最高气温多少度？
6. 西安人夏天穿什么衣服？
7. 西安的秋天是几月到几月？
8. 西安秋天的天气怎么样？
9. 西安冬天下雪吗？
10. 西安冬天最低气温多少度？

Unit 2: Writing Paper

1 Translation.

1. 香港夏天最高气温35度。 ______________________________
2. 今天很冷，你要穿毛衣。 ______________________________
3. 北京秋天的天气最好，不冷也不热。

   ____
4. I was sick yesterday. I didn' t go to school.

   ____
5. I want to rest at home today. ______________________________
6. It is very hot today. The temperature is above 38 degrees.

   ____

2 Choose one of the written tasks.

1. Write an account of a day when you were sick. You need to include:
   - when you felt sick
   - what symptoms you had (list 2)
   - whether you went to the doctor, and who took you to
   - whether you went to school
   - how many days you rested at home
2. Write about the weather of the place where you live in summer and winter. You should include:
   - the weather conditions in summer, and the temperature range
   - whether it rains a lot or often has typhoon, etc.
   - the weather conditions in winter, and the temperature range
   - whether it snows, and whether it is windy
   - what clothes people wear in these two seasons

Words for Reference

晴天	下雨	生病	感冒	阴天	怎么样	带	冷
下雪	刮风	气温	休息	发烧	不舒服	热	高
天气	以上	咳嗽	头痛	春天	看医生	要	低
秋天	以下	冬天	夏天	左右	嗓子疼	想	

Unit 2: Listening Scripts

1 Choose the correct pinyin.

1. xiàxuě
2. tiānqì
3. duōyún
4. guāfēng
5. xiūxi
6. késou

2 Write the pinyin with correct tones.

1. shēngbìng
2. gǎnmào
3. sǎngzi téng
4. bù shūfu
5. qìwēn
6. tóutòng

3 Choose the right answers.

1. 北京今天是晴天。
2. 上海今天多云，气温在二十五度左右。
3. 南京夏天很热，不常下雨。
4. 东京冬天很冷，最低气温零下十五度。
5. 弟弟今天生病了，发烧、咳嗽。
6. 哥哥今天不舒服，要在家休息。

4 Choose the right answers.

1. A：香港今天天气怎么样？
   B：今天香港下大雨，刮台风。
2. A：北京春天天气怎么样？
   B：常刮风，不常下雨。
3. A：上海明天多少度？
   B：十二到十八度。
4. A：小明在哪儿？
   B：他感冒了。他今天没有上学。
5. A：小文，你今天怎么了？不舒服？
   B：我头疼，嗓子也疼。
6. A：大生，你昨天去哪儿了？
   B：我生病了。我爸爸带我去看医生了。

Unit 2: Answers

Listing Paper

1 1. a 2. b 3. a 4. a 5. b 6. a

2 1. shēngbìng 2. gǎnmào 3. sǎngzi téng 4. bù shūfu 5. qìwēn 6. tóutòng

3 1. b 2. b 3. a 4. b 5. a 6. b

4 1. a 2. b 3. c 4. a 5. b 6. a

Reading Paper

1 1. 雨 rain 2. 火 fire 3. 刂 long knife 4. 禾 seedling 5. 冫 ice 6. 疒 disease

2 1. 下 2. 右 3. 冷 4. 晚 5. 阴 6. 少 7. 低 8. 白

3
1. 今天气温最低三度。
2. 香港夏天有时候刮台风。
3. 爸爸要在家休息两天。
4. 妹妹今天没有上学。
5. 他明天不想上学。
6. 我每天早上六点半起床。

4 1. melon 2. tongue 3. east 4. bow 5. south 6. north 7. field 8. west

5 1. c 2. a 3. f 4. b 5. e 6. d

6 1. 息 2. 天 3. 冒 4. 痛 5. 风 6. 云 7. 常 8. 学

7
1. 经常 often
2. 多云 cloudy
3. 医生 doctor
4. 休息 rest
5. 感冒 catch a cold
6. 气温 air temperature

8
1. 四个季节。
2. 三月到五月。
3. 毛衣、衬衫和长裤。
4. 有时候下雨。
5. 最高气温三十五度左右。
6. 他们穿汗衫、短裤和裙子。
7. 九月到十一月。
8. 秋天天气最好，不冷也不热，常常是晴天。
9. 有时候下雪。
10. 最低气温零下十度左右。

Writing Paper

1
1. The highest air temperature is 35 degrees in summer of Hong Kong.
2. It's very cold tody. You should wear a sweater.
3. It's fine in autumn of Beijing, neither too cold nor hot.
4. 昨天我病了。我没去上学。
5. 今天我想在家休息。
6. 今天天气很热，气温在38度以上。

第三单元

教学目标

- 能询问及表达爱好，包括音乐、体育运动和美术
- 能询问及表达花多长时间做某一件事
- 能表达动作的一般状态或正在进行
- 能表达简单的意愿，比如喜欢看体育节目
- 能通过打电话跟朋友约会
- 能通过拼音或偏旁部首查字典、词典
- 能通过输入拼音打字
- 能写出偏旁部首及独体字
- 能用所给字组词，用所给词语造句
- 能看懂简单的句子及小短文
- 能翻译简单的句子
- 能写关于个人爱好的小短文
- 能用书信的形式写作

教学重点

- 语法

  a) 固定搭配：一边……一边……；除了……以外，……；从……开始；跟……一起。

  b) 如果在句子中有时量词和动宾短语，时量补语放在动宾短语的中间，表示动作持续的时段。为了方便学生掌握，本单元只介绍这一种用法。

  例子：我每天看一小时（的）电视。

  c) 用"……，都……"的句式，可以表示强调。

  例子：唱歌、跳舞，我都喜欢。

  d) "（正）在……呢"表示动作正在进行。

  例子：我正在玩儿电脑游戏呢。

  e) "吧"用来表示请求、商量、提议。

  例子：我们去打球吧。

  f) "每"和"都"经常在句中同时出现。

  例子：他每个周末都打网球。

  g) 本单元中出现用"什么时候"来询问时间，询问的时间范围广，回答时可以是年、月、日，也可以是具体时间。

- 独体字

  本单元共介绍12个独体字，为以后学习合体字尤其是形声字打好基础。在教独体字的时候，老师应经常通过用词语卡片或其他方式来帮助学生记住这些汉字。学生较容易掌握独体字的意思，但是要说出或写出这些汉字，却比较困难。

提示：

① 在教课文之前，老师可以先把有关爱好的词语教给学生，如：爱好、弹钢琴、唱歌、听音乐、读书。

② 然后教第62页第2题中“一边……一边……”的用法，然后再练习第3题的时间表达。在教时间的时候，老师可以教一下生词“小时”。做练习3和练习5时，老师要跟学生强调：时量补语应放在动宾短语中间。

③ 最后，让学生听课文录音。听完录音后，老师可以问以下几个问题，以检测学生是否已听懂课文：她叫什么名字？她有什么爱好？她喜欢一边弹钢琴一边做什么？她每天读几个小时的书？

④ 老师可用图卡和词语卡片辅助教学。

Unit 3

Lesson 7 Hobby (1): Music 爱好(一)：音乐

Text 1

31

wǒ jiào tián yún wǒ yǒu hěn
我叫田云。我有很

duō ài hào wǒ xǐ huan yì
多爱好。我喜欢一

biān tán gāng qín yì biān chàng
边弹钢琴，一边唱

gē wǒ hái xǐ huan tīng yīn
歌。我还喜欢听音

yuè hé dú shū wǒ měi tiān
乐和读书。我每天

dú yí ge xiǎo shí de shū
读一个小时的书。

NEW WORDS

1. ài 爱(愛) love; be fond of
   ài hào 爱好 hobby
2. biān 边(邊) side; edge
   yì biān … yì biān 一边…一边… at the same time
3. tán 弹(彈) play (a stringed musical instrument)
4. gāng 钢(鋼) steel
5. qín 琴 a general name for certain musical instruments
   gāng qín 钢琴 piano
   tán gāng qín 弹钢琴 play the piano
6. chàng 唱 sing
7. gē 歌 song
   chàng gē 唱歌 sing a song
8. tīng 听(聽) listen
   tīng yīn yuè 听音乐 listen to music
9. dú 读(讀) read; attend
   dú shū 读书 read a book; study
10. xiǎo shí 小时 hour

60

1 Say the following in Chinese. Then do the activity.

Example

dǎ diàn huà
打电话

Extra Words

a) kàn diàn shì 看电视

b) tán jí tā 弹吉他

c) wán diàn nǎo yóu xì 玩电脑游戏

1 
听音乐

2 
看电视

3 
弹钢琴

4 
吃饭

5 
读书

6 
睡觉

7 
走路

8 
开车

9 
唱歌

10 
上学

11 
放学

12 
看医生

13 

上课

14 

说法语

15 
弹吉他

16 
玩儿电脑游戏

INSTRUCTIONS

1. The whole class may join the activity.
2. When the teacher says an action word, the students are expected to act accordingly.
3. Those who do not act accordingly are out of the activity.

提示：
做完练习后，老师可以问学生以下问题：

a) 你喜欢一边吃饭一边做什么？
b) 你喜欢一边走路一边做什么？
c) 你喜欢一边看书一边做什么？
d) 你喜欢一边听音乐一边做什么？

2 Say one sentence about each picture.

Example

tā xǐ huan yì biān zuò chē
他喜欢一边坐车

yì biān kàn shū
一边看书。

NOTE

一边……一边…… indicates that two actions are happening at the same time, e.g.
她喜欢一边弹钢琴一边唱歌。

1

她喜欢一边做作业一边听音乐。

2

她喜欢一边走路一边打电话。

3

她喜欢一边走路一边听音乐。

4

他喜欢一边开车一边打电话。

5

他们喜欢一边吃饭一边说话。

6

他喜欢一边走路一边唱歌。

3 Activity.

a) 五分钟	g) 一个半小时
b) 十分钟	h) 两个小时
c) 一刻钟	i) 两个小时零五分
d) 半个小时	j) 两个小时十分钟
e) 三刻钟	k) 三个小时一刻钟
f) 一个小时	l) 四个半小时

INSTRUCTIONS

1 The whole class may join the activity.

2 The teacher says a phrase in English, and the student chosen is expected to say it in Chinese.

3 Those students who fail to say it correctly are out of the activity.

4 Listen and tick the right answers. (32)

1 a) shǒutào ✓ b) shòutáo

2 a) tōudào ✓ b) tóutào

3 a) bǎodāo b) bàodào ✓

4 a) shōuxiào ✓ b) shòuxiǎo

5 a) zòuxiào b) zǒuqiào ✓

6 a) dǒuqiào ✓ b) dòuxiàor

Practice Focus

ao ou

提示：
做完练习后，让学生把所有的音节都读一读。

5 Say one sentence about each picture.

Example

tā měi tiān tán yí ge xiǎo shí de gāng qín
他每天弹一个小时的钢琴。

NOTE

Duration of an action, e.g.
他每天打一个小时的电话。

1

我每天睡十个小时的觉。

2

我每天读两个小时的书。

3

我每天上六个小时一刻钟的学。

4

我每天唱一个小时的歌。

提示：
做完练习后，老师可以问以下问题：
a) 你每天做几个小时作业？
b) 你每天上几个小时学？
c) 你每天读几个小时书？
d) 你每天听几个小时音乐？

63

提示：
做完练习后，可让学生看听力录音稿，以充分领会所听内容。

6 Listen and tick the right answers.

33

1	2	3
a) 爱好 b) 生病 ✓ c) 天气	a) 穿毛衣 ✓ b) 下雨 c) 看医生	a) 上学 b) 爱好 ✓ c) 打电话

4	5	6
a) 坐火车去北京 b) 去北京要穿长裤 c) 北京的天气 ✓	a) 读书 ✓ b) 一个小时 c) 明天	a) 英语老师 b) 音乐老师 ✓ c) 体育老师

提示：
以下词语可供活动使用：
a) 衬衫 b) 白色
c) 中国 d) 感冒
e) 律师 f) 爸爸
g) 数学 h) 出租车

7 Activity.

Example

老师：多云

学生1：阴天

学生2：下雨

INSTRUCTIONS

1 The whole class may join the activity.
2 The teacher names one item of a particular category and the students are expected to add more to it.
3 Those who do not add any or add wrong items are out of the activity.

提示：
教这些独体字时，应帮助学生记住它们的读音。学生一般能记住汉字的意思和书写，但很难记住读音。老师可以试着用词语卡片经常复习这些独体字。

8 Learn the simple characters.

bāo 包 bag

zhǐ 止 stop

shì 士 scholar

dòu 豆 bean

64

Text 2

34

nǐ yǒu shén me ài hào
你有什么爱好？

wǒ xǐ huan kàn
我喜欢看
xiǎo shuō hé zá zhì
小说和杂志。

nǐ xǐ huan huà huàr ma
你喜欢画画儿吗？

xǐ huan yóu huàr shuǐ cǎi huàr wǒ dōu
喜欢。油画儿、水彩画儿，我都
xǐ huan huà wǒ zhèng zài xué huà guó huàr
喜欢画。我正在学画国画儿。

wǒ yě zài xué huà guó huàr
我也在学画国画儿。

NEW WORDS

1. xiǎo shuō 小说 novel
2. zá 杂(雜) miscellaneous
3. zhì 志 will; records
   zá zhì 杂志 magazine
4. huà 画(畫) draw; paint
   huàr 画儿 drawing or painting
   guó huàr 国画儿 Chinese painting
5. yóu 油 oil
   yóu huàr 油画儿 oil painting
6. cǎi 彩 colour
   shuǐ cǎi huàr 水彩画儿 watercolour (painting)
7. dōu 都 all; both
8. zhèng 正 upright; correct
   zhèng zài 正在 in the process of

65

提示：

① 在教课文之前，老师可以先教第66页第9题中"正在"的用法，并让学生做练习。接着，学生可以做第67页第11题，老师可以顺便把"画油画儿、看杂志、画水彩画儿、画国画儿"等词语教给学生。

② 接下来，老师可以教第68页第13题中"都"的用法。在做此题时，可以用这一课要学的词语，比如：看小说、看杂志、画油画儿、画水彩画儿、画国画儿。老师还可以复习以前学过的词语，比如：弹钢琴、唱歌、听音乐、读书等。

③ 最后，老师给学生听课文录音。听完录音后，老师可以问几个问题，以检测学生是否已听懂课文。

④ 老师可用图卡和词语卡片辅助教学。

提示：
让学生用以下词语及“正在”造句。
a) 爷爷 弹钢琴
b) 奶奶 做饭
c) 妈妈 上班
d) 弟弟 上课
e) 爸爸 工作

9 Say one sentence about each picture.

Example

tā zhèng zài chàng gē
她正在唱歌。

NOTE

正在 means that an action is in the process, e.g.
她正在弹钢琴。

1 
他正在休息。

2 
她正在听音乐。

3 
她正在看/读书。

4 
她正在睡觉。

5 
他们正在上课。

6 
她正在打电话。

7 

她们正在说汉语。

8 
他正在玩儿电脑游戏。

9 
他正在开车。

提示：
以下汉字可供活动使用：
a) 钱 b) 粥
c) 蕉 d) 算
e) 贵 f) 葡

10 Activity.

Example

游 球 影 舞
蹈 提 篮 概

INSTRUCTIONS

1 The class is divided into two groups.
2 The teacher shows a character, and one member of each group is expected to count its strokes.
3 The person who is the first to shout out the correct answer gains a point.

66

11 Make dialogues with your partner.

Example

tā men zhèng zài zuò shén me
A：他们正在做什么？

tā men zhèng zài shàng kè
B：他们正在上课。

1 画油画儿

2 看杂志

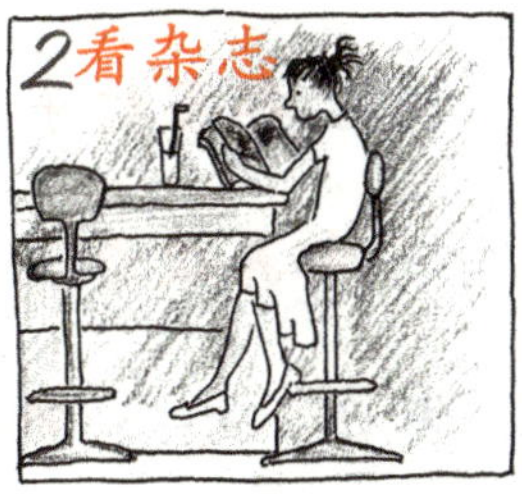

3 画水彩画儿

4 唱歌

5 看/读书

6 画国画儿

12 Listen and match.

35

c	1 美文	a) 是美国人，喜欢读书、看杂志。
f	2 东东	b) 最喜欢听音乐。
d	3 王星	c) 会弹钢琴，也会唱歌。
a	4 田雪	d) 星期天画国画儿。
e	5 大年	e) 去上油画儿课了。
b	6 天明	f) 正在学画水彩画儿。

提示：
做完练习后，可让学生看听力录音稿，以充分领会所听内容。

提示：
做完练习后，老师可以让学生完成以下句子：

a) ________，我都会说。

b) ________，我都喜欢穿。

c) ________，我都喜欢。

d) ________，我都会画。

13 Complete the sentences.

1. 英语、汉语，我 都会说。
2. 历史课、地理课，哥哥 都喜欢上。
3. 国画儿、水彩画儿，爸爸 都会画。
4. 牛仔裤、裙子，姐姐 都喜欢穿。
5. 小说、杂志，妈妈 都喜欢看。
6. 粉红色、蓝色、紫色，妹妹 都喜欢。

NOTE

……，都…… means "both; all", e.g.

a) 油画儿、水彩画儿，我都喜欢。

b) 弹钢琴、唱歌，我都不喜欢。

It is your turn!

Make four sentences with "都".

14 Draw a series of pictures and then write captions.

Example

1

■ 冬冬非常爱读书，他每天都要读好几个小时的书。

2

■ 他常常一边走路一边看书。

3

■ 他有时候一边听音乐一边看书。

4

■ 他还喜欢一边吃饭一边看书。

68

15 Interview five classmates.

《 Sample questions:

1. 你爱读书吗？爱读什么书？
   nǐ ài dú shū ma? ài dú shén me shū?
2. 你爱读谁的书？
   nǐ ài dú shuí de shū?
3. 你现在正在读什么书？
   nǐ xiàn zài zhèng zài dú shén me shū?
4. 你会画画儿吗？画什么画儿？
   nǐ huì huà huàr ma? huà shén me huàr?
5. 你会画油画儿/水彩画儿吗？
   nǐ huì huà yóu huàr/shuǐ cǎi huàr ma?
6. 你画过油画儿/水彩画儿/国画儿吗？
   nǐ huà guo yóu huàr/shuǐ cǎi huàr/guó huàr ma?

……

16 Make a similar dialogue with your partner.

Example

你叫什么名字？
nǐ jiào shén me míng zi

我叫秋云。
wǒ jiào qiū yún

你住在哪儿？
nǐ zhù zài nǎr

我住在北京。
wǒ zhù zài běi jīng

你每天做什么？
nǐ měi tiān zuò shén me

我每天读书、听音乐、唱歌。
wǒ měi tiān dú shū、tīng yīn yuè、chàng gē

1 Copy the new words of Text 1.

Character	Pinyin / Meaning							
(stroke order)								
爱	ài love; be fond of	爱	爱	爱				
(stroke order)								
边	biān side; edge	边	边	边				
(stroke order)								
弹	tán play (a stringed musical instrument)	弹	弹	弹				
(stroke order)								
钢	gāng steel	钢	钢	钢				
(stroke order)								
琴	qín a general name for certain musical instruments	琴	琴	琴				
(stroke order)								
唱	chàng sing	唱	唱	唱				
(stroke order)								
歌	gē song	歌	歌	歌				

72

丨 口 口 口' 叮 吁 听								
听	tīng listen	听	听	听				
丶 讠 讠 讠 讠 讠 讠 诗 读 读								
读	dú read; attend	读	读	读				

2 Translate from English to Chinese.

1 one hour 一个小时	2 one hour and a half 一个半小时
3 five minutes 五分钟	4 half an hour 半个小时
5 two hours 两个小时	6 three hours and a quarter 三个小时一刻钟
7 fifteen minutes 十五分钟/一刻钟	8 forty-five minutes 四十五分钟/三刻钟

3 Fill in the missing word to form a phrase.

1. 不 要	2. 舒 服	3. 头 发	4. 医 生
5. 休 息	6. 感 冒	7. 发 烧	8. 咳 嗽
9. 嗓 子	10. 生 病	11. 经 常	12. 天 气
13. 晴 天	14. 多 云	15. 下 雪	16. 音 乐

4 Write the following in Chinese.

1. 睡觉

2. 起床

3. 上学

4. 回来

5. 弹钢琴

6. 唱歌

7. 听音乐

8. 看/读书

5 Write one sentence about each picture.

1

他喜欢一边走路一边听音乐。

2

她喜欢一边弹钢琴一边唱歌。

3

他喜欢一边吃饭一边听音乐。

4

她喜欢一边坐车一边听音乐。

6 Match the verb with the noun.

1. 开 车　　2. 穿 校服　　3. 做 饭

4. 上 历史课　　5. 弹 钢琴　　6. 唱 歌

7. 说 广东话　　8. 看 医生　　9. 读 书

穿	~~开~~	说
上	做	读
唱	弹	看

7 Write one sentence about each picture.

1

他看了一个小时的书。

2

她弹了三刻钟的钢琴。

3

她唱了半个小时的歌。

4

他看了一个小时的电视。

5

她听了两个小时的音乐。

6

他开了两个半小时的车。

8 Make a sentence with each phrase.

1. 一边……一边……：我喜欢一边弹钢琴一边唱歌。
2. 有时候：我有时候在家里跟妈妈说广东话。
3. 经常：今年我经常生病。

提示：
答案仅供参考。

75

9 Reading comprehension.

　　我们家每个人的爱好都不同。我爸爸很喜欢运动。我妈妈不工作。她喜欢看书和杂志。我姐姐喜欢听音乐。她会唱歌、弹钢琴。她喜欢一边弹钢琴一边唱歌。我不喜欢听音乐，也不喜欢画画儿。我喜欢看小说。

《 Answer the questions:

1. 她爸爸喜欢运动吗？
   喜欢。
2. 她妈妈有什么爱好？
   看书和杂志。
3. 她姐姐喜欢做什么？
   听音乐、唱歌、弹钢琴。
4. 她喜欢画画儿吗？
   不喜欢。
5. 她有什么爱好？
   她喜欢看小说。

10 Copy the simple characters.

ノ 勹 勺 句 包								
包	bāo bag	包	包	包				
丨 卜 止 止								
止	zhǐ stop	止	止	止				
一 十 士								
士	shì scholar	士	士	士				
一 丆 丆 丙 豆 豆 豆								
豆	dòu bean	豆	豆	豆				

76

11 Copy the new words of Text 2.

丿 九 … 杂 杂								
杂	zá miscellaneous	杂	杂	杂				
一 十 士 … 志 志 志								
志	zhì will; records	志	志	志				
一 … 画 画								
画	huà draw; paint	画	画	画				
丶 … 油 油								
油	yóu oil	油	油	油				
… 采 采 … 彩 彩								
彩	cǎi colour	彩	彩	彩				
一 十 土 … 者 者 者 者 … 都								
都	dōu all; both	都	都	都				
一 丅 下 … 正								
正	zhèng upright; correct	正	正	正				

提示：
老师应鼓励学生多找一些词语出来。

12 Circle the phrases and write them down.

唱	歌	小	水	里	中
弹	说	手	杂	彩	国
听	钢	风	志	油	画
音	口	琴	爱	好	家
乐	读	书	看	电	脑

1. 唱歌
2. 水彩画
3. 弹钢琴
4. 杂志
5. 爱好
6. 读书
7. 听音乐
8. 小说
9. 油画
10. 电脑

13 Write one sentence about each picture.

1

他正在说汉语。

2

她正在读书。

3

他正在看牙医。

4

她正在开车。

5

他正在画油画儿。

6

她正在画水彩画儿。

7

她正在唱歌。

8

他正在听音乐。

9

他正在弹钢琴。

78

14 Look up the words in the dictionary and write down their meanings.

1. 彩色 multicolour
2. 豆油 soybean oil
3. 手风琴 accordion
4. 口琴 harmonica
5. 午休 noon break
6. 左边 left
7. 书包 schoolbag
8. 儿歌 children's song
9. 米饭 cooked rice

15 Translate from English to Chinese.

1. I can speak English, French and Chinese.

   英语、法语、汉语，我都会说。

2. He likes to read English novels and magazines.

   英文小说、杂志、他都喜欢读。

3. She likes to read while listening to music.

   她喜欢一边听音乐一边看书。

4. He plays the piano for forty-five minutes every day.

   他每天弹四十五分钟的钢琴。

16 Write the pinyin and simple characters.

1. bāo 包 bag
2. zhǐ 止 stop
3. shì 士 scholar
4. dòu 豆 bean
5. gōng 弓 bow
6. tián 田 field

提示：
让学生根据自己的情况回答。

17 Answer the questions.

1. 你在哪儿出生？

______

2. 你去过什么国家？

______

3. 你最喜欢哪个国家？

______

4. 你会说什么语言？

______

5. 你在哪个学校上学？

______

6. 你穿校服上学吗？

______

7. 你今年学几门课？

______

8. 你喜欢上哪门课？

______

9. 你喜欢哪个老师？

______

10. 你有什么爱好？

______

18 Cloze test.

我 叫 王明，上九年 级 。我家有四 口 人：爸爸、妈妈、弟弟 和 我。我 们 有不同的爱 好 。我爸爸喜欢 看 书。他喜欢看中 文 书。我妈妈喜欢看杂 志 ，她每天 都 看。我喜欢听音 乐 ，我还喜欢唱歌。我弟弟喜欢画画儿。水 彩画儿、油 画儿、国 画 儿，他都 会 画。

80

19 Correct any mistakes. Write down the correct sentences.

1. 他今天有发烧。→ 他今天发烧。
2. 北京很冷冬天。→ 北京冬天很冷。
3. 我昨天不去上学。→ 我昨天没去上学。
4. 我喜欢听音乐也唱歌。→ 我喜欢听音乐，也喜欢唱歌。
5. 他喜欢吃饭一边看书一边。→ 他喜欢一边吃饭一边看书。
6. 我每天读书一个小时。→ 我每天读一个小时的书。

20 Essay writing.

« Sample essay:

亲爱的小明：

你好！

我家有三口人：爸爸、妈妈和我。我爸爸是英国人，妈妈是中国人。我跟爸爸说英语，跟妈妈说广东话。我在一个法文学校上学。我跟我的朋友说法语。

我们一家人有不同的爱好。我爸爸喜欢听音乐，他还喜欢弹钢琴。我妈妈喜欢画画儿。油画儿、水彩画儿、国画儿，她都会画。我喜欢看书和杂志。你呢？

祝好！

王大力

三月四日

It is your turn!

Write a reply letter with proper beginning and ending.
You should include:
- your family members
- the language(s) you speak
- your family members, hobbies

提示：
① 在教课文之前，老师可以先教第71页第1题，复习"正在"的用法，同时把这一课的生词教给学生：跑步、游泳、打网球。
② 接下来，老师可以教第71页第2题中"跟……一起"的用法。
③ 最后，老师给学生听课文录音。听完录音后，让学生猜"运动"的意思。老师还可以问学生以下问题：他叫什么名字？他们一家人都喜欢做什么？他爸爸喜欢做什么运动？他妈妈喜欢做什么运动？他自己喜欢做什么运动？
④ 老师可用图卡和词语卡片辅助教学。

Unit 3

Lesson 8 Hobby (2): Sports 爱好(二)：运动

Text 1

36

wǒ jiào gāo lì wǒ men yì jiā rén dōu xǐ huan yùn dòng
我叫高力。我们一家人都喜欢运动。

wǒ bà ba xǐ huan pǎo bù
我爸爸喜欢跑步。

tā měi tiān pǎo yí ge xiǎo shí bù
他每天跑一个小时步。

wǒ mā ma xǐ huan yóu yǒng
我妈妈喜欢游泳。

tā měi tiān zǎo shang yóu yǒng
她每天早上游泳。

wǒ ne wǒ xǐ huan gēn péng you yì qǐ dǎ wǎng qiú
我呢，我喜欢跟朋友一起打网球。

New Words

1. yùn 运(運) motion
2. dòng 动(動) move
   yùn dòng 运动 sports
3. pǎo 跑 run
4. bù 步 step; walk
   pǎo bù 跑步 run
5. yóu 游 swim
6. yǒng 泳 swim
   yóu yǒng 游泳 swim
7. yì qǐ 一起 together
   gēn…yì qǐ 跟…一起 together with
8. wǎng 网(網) net
9. qiú 球 ball
   wǎng qiú 网球 tennis
   dǎ wǎng qiú 打网球 play tennis

70

1 Say one sentence about each picture.

Example

wǒ men zhèng zài dǎ wǎng qiú
我们正在打网球。

他们正在跑步。

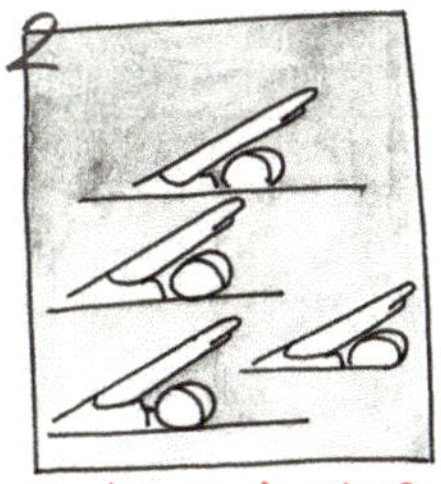

他们正在游泳。

她们正在唱歌。

他们正在上课。

他正在弹钢琴。

2 Complete the sentences.

wǒ cháng cháng gēn zhōng guó péng you yì qǐ
1. 我常常跟中国朋友一起 唱中文歌。

tā měi ge xīng qī liù gēn bà ba yì qǐ
2. 他每个星期六跟爸爸一起 打网球。

jīn tiān shàng wǔ mā ma gēn mèi mei yì qǐ
3. 今天上午妈妈跟妹妹一起 跑步。

wǒ měi tiān gēn jiě jie yì qǐ
4. 我每天跟姐姐一起 游泳。

wǒ měi tiān gēn bà ba mā ma yì qǐ
5. 我每天跟爸爸、妈妈一起 听音乐。

NOTE

跟(和)……一起 means "together with", e.g.

我每天跟哥哥一起打网球。

It is your turn!

Make four sentences with "跟(和)……一起".

提示：
答案仅供参考。

提示：
做完练习后，让学生把所有的音节都读一读。

3 Listen and add tonal marks to the pinyin.

37

1. hòuguǒ
2. lòudǒu
3. duōguó
4. duōsuo
5. róuruò
6. shǒuruò

Practice Focus

ou uo

4 Activity.

Example

五天	三个月
星期日	十天
九月	四十分钟
一刻钟	一个半小时
一个小时	一年半
一个星期	两百天

INSTRUCTIONS

1. The whole class may join the activity.
2. The teacher says a phrase in English, and the students are expected to say it in Chinese.
3. Those students, who cannot say the phrases in Chinese or say the wrong ones, are out of the activity.

提示：
做完练习后，可让学生看听力录音稿，以充分领会所听内容。

5 Listen and tick the right boxes.

38

	弹钢琴	唱歌	跑步	游泳	打网球	画画儿	读书	听音乐
1.美美		√					√	
2.东东						√		
3.小明			√					√
4.京京	√							
5.大生				√				
6.小天					√			

72

6 Say the following in Chinese.

Example

跑步

1

打高尔夫球

2

打网球

3

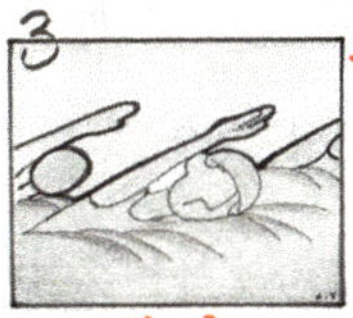

游泳

4

打乒乓球

5

打排球

6

打羽毛球

7

打篮球

8

踢足球

9

滑冰

10

滑雪

Extra Words

a) dǎ pái qiú 打排球
b) dǎ lán qiú 打篮球
c) dǎ pīng pāng qiú 打乒乓球
d) dǎ yǔ máo qiú 打羽毛球
e) dǎ gāo ěr fū qiú 打高尔夫球
f) tī zú qiú 踢足球
g) huá bīng 滑冰
h) huá xuě 滑雪

提示：此题也可以用来复习句型"正在……"。

7 Make similar dialogues with your partner.

Example

07:00-08:00
16:00-17:00

A: nǐ měi tiān yóu yǒng ma 你每天游泳吗？
B: wǒ měi tiān yóu yǒng 我每天游泳。
A: nǐ měi tiān yóu jǐ ge xiǎo shí 你每天游几个小时？
B: shàng wǔ yí ge xiǎo shí, xià wǔ yí ge xiǎo shí 上午一个小时，下午一个小时。

1

16:00-18:00

看书/两个小时

2

07:00-08:00
19:00-20:00

跑步/两个小时

3

16:30-17:30

画油画儿/一个小时

73

提示：
以下问题仅供参考：
a) 你喜欢看书吗？每天看几个小时的书？
b) 你喜欢打网球吗？你喜欢跟谁在一起打网球？
c) 你会游泳吗？你今天有没有游泳？
d) 你会说什么语言？想学什么语言？

8 Make a dialogue with your partner.

« Sample questions:

1. 你今年多大了？上几年级？
(nǐ jīn nián duō dà le shàng jǐ nián jí)
2. 你在哪个学校上学？
(nǐ zài nǎ ge xué xiào shàng xué)
3. 你们学校有多少学生、多少老师？
(nǐ men xué xiào yǒu duō shao xué sheng duō shao lǎo shī)
4. 你今年学几门课？哪几门课？
(nǐ jīn nián xué jǐ mén kè nǎ jǐ mén kè)
5. 你喜欢上什么课？不喜欢上什么课？
(nǐ xǐ huan shàng shén me kè bù xǐ huan shàng shén me kè)
6. 你喜欢听音乐吗？
(nǐ xǐ huan tīng yīn yuè ma)
7. 你会弹钢琴吗？
(nǐ huì tán gāng qín ma)
8. 你喜欢唱歌吗？
(nǐ xǐ huan chàng gē ma)
9. 你喜欢画画儿吗？
(nǐ xǐ huan huà huàr ma)
你会画什么画儿？
(nǐ huì huà shén me huàr)
10. 你画过国画儿吗？
(nǐ huà guo guó huàr ma)
11. 你喜欢运动吗？喜欢什么运动？
(nǐ xǐ huan yùn dòng ma xǐ huan shén me yùn dòng)
……

提示：
教这些独体字时，要帮助学生记住它们的读音。学生一般能记住汉字的意思和书写，但很难记住读音。老师可以试着用词语卡片经常复习这些独体字。

9 Learn the simple characters.

xī 夕 sunset	xīn 心 heart	mù 目 eye	fāng 方 square

74

Text 2

39

wǒ bú tài xǐ huan yùn dòng, dàn shì wǒ xǐ huan yóu yǒng. nǐ xǐ huan yùn dòng ma?

我不太喜欢运动，但是我喜欢游泳。你喜欢运动吗？

wǒ hěn xǐ huan yùn dòng. wǒ hái xǐ huan kàn diàn shì、kàn diàn yǐng.

我很喜欢运动。我还喜欢看电视、看电影。

nǐ xǐ huan kàn shén me diàn shì jié mù?

你喜欢看什么电视节目？

wǒ xǐ huan kàn tǐ yù jié mù.

我喜欢看体育节目。

nǐ jīng cháng kàn diàn yǐng ma?

你经常看电影吗？

wǒ chà bu duō měi ge zhōu mò dōu kàn.

我差不多每个周末都看。

NEW WORDS

1. 太 (tài) too
2. 但 (dàn) but
   但是 (dàn shì) but
3. 视(視) (shì) look; view
   电视 (diàn shì) TV
4. 影 (yǐng) shadow; film
   电影 (diàn yǐng) movie
5. 节(節) (jié) festival; measure word
   节目 (jié mù) programme
6. 差不多 (chà bu duō) almost
7. 周 (zhōu) week
8. 末 (mò) end
   周末 (zhōu mò) weekend

75

提示：

① 在教课文之前，老师可以先教第76页第10题，复习“正在”的用法，同时把“看电影、看电视”这两个短语教给学生。

② 接下来，老师可以让学生做第79页第15题，顺便教“但是”这个生词。

③ 老师还可以先教第79页第16题中“差不多”这个生词。

④ 最后，老师让学生听课文录音，让学生猜猜“太、周末、节目”的意思。

⑤ 老师可用图卡和词语卡片辅助教学。

10 Say one sentence about each picture. Then do the activity.

Example

他正在打网球。

1

他正在画水彩画儿。

2

他们正在看电影。

3

他正在看书。

4

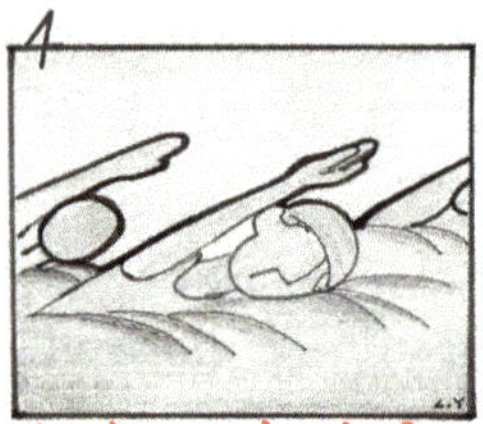

他们正在游泳。

5

他正在跑步。

6

她正在唱歌。

7

他正在画油画儿。

Example

走路	打网球	睡觉
唱歌	看杂志	游泳
跑步	打电话	弹钢琴
开车	看电视	画画儿

INSTRUCTIONS

1 The class is divided into two groups.

2 When the teacher says a phrase, one member of the group in turn is expected to act accordingly.

3 The person who acts accordingly gains one point.

11 Interview your partner.

QUESTIONS	很喜欢	喜欢	不太喜欢	不喜欢
1. 你喜欢看小说吗?				
2. 你喜欢看杂志吗?				
3. 你喜欢看电视吗?				
4. 你喜欢看电影吗?				
5. 你喜欢运动吗?				
6. 你喜欢唱歌吗?				
7. 你喜欢画画儿吗?				
8. 你喜欢弹钢琴吗?				
9. 你喜欢跑步吗?				
10. 你喜欢游泳吗?				
11. 你喜欢打网球吗?				

Report to the class:

他很喜欢看小说。他……

12 Activity.

Example

游	周	运	跑
节	电	网	喜

INSTRUCTIONS

1. The class is divided into small groups.
2. Each group is asked to add one word to form a phrase. The students may write characters if they can, otherwise write pinyin.
3. The group, which gets the most phrases correctly, wins the activity.

77

提示：以下汉字可供活动使用：

a) 唱 b) 杂
c) 正 d) 音
e) 休 f) 舒
g) 感 h) 医
i) 经 j) 秋
k) 发 l) 头
m) 音 n) 戏

提示：
做练习之前，让每个学生想出或写出十个问句，然后问各自的同桌。

13 Make a dialogue with your partner.

《 Sample questions:

1. 你喜欢运动吗？喜欢什么运动？
(nǐ xǐ huan yùn dòng ma / xǐ huan shén me yùn dòng)
2. 你每个周末都去看电影吗？
(nǐ měi ge zhōu mò dōu qù kàn diàn yǐng ma)
3. 你每天都听音乐吗？
(nǐ měi tiān dōu tīng yīn yuè ma)
4. 你每天都看电视吗？喜欢看什么节目？
(nǐ měi tiān dōu kàn diàn shì ma / xǐ huan kàn shén me jié mù)
5. 你会弹钢琴吗？
(nǐ huì tán gāng qín ma)
6. 你会画画儿吗？喜欢画什么画儿？
(nǐ huì huà huàr ma / xǐ huan huà shén me huàr)

……

Words for Reference

a) 经常/常常 (jīng cháng/cháng cháng)
b) 差不多 (chà bu duō)
c) 每个周末 (měi ge zhōu mò)
d) 跟……一起 (gēn … yì qǐ)
e) 但是 (dàn shì)
f) 很喜欢 (hěn xǐ huan)
g) 不太喜欢 (bú tài xǐ huan)
h) 会 (huì)
i) 不太会 (bú tài huì)

Report to the class:

他很喜欢运动。他喜欢……

提示：
做完练习后，可让学生看听力录音稿，以充分领会所听内容。

14 Listen and choose the right answers.

40

1 美文周末去 b 。 a 看电视 b 看电影 c 看看书	2 冬冬正在 b 。 a 画画儿 b 看书 c 看电视	3 小天要去 a 。 a 打网球 b 跑步 c 游泳
4 小明夏天 b 。 a 运动 b 游泳 c 跑步	5 大生今天有 a 。 a 钢琴课 b 油画儿课 c 游泳课	6 大年爱看 b 。 a 电影 b 音乐节目 c 地理节目

78

15 Make sentences as the example shows.

Example

Britain	USA	Japan
✓	✓	×

我去过英国和美国，但是没去过日本。

1

Chinese	English	French
✓	✓	×

2

cough	headache	fever
✓	✓	×

3

spring	summer	winter
✓	✓	×

4

maths	history	computing
✓	✓	×

5

oil painting	water-colour	Chinese painting
✓	✓	×

6

elder brother	younger sister	younger brother
✓	✓	×

16 Rewrite the sentences.

常常　差不多

1. 我常常看电视。→ 我差不多每天晚上都看电视。
2. 爸爸常常跑步。→ 爸爸差不多每天早上都跑步。
3. 哥哥常常打网球。→ 哥哥差不多每个周末都打网球。
4. 英国春天常常下雨。→ 英国春天差不多每个星期都下雨。
5. 香港夏天气温常常在三十度以上。→ 香港夏天气温差不多每天都在三十度以上。

It is your turn!

Make four sentences with "差不多".

答案：

1. 我会说汉语和英语，但是不会说法语。
2. 我咳嗽、头疼，但是没发烧。
3. 我喜欢春天和夏天，但是不喜欢冬天。
4. 我喜欢上数学课和历史课，但不喜欢上电脑课。
5. 我会画油画儿和水彩画儿，但是不会画中国画儿。
6. 我有哥哥和妹妹，但是没有弟弟。

1 Copy the new words of Text 1.

一 二 云 云 䢵 运 运								
运	yùn motion	运	运	运				
一 二 云 云 动 动								
动	dòng move	动	动	动				
丨 口 口 𠯑 𧾷 𧾷 足 𧾷 趵 跑 跑 跑								
跑	pǎo run	跑	跑	跑				
丨 ⺊ 上 止 步 步 步								
步	bù step; walk	步	步	步				
丶 丶 氵 氵 氵 汸 汸 游 游 游 游 游								
游	yóu swim	游	游	游				
丶 丶 氵 氵 氵 泳 泳 泳								
泳	yǒng swim	泳	泳	泳				
丨 冂 冂 冈 网 网								
网	wǎng net	网	网	网				

一 二 千 王 王̄ 玎 玎 玎 球 球 球								
球	qiú ball	球	球	球				

2 Draw the structure of each character.

1. 游 (yóu) →
2. 运 (yùn) →
3. 网 (wǎng) →
4. 琴 (qín) →
5. 读 (dú) →
6. 想 (xiǎng) →
7. 病 (bìng) →
8. 嗓 (sǎng) →
9. 等 (děng) →
10. 温 (wēn) →
11. 嗽 (sòu) →
12. 爱 (ài) →

3 Write the following in Chinese.

1. 弹钢琴

2. 唱歌

3. 听音乐

4. 看/读书

5. 跑步

6. 游泳

7. 打网球

8. 画油画儿

4 Rearrange the words/phrases to form a sentence.

1. 运动/我们/都/一家人/喜欢/。→ 我们一家人都喜欢运动。
2. 早上/妈妈/每天/游泳/。→ 妈妈每天早上游泳。
3. 很晚/爸爸/回家/每天/。→ 爸爸每天很晚回家。
4. 有/爱好/哥哥/很多/。→ 哥哥有很多爱好。
5. 跟……一起/打网球/我/朋友/经常/。
→ 我经常跟朋友一起打网球。

5 Write characters.

1. yùn dòng 运动
2. yóu yǒng 游泳
3. pǎo bù 跑步
4. dǎ wǎng qiú 打网球
5. ài hào 爱好
6. chàng gē 唱歌
7. dú shū 读书
8. tán gāng qín 弹钢琴
9. xiū xi 休息
10. shū fu 舒服
11. gǎn mào 感冒
12. sǎng zi téng 嗓子疼

6 Make a sentence with each phrase.

提示：
答案仅供参考。

1. 跟……一起：我经常跟哥哥一起打网球。
2. 一边……一边……：姐姐喜欢一边听音乐一边画画儿。
3. 正在：妈妈正在看杂志。

7 Complete the sentences.

1. 我每天 六点起床。我七点半去上学。
2. 我妈妈每天 早上跑步，晚上游泳。
3. 我爸爸每天 开车上班。
4. 我经常 晚上打电话给朋友。
5. 我喜欢 画国画儿，不喜欢画水彩画儿。
6. 我不喜欢 运动，我喜欢音乐。

提示：
答案仅供参考。

8 Write the following in Chinese.

1 20:30 晚上八点半	5 06:15 早上六点一刻
2 10:20 上午十点二十分	6 14:45 下午两点三刻
3 19:05 晚上七点零五分	7 07:00 早上七点
4 12:55 中午十二点五十五分	8 09:30 上午九点半

9 Write one word for each radical.

1. 𠂉 每	2. 爫 爱	3. 页 颜	4. 白 的	5. 犭 独
6. 彡 彩	7. 土 地	8. 王 理	9. 氵 油	10. ⻊ 跑
11. 辶 运	12. 力 动	13. 疒 痛	14. 讠 话	15. 弓 弹

提示：
老师可鼓励学生为每个偏旁部首多写几个汉字。

85

10 Reading comprehension.

我们全家人都喜欢运动。爸爸喜欢长跑，他每天跑一个小时。我和妹妹都喜欢短跑。妈妈不喜欢跑步。她差不多每天晚上都游泳。我哥哥喜欢跟他的朋友一起打网球。他们每个周末都去打网球。

« Answer the questions:

1. 他家有几口人？
   五口人。
2. 他家有谁？
   爸爸、妈妈、哥哥、妹妹和他。
3. 他爸爸每天跑几个小时的步？
   一个小时。
4. 他妈妈也喜欢跑步吗？
   不喜欢。
5. 他哥哥喜欢跟谁一起打网球？
   跟朋友。

11 Copy the simple characters.

丿 ク 夕								
夕	xī sunset	夕	夕	夕				
丶 心 心 心								
心	xīn heart	心	心	心				
丨 冂 月 月 目								
目	mù eye	目	目	目				
丶 亠 亍 方								
方	fāng square	方	方	方				

86

12 Copy the new words of Text 2.

一 ナ 大 太								
太	tài too	太	太	太				
ノ イ 亻 仃 们 但 但								
但	dàn but	但	但	但				
丶 ラ 才 礻 礻 初 视 视								
视	shì look; view	视	视	视				
丨 口 日 日 旦 早 早 昌 昌 景 景 景 景' 影 影								
影	yǐng shadow; film	影	影	影				
一 十 艹 节 节								
节	jié festival; measure word	节	节	节				
丿 冂 月 円 用 周 周 周								
周	zhōu week	周	周	周				
一 二 十 才 末								
末	mò end	末	末	末				

13 Find nouns to match the verbs.

1 看 — 电视 / 书 / 电影 / 杂志

2 坐 — 公共汽车 / 出租车 / 地铁 / 校车

3 吃 — 早饭 / 午饭 / 晚饭

4 下 — 班 / 车 / 课

5 上 — 学 / 车 / 课

6 画 — 国画儿 / 油画儿 / 水彩画儿

14 Write the following in Chinese.

1 swim 游泳	2 programme 节目	3 weekend 周末
4 almost 差不多	5 but 但是	6 sports 运动
7 jogging 跑步	8 rest 休息	9 magazine 杂志
10 T. V. 电视	11 movie 电影	12 play tennis 打网球

15 Write the meaning of each word.

上学 → 学生 → 生日 → 日本 → 本子 → 子女 → 女儿 → 儿歌

上学	学生	生日	日本	本子	子女	女儿	儿歌
go to school	student	birthday	Japan	exercise book	children	daughter	children's song

88

提示：
答案仅供参考。

16 Complete the sentences.

1. 他很喜欢运动，但是 他不喜欢游泳。
2. 她很喜欢音乐，但是 她不喜欢唱歌。
3. 他很会画画儿，但是 他不会唱歌。
4. 他很喜欢看电视，但是 他不喜欢看体育节目。
5. 她很喜欢学语言，但是 她不会说汉语。

17 Look up the words in the dictionary and write down their meanings.

1. 游泳池 swimming pool
2. 长跑 long-distance running
3. 短跑 sprint
4. 水球 water polo
5. 马球 polo
6. 运动服 sports wear
7. 气球 balloon
8. 热气球 hot-air balloon
9. 上网 surf on the Internet
10. 太太 Mrs.
11. 节目 programme
12. 电路 circuit

18 Rearrange the words/phrases to form a sentence.

1. 差不多/他/游泳/每天/都/ 。→ 他差不多每天都游泳。
2. 跑步/早上/爸爸/每天 /。→ 爸爸每天早上跑步。
3. 哥哥/跟……一起/常常/他/打网球/。

→ 他常常跟哥哥一起打网球。

89

提示：
答案仅供参考。

19 Translate from Chinese to English.

1. 你今天嗓子疼，不要多说话。You have a sore throat today. Don't talk too much.
2. 你今天手疼，不要弹钢琴了。You have a hand ache today. Don't play the piano.
3. 你今天眼睛不舒服，不要看电视了。Your eyes are sore today. Don't watch T.V.
4. 今天你发烧了，不要去游泳了。You have a fever today. Don't go swimming.
5. 你今天生病了，不要去上学了。You are sick today. Don't go to school.
6. 今天很热，不要去打网球了。It is very hot today. Don't go to play tennis.

Type the above sentences on the computer.

20 Complete the sentences.

1. 小英有很多爱好，她喜欢 听音乐、画画儿、打球等。
2. 她喜欢一边读书 一边听音乐。
3. 她喜欢跟 朋友一起打网球。
4. 他正在 唱歌。
5. 画画儿、游泳、跑步、唱歌，他都喜欢。

21 Cloze test.

妈妈每天早 上 七点 起 床。她八点 吃 早饭，然后去游泳。她每天游一个小 时 的泳。她通常中午十二点吃午 饭 ，下午睡一 个 钟头的觉。她差不 多 每天晚上 都 看电视。她喜欢看体育 节 目。她不喜欢听音 乐 和唱歌。

90

22 Translate from English to Chinese.

1. They are having dinner now.
   他们现在正在吃晚饭。

2. He is playing tennis with his younger brother.
   他正在跟弟弟一起打网球。

3. She is reading while listening to music.
   她正在一边听音乐一边看书。

4. He has gone to the movies with his friends.
   他跟他朋友去看电影了。

5. She likes watching T.V. and movies.
   电视、电影，她都喜欢看。

23 Essay writing.

《 Sample essay:

亲爱的小明：

你好！

你周末做什么？你作业多吗？常常看书吗？你常看什么电视节目？

我周末常常跟朋友出去，有时候看电影，有时候买东西。在家我喜欢看书，也常常看电视。我最爱看体育节目。我最喜欢看足球比赛。

祝好！

王大力

四月六日

It is your turn!

Write a reply letter with proper beginning and ending.

You should include:

- answers to the questions in the letter
- what you do at weekends

提示：
① 老师可先教第83页第6题中"除了……以外"的用法，并让学生做练习。
② 然后，老师教"从……开始"的用法，让学生读一读第82页第4题的内容。
③ 接着，老师教生词"舞蹈、跳舞、拉小提琴"。
④ 最后，老师让学生听课文录音，听后问相关问题，最后看课文。
⑤ 老师可用图卡和词语卡片辅助教学。

Unit 3

Lesson 9 Hobby (3): Dance 爱好(三)：舞蹈

Text 1

41

nǐ hǎo wǒ jiào huān huan chú le yīn yuè yǐ wài wǒ
你好！我叫欢欢。除了音乐以外，我

hái xǐ huan wǔ dǎo wǒ cóng sì
还喜欢舞蹈。我从四

suì kāi shǐ xué tiào wǔ wǒ měi
岁开始学跳舞。我每

ge xīng qī èr xīng qī sì tiào
个星期二、星期四跳

liǎng ge xiǎo shí wǔ wǒ cóng liù
两个小时舞。我从六

suì kāi shǐ lā xiǎo tí qín wǒ
岁开始拉小提琴。我

měi tiān lā sì shí wǔ fēn zhōng xiǎo
每天拉四十五分钟小

tí qín
提琴。

NEW WORDS

1. 除 (chú) besides
   除了…以外 (chú le … yǐ wài) besides
2. 舞 (wǔ) dance
3. 蹈 (dǎo) skip
   舞蹈 (wǔ dǎo) dance
4. 从(從) (cóng) from
5. 始 (shǐ) begin
   开始 (kāi shǐ) start
6. 跳 (tiào) jump
   跳舞 (tiào wǔ) dance
7. 拉 (lā) pull; play (a certain musical instrument)
8. 提 (tí) carry with one hand; lift
   小提琴 (xiǎo tí qín) violin
   拉小提琴 (lā xiǎo tí qín) play the violin

80

1 Activity.

① 攵	② 欠	③ 士	④ 门	⑤ ⺮
⑥ 钅	⑦ 疒	⑧ 火	⑨ 罒	⑩ 弓
⑪ 力	⑫ 衤	⑬ 冂	⑭ 牜	⑮ 页
⑯ 冫	⑰ 户	⑱ 忄	⑲ 厂	⑳ 车
㉑ 立	㉒ 革	㉓ 止	㉔ 虫	㉕ 矢

INSTRUCTIONS

1 The class is divided into small groups.

2 Each group is asked to memorize the radicals listed on the left. Then the teacher gives a dictation on those radicals.

3 The group writing more correct radicals than any other group wins the activity.

2 Draw your own picture and then describe it.

提示：
老师应告诉学生，“正在”或者“在”都表示正在进行的动作。

Example

■ 公园里有很多人。有的人在跑步，有的人在打网球，有的人在跳舞，有的人在拉小提琴，有的人坐在草地上看书，有的人在听音乐，还有的人在长椅上睡觉。

3 Say one sentence about each picture.

Example

他正在跑步。

4 Oral presentation.

提示：
老师应告诉学生，“开始”后边的词应该是动词。

Example

我从一岁开始走路，一岁半开始说话。我从三岁开始学汉语，四岁半开始弹钢琴，五岁开始跳舞。我六岁开始上小学一年级，七岁开始拉小提琴……

It is your turn!

Talk about yourself.

82

5 Listen and add vowels with tonal marks. 42

1 tòu lòu　2 zuò zuo　3 zuò shòu
4 sōu suǒ　5 shōuhuò　6 shōu suō

Practice Focus
ou uo

提示：
做完练习后，让学生把所有的音节都读一读。

6 Translate from English to Chinese.

1. Besides dancing, she likes drawing.
除了跳舞以外，她还喜欢画画儿。
2. Besides watching TV, he likes watching movies.
除了看电视以外，他还喜欢看电影。
3. Besides English, she can speak Chinese.
除了英语以外，她还会说汉语。
4. Besides sports, he likes music.
除了运动以外，他还喜欢音乐。
5. Besides reading, she likes singing.
除了读书以外，她还喜欢唱歌。
6. Besides swimming, he likes jogging.
除了游泳以外，他还喜欢跑步。
7. Besides maths, he likes history and geography.
除了数学课以外，他还喜欢历史课和地理课。

NOTE

除了……以外，…… means "besides or except", e.g.
除了打球以外，他还喜欢音乐。

7 Listen and choose the right answers. 43

1. 冬冬	A
2. 小文	K
3. 大生	F
4. 王星	C
5. 小明	B
6. 小天	L

A 看电影	E 唱歌	I 看杂志
B 看电视	F 弹钢琴	J 画画儿
C 游泳	G 听音乐	K 打篮球
D 跑步	H 读书	L 跳舞

提示：
做完练习后，可让学生看听力录音稿，以充分领会所听内容。

83

提示：
答案仅供参考。

8 Make a sentence with each group of words/phrases given.

1. 拉小提琴　一个半小时 → 他每天拉一个半小时小提琴。
2. 除了……以外，……　舞蹈 → 除了音乐以外，她还喜欢舞蹈。
3. 从……开始　跳舞 → 我从五岁开始学跳舞。
4. 跟……一起　打网球 → 我差不多每个周末都跟妈妈一起打网球。
5. 每个周末　看电影 → 我每个周末都跟朋友一起看电影。
6. 不太喜欢　看杂志 → 我不太喜欢看杂志，但是喜欢看小说。
7. 差不多　做作业 → 我差不多每天都做两个小时的作业。
8. 一边……一边……　走路 → 我喜欢一边走路一边听音乐。
9. 带　看医生 → 妈妈昨天带弟弟去看医生了。
10. 想　上大学 → 姐姐想去日本上大学。

提示：
教这些独体字时，要帮助学生记住它们的读音。学生一般能记住汉字的意思和书写，但很难记住读音。老师可以试着用词语卡片经常复习这些独体字。

9 Learn the simple characters.

píng 平 flat; smooth

tǔ 土 soil

jiǎo 角 horn

yè 页 page

84

Text 2

44

nǐ hǎo dà shēng zài jiā ma
你好！大生在家吗？

wǒ jiù shì
我就是。

nǐ zài gàn shén me ne
你在干什么呢？

wǒ zài yì biān zuò zuò yè yì biān wánr diàn nǎo yóu xì ne
我在一边做作业一边玩儿电脑游戏呢。

wǒ men yì qǐ qù dǎ lán qiú ba
我们一起去打篮球吧！

hǎo shén me shí hou qù
好。什么时候去？

xià wǔ sì diǎn hǎo ma
下午四点，好吗？

kě yǐ wǒ men sì diǎn zài qiú chǎng shang jiàn
可以。我们四点在球场上见！

hǎo ba yí huìr jiàn
好吧。一会儿见！

85

提示：

① 在教课文之前，老师可以先教第88页第14题中“什么时候”的用法，同时教“做作业”这个短语。

② 接着，老师可以教第87页第12题中“吧”的用法，同时教“可以”和“打篮球”。老师可鼓励学生多学一些Extra Words里的词语，比如：“逛街、打高尔夫球”等。

③ 老师还可以再教86页第10题“（正）在……呢”的用法，同时学“干什么”这个短语。

④ 最后，老师让学生听课文录音，并鼓励他们猜猜“我就是。”“玩儿电脑游泳”“球场”“一会儿见！”等词语和句子的意思。

⑤ 老师可用图卡和词语卡片辅助教学。

NEW WORDS

1. 就 jiù just; exactly
2. 干(幹) gàn do
   干什么 gàn shén me what to do
*3. 呢 ne indicate continuation of an action
4. 业(業) yè profession
   作业 zuò yè homework
   做作业 zuò zuò yè do one's homework
5. 玩 wán play
6. 游戏 yóu xì game
   电脑游戏 diàn nǎo yóu xì computer game
7. 篮(籃) lán basket
   篮球 lán qiú basketball
   打篮球 dǎ lán qiú play basketball
8. 吧 ba particle
9. 什么时候 shén me shí hou what time
10. 可 kě agree
    可以 kě yǐ fine
11. 场(場) chǎng a place where people gather
    球场 qiú chǎng ground or court for ball games

10 Ask your classmates the following questions.

1. 你昨天上午十点在干什么呢?
2. 你昨晚八点在干什么呢?
3. 你今天早上七点在干什么呢?
4. 你今天中午十二点半在干什么呢?
5. 你现在在干什么呢?
6. 你今晚想干什么?
7. 这个周末你想干什么?
8. 今年夏天你想干什么?

NOTE

(正)在……呢 indicates continuation of an action, e.g.

我(正)在做作业呢。

11 Activity.

提示:
以下词语可供活动使用:

a) 跑步
b) 球场
c) 打篮球
d) 打电话
e) 读书
f) 弹钢琴
g) 拉小提琴
h) 玩儿电脑游戏
i) 看电视
j) 看电影
k) 听音乐
l) 画水彩画儿
m) 画国画儿
n) 画油画儿
o) 读书

Example

舞蹈	开始
钢琴	游泳

86

INSTRUCTIONS

1. The whole class may join the activity.
2. The teacher prepares 10-15 cards with phrases written on each of them. One student chosen picks up the card when the teacher shouts out the phrase.
3. Those students, who pick up the wrong phrase, are out of the activity.

12 Make dialogues with your classmates.

Example

A：我们一起去看电影吧！
B：好。什么时候去？
A：下午四点。
B：可以。我们在哪儿见？
A：你来我家。我们坐公共汽车去，好吗？
B：可以。一会儿见！

NOTE

吧 is a particle used to express a request, consultation or proposal, e.g.

我们一起去游泳吧。

Extra Words

a) 打排球	b) 打篮球	c) 打羽毛球	d) 打乒乓球
e) 踢足球	f) 买东西	g) 唱卡拉ok	h) 打高尔夫球
i) 逛街	j) 滑冰	k) 滑雪	

提示：老师可让学生两个人一组，选其中一项活动进行对话练习，并约定好活动时间。

13 Listen and match. 45

b 1 大生
f 2 小明
a 3 王星
d 4 美美
c 5 京京
e 6 小天

a) 明天早上不会去跑步。
b) 正在做作业。
c) 三点半去跳舞。
d) 正在看书。
e) 星期天下午要去打网球。
f) 五点学游泳。

提示：做完练习后，可让学生看听力录音稿，以充分领会所听内容。

14 Make a dialogue with your partner.

《 Sample questions:

1. 你早上几点起床？
2. 你几点吃早饭？
3. 你几点去上学？你怎么上学？
4. 你们几点开始上课？
5. 你什么时候吃午饭？
6. 你下午几点回家？
7. 你从几点开始做作业？
8. 你晚上看电视吗？看什么节目？
9. 你看几个小时电视？
10. 你几点睡觉？

NOTE

什么时候 means "when". The answer to the question can be year, month, week day or hour. 几点 means "what time". The answer to the question can only be hour.

a A: 你什么时候去北京？
B: 三月五号。

b A: 你什么时候去学校？
B: 今晚七点。

c A: 你几点来我家？
B: 下午三点。

15 Activity.

① 寸	② 米	③ 足	④ 木	⑤ 斗
⑥ 力	⑦ 青	⑧ 立	⑨ 矢	⑩ 皿
⑪ 巾	⑫ 旦	⑬ 舌	⑭ 瓜	⑮ 羊
⑯ 禾	⑰ 弓	⑱ 角	⑲ 包	⑳ 止
㉑ 士	㉒ 豆	㉓ 夕	㉔ 心	㉕ 头

INSTRUCTIONS

1. The class is divided into small groups.
2. Each group is asked to memorize the simple characters listed on the left. Then the teacher gives a dictation on those characters.
3. The group writing more correct characters than any other group wins the activity.

16 Write captions for the pictures.

Example

1.

他从昨天晚上开始不舒服。

2.

他头痛、咳嗽，还发烧。

3.

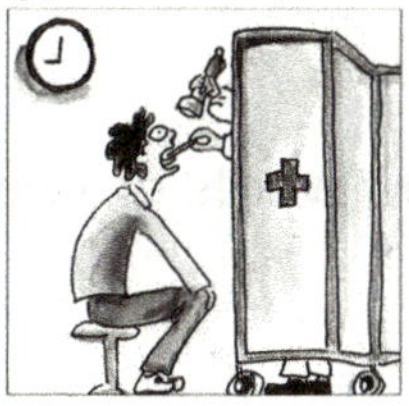

他早上九点去看医生了。

4.

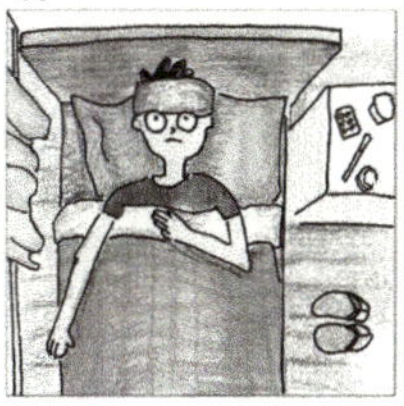

现在他在家里休息。

It is your turn!

以下答案仅供参考：

1. 他昨天上午去打网球了。
2. 他中午跟朋友一起吃午饭了。
3. 他下午去游泳了。
4. 他晚上去跑步了。

17 Role play.

Example

A：你从几岁开始打篮球？

B：五岁半。

A：你每天都打篮球吗？

B：差不多一天打五六个小时。

A：除了篮球，你还喜欢什么运动？

B：我还喜欢打网球和跑步。

……

运动员

INSTRUCTIONS

Suppose you are a journalist and you are interviewing a famous person.

钢琴家

画家

电影明星

提示：

以下问题仅供参考。

a) 你什么时候去打网球？

b) 你喜欢跟谁一起跑步？

c) 除了运动以外，你还有什么爱好？

d) 你喜欢看书/杂志吗？

e) 你喜欢看电视吗？喜欢看什么节目？

f) 你会说什么语言？你想学什么语言？

g) 你去过什么国家？你最喜欢什么国家？那里夏天天气怎么样？

Lesson 9 Hobby (3): Dance 爱好(三)：舞蹈

1 Copy the new words of Text 1.

除	chú besides	除	除	除			
舞	wǔ dance	舞	舞	舞			
蹈	dǎo skip	蹈	蹈	蹈			
从	cóng from	从	从	从			
始	shǐ begin	始	始	始			
跳	tiào jump	跳	跳	跳			
拉	lā pull; play (a certain musical instrument)	拉	拉	拉			

一 十 扌 扌 扌 扌 押 提 捍 捍 提 提								
提	tí carry with one hand; lift	提	提	提				

2 Group the phrases as required.

唱歌 跳舞 跑步 游泳 打网球 弹钢琴 咳嗽
脚疼 感冒 眼睛疼 画油画儿 拉小提琴 头痛
发烧 嗓子疼 听音乐 画水彩画儿 画国画儿

music	sports	art	sickness
唱歌	跑步	跳舞	咳嗽
弹钢琴	游泳	画油画儿	脚疼
拉小提琴	打网球	画水彩画儿	感冒
听音乐		画国画儿	眼睛疼
			头痛
			发烧
			嗓子疼

3 Write the meaning of each phrase.

1. 但是 but
2. 周末 weekend
3. 差不多 almost
4. 正在 in the process of
5. 不要 don't
6. 经常 often
7. 以上 above
8. 以下 below
9. 有时候 sometimes
10. 开始 start
11. 知道 know
12. 很多 many
13. 除了……以外，…… besides
14. 跟……一起 together with

提示：
让学生根据自己的情况填写。

4 Fill in the form with the information about yourself.

姓：　　名：	生日：　年　月　日
家里电话号码：	出生地：
爸爸姓名：	手机号码：
妈妈姓名：	手机号码：
兄弟姐妹：　姓名：	年龄：
姓名：	年龄：
爱好：	
会说的语言：	

5 Write a verb to match the noun.

1. 弹 钢琴　2. 拉 小提琴　3. 打 电话　4. 唱 儿歌
5. 看 医生　6. 画 油画儿　7. 吃 早饭　8. 穿 外套
9. 看 杂志　10. 跳 舞　11. 打 网球　12. 说 汉语
13. 听 音乐　14. 坐 公共汽车

6 Circle the phrases which have nothing to do with hobbies.

(坐车)	弹钢琴	(放学)	跑步	画油画儿
打网球	看电影	拉小提琴	(吃饭)	游泳

94

提示：
答案仅供参考。

7 Complete the sentences.

1. 除了听音乐以外，我还 喜欢运动。
2. 我喜欢跟 妈妈一起打网球。
3. 妈妈不喜欢运动，但是 我喜欢游泳。
4. 我喜欢一边 唱歌一边弹钢琴。
5. 周末我经常 去跳舞。
6. 我从五岁开始 学拉小提琴。

8 Fill in the blanks with the words in the box .

差不多	但是	有时候	最	太	左右

1. 姐姐不 太 喜欢打球。
2. 今天很冷，气温五度左右。
3. 我 差不多 每晚都看电视。
4. 他是我们班 最 矮的学生。
5. 她长得不高，但是 很好看。
6. 北京冬天有时候 下雪。

9 Translate from English to Chinese.

1. I started to learn to paint Chinese painting at the age of six.

   我从六岁开始学画国画儿。

2. Besides playing the piano, I can also play the violin.

   除了弹钢琴以外，我还会拉小提琴。

10 Reading comprehension.

我的好朋友叫天喜。他跟我同岁，我们今年都十三岁。他八岁跟父母去了英国。他现在住在英国，上八年级。

他从五岁开始拉小提琴，他每天都拉一个小时。他还喜欢运动。他最喜欢游泳。他差不多每个星期六都游泳。他冬天也去游。

我今年夏天要去英国看他。

« Answer the questions:

1. “我”的好朋友叫什么名字？
天喜。
2. 他今年多大了？
十三岁。
3. 他几岁去了英国？
八岁。
4. 他有什么爱好？
拉小提琴和游泳。
5. 他每天都游泳吗？
不是每天都游泳。

11 Copy the simple characters.

一 ㄏ 冖 冋 平								
平	píng flat; smooth	平	平	平				
一 十 土								
土	tǔ soil	土	土	土				
ノ ク 亇 仢 角 角 角								
角	jiǎo horn	角	角	角				
一 丆 丆 百 页 页								
页	yè page	页	页	页				

96

12 Copy the new words of Text 2.

丶 亠 亣 亣 亨 亨 亨 京 京 就 就 就							
就	jiù just; exactly	就	就	就			
一 二 干							
干	gàn do	干	干	干			
丨 丨丨 丨丨丨 业 业							
业	yè profession	业	业	业			
一 二 千 王 王一 王二 玗 玩							
玩	wán play	玩	玩	玩			
丿 𠂉 ⺮ 竹 竹 竹 竹 竹 竹 竺 笁 笁 筶 筶 篮 篮							
篮	lán basket	篮	篮	篮			
丨 口 口 叩 吅 吅 吧							
吧	ba particle	吧	吧	吧			
一 丆 丆 可 可							
可	kě agree	可	可	可			
一 十 土 圴 场 场							
场	chǎng a place where people gather	场	场	场			

13 Write the following in Chinese.

1. 2:00–2:45 四十五分钟
2. 7:00–9:30 两个半小时
3. 5:30–6:10 四十分钟
4. 6:15–7:30 一个小时一刻钟
5. 12:00–12:15 一刻钟
6. 10:00–10:45 三刻钟

14 Write one sentence about each picture.

1.

她跳了一个小时的舞。

2.

他拉了一个半小时的小提琴。

3.

他做了两个小时的作业。

4.

她弹了半个小时的钢琴。

15 Complete the telephone conversation.

小天：大生在家吗？

大生：我就是。

小天：你在干什么？

大生：我在做作业呢。

小天：我们一起去打网球，好吗？

大生：好。什么时候去？

小天：我们四点去，好吗？

大生：可以。

16 Write the pinyin and simple characters.

1. xī 夕 sunset
2. xīn 心 heart
3. mù 目 eye
4. fāng 方 square
5. píng 平 flat; smooth
6. tǔ 土 soil
7. jiǎo 角 horn
8. yè 页 page
9. lì 立 stand

17 Write one sentence about each picture.

❶

他一边画画儿一边听音乐。

❷

她一边看电视一边做作业。

❸

他一边跑步一边听音乐。

❹

他一边弹钢琴一边唱歌。

❺

她一边看电视一边看书。

❻

他一边走路一边唱歌。

提示：
让学生根据自己的情况回答。

18 Answer the questions.

1. 你今年学几门课？
2. 你最喜欢上什么课？
3. 你有什么爱好？
4. 你最喜欢做什么？
5. 今天晚上八点到九点你想做什么？
6. 你上个周末做什么了？
7. 你这个周末想做什么？

19 Translate from Chinese to English.

1. 我们今晚一起去看电影吧！ Let's go to the movie tonight.
2. 我们明天下午去打篮球吧！ Let's go to play basketball tomorrow afternoon.

It is your turn! Make four sentences with "吧".

3. ______________________________
5. ______________________________
4. ______________________________
6. ______________________________

提示：
答案仅供参考。

20 Complete the dialogues.

1. A: 你在干什么？
   B: 我在看书呢。
2. A: 我们什么时候去看电影？
   B: 今晚七点，好吗？
3. A: 我们今晚七点见！
   B: 好吧。一会儿见！
4. A: 你喜欢看什么电视节目？
   B: 体育节目。

100

21 Translate from English to Chinese.

1. Apart from dancing, I like singing.
   除了跳舞以外，我还喜欢唱歌。
2. I started learning Chinese when I was 4 years old.
   我从四岁开始学汉语。
3. What are you doing right now?
   你在干什么呢？
4. Let's go and play tennis.
   我们一起去打网球吧。
5. See you later at the basketball court.
   等一会儿在篮球场上见。

Type the above sentences on the computer.

22 Essay writing.

« Sample essay:

今年八月我去英国看了我的好朋友天喜，我们都很高兴。我在他家住了两个星期。我们一起打网球、游泳、看电影。在他们家，我们喜欢一边吃饭，一边看电视。

英国夏天的天气很好，但是有时候非常热。天喜带我去了伦敦，去看了大笨钟，还参观了白金汉宫。我非常喜欢伦敦。我见到天喜十分高兴。

It is your turn!

Write a similar account of your visit to a place. You should include:

- where you went
- whom you saw
- what you did
- what the weather was like

101

提示：
老师可用图卡、词语卡片和挂图辅助教学。

Unit 3 Revision

1 Simple characters.

包 止 士 豆 夕 心 目 方 平 土 角 页

2 Activities.

弹钢琴	唱歌	听音乐	舞蹈	跳舞	拉小提琴
读书	看小说	看杂志	做作业		
运动	跑步	游泳	打网球	打篮球	
画画儿	油画儿	水彩画儿	国画儿		
看电视	看电影	体育节目	玩儿电脑游戏		

3 Nouns.

小时 球场 周末

4 Adverbs.

差不多 太

5 Conjunctions.

1. 一边……一边…… Two actions are happening at the same time.
   我喜欢一边吃饭，一边看电视。
2. 但是 but 今天下雪了，但是不冷。
3. 除了……以外 besides 除了弹钢琴以外，我还会拉小提琴。
4. 从……开始 start with 我从五岁开始画国画儿。
5. 跟……一起 together with 我喜欢跟哥哥一起打篮球。

6 Duration of an action.

1. 我每天看一个小时的电视。 2. 妈妈每天游三十分钟的泳。

7 Grammar points.

1. ……，都…… both; all 网球、篮球，我都喜欢打。

2. 正在 in the process of 他正在做作业。

3. 吧 a particle used to express a request, consultation or proposal

我们下午去看电影吧！

4. 呢 indicates continuation of an action.

他正在睡觉呢。

8 Sentence structures.

subject	time word	verb	duration of time	(的)	object
我	每天	跑	一个小时	(的)	步。

9 Questions and answers.

1. 你有什么爱好？ 我喜欢运动。
2. 你喜欢读书吗？ 喜欢。
3. 你每天读几个小时的书？ 一个小时。
4. 你每天看电视吗？ 我每天都看。
5. 你喜欢看什么节目？ 体育节目、音乐节目，我都喜欢看。
6. 你从什么时候开始学汉语？ 小学一年级。
7. 除了汉语，你还学什么语言？ 英语和法语。
8. 你常看电影吗？ 我差不多每个周末都看。
9. 我们几点去打球？ 下午四点半。
10. 我在哪儿等你？ 我们球场上见吧！

Unit 3 Test

1 Match the picture with the Chinese.

Answers		
a) 看电视	b) 打网球	c) 弹钢琴
d) 看电影	e) 听音乐	f) 画画儿
g) 跳舞	h) 读书	i) 唱歌
j) 跑步		

1. c

2. i

3. j

4. e

5. h

6. b

7. f

8. g

9. a

10. d

2 Find the simple character and write its pinyin and meaning.

1. 饱 包 (bāo) bag
2. 耻 止 (zhǐ) stop
3. 逗 豆 (dòu) bean
4. 纺 方 (fāng) square
5. 评 平 (píng) flat; smooth
6. 吐 土 (tǔ) soil

3 Write the radical and its meaning.

1. 弹 弓 bow
2. 钢 钅 metal
3. 网 冂 border
4. 视 礻 ritual
5. 蹈 𧾷 foot
6. 场 土 soil

4 Fill in the blanks with the words in the box.

弹	拉	跑
打	游	读
跳	做	看
画	唱	听

1. 跑 步　　2. 游 泳　　3. 读 书

4. 唱 歌　　5. 跳 舞　　6. 听 音乐

7. 打 网球　　8. 做 作业　　9. 拉 小提琴

10. 看 电视　　11. 弹 钢琴　　12. 画 油画儿

5 Make a sentence about each picture.

1

他每天拉一个小时的小提琴。

2

他每天做三个小时的作业。

3

他每天游四十五分钟的泳。

4

她每天跳一个半小时的舞。

6 Make sentences.

1. 一边……一边……：弟弟喜欢一边听音乐一边做作业。
2. 除了……以外：除了跳舞以外，我还喜欢唱歌。
3. 从……开始：我从六岁开始学画国画儿。
4. 跟……一起：我喜欢跟妹妹一起玩儿电脑游戏。

提示：
答案仅供参考。

105

7 Translation.

1. 他是中国人，但是他不会说汉语。He is Chinese, but he cannot speak Chinese.

2. He likes dancing, but he does not dance well. 他喜欢跳舞，但是跳得不好。

3. 小说、杂志，他都爱看。He likes reading novels and magazines.

4. She can speak both English and Chinese. 英语和汉语，她都会说。

5. 他正在画油画儿呢。He is painting an oil painting right now.

6. He is painting a Chinese painting right now. 他正在画国画儿呢。

7. 我们看体育节目吧！Let's watch the sports programme.

8. Let's go swimming! 我们去游泳吧！

8 Answer the questions.

1. 你喜欢运动吗？
2. 你喜欢做什么运动？
3. 你每天做几个小时的作业？
4. 你喜欢看什么电视节目？
5. 你经常看电影吗？
6. 你会画什么画儿？

9 Complete the sentences.

a) 除了唱歌以外，	d) 小说、杂志，
b) 我喜欢跟朋友一起	e) 哥哥喜欢一边听音乐
c) 小明都会	f) 他差不多每天看

1. 我喜欢跟朋友一起 打网球。
2. 小说、杂志， 我都喜欢看。
3. 除了唱歌以外， 我还喜欢跳舞。
4. 哥哥喜欢一边听音乐 一边做作业。
5. 他差不多每天看 两个小时的电视。

10 Correct any mistakes. Write down the correct sentences.

1. 他学正在画中国画儿。他正在学画国画儿。
2. 他开始拉小提琴从六岁。他六岁开始拉小提琴。
3. 我们在球场上见六点。我们六点在球场上见。
4. 我不喜欢太打篮球。我不太喜欢打篮球。

11 Write about yourself.

我从一岁开始

提示：
让学生根据自己的情况写作。

107

Unit 3: Listening Paper

1 Choose the correct pinyin.

1. a) wǔdǎo　b) wùdǎo
2. a) yùndòng　b) yúndòng
3. a) diànsì　b) diànshì
4. a) wǎngqiú　b) wángqiú
5. a) xìjù　b) yóuyǒng
6. a) xiǎoshì　b) xiǎoshí

2 Write the pinyin with correct tones.

1. ______________　2. ______________　3. ______________

4. ______________　5. ______________　6. ______________

3 Choose the right answers.

1. 田云喜欢一边__一边__。
   a) 听音乐，看书
   b) 听音乐，跳舞
   c) 生菜
2. 哥哥跟___打___。
   a) 朋友，篮球
   b) 爸爸，网球
   c) 爸爸，篮球
3. 爸爸会画___。
   a) 国画儿　b) 水彩画儿
   c) 山水画儿
4. 妹妹每天看___小时的小说。
   a) 一个　b) 一个半
   c) 半个
5. 姐姐周末跟___去___。
   a) 朋友，看电影
   b) 妈妈，看电影
   c) 朋友，看电视
6. 除了___，妈妈还会___。
   a) 跳舞，打网球
   b) 唱歌，游泳
   c) 唱歌，拉小提琴

4 Choose the right answers.

1. 除了___，她还爱___。
   a) 看杂志，弹钢琴
   b) 看书，弹钢琴
   c) 看书，跳舞
2. 他最喜欢___。
   a) 打篮球　b) 打网球
   c) 跑步
3. 他喜欢看___节目。
   a) 足球　b) 篮球　c) 游泳
4. 她正在一边___一边___。
   a) 听音乐，看电视
   b) 看电视，吃饭
   c) 看杂志，听音乐
5. 她今年___岁了。
   a) 十三　b) 十二　c) 十四
6. 他们可能去看___的电影。
   a) 5:00pm　b) 5:00am
   c) 5:30pm

Unit 3: Speaking Paper

Answer the following questions.

1. 你有什么爱好?
2. 你喜欢一边听音乐一边看书吗?
3. 你喜欢画画儿吗? 会画什么画儿?
4. 你喜欢运动吗? 喜欢什么运动?
5. 你每天看电视吗? 看什么节目?
6. 你每天看几个小时的电视?
7. 你常去看电影吗? 跟谁一起去?
8. 你会弹钢琴吗? 会拉小提琴吗? 从几岁开始学?
9. 你每天玩儿电脑游戏吗? 玩儿几个小时?
10. 除了汉语，你还学什么语言?

Unit 3: Reading Paper

1 Find the radical and write it down with its meaning.

1. 钢____ ________　2. 蹈____ ________　3. 读____ ________

4. 筹____ ________　5. 彩____ ________　6. 礼____ ________

2 Find the missing word in the box to form a phrase.

唱	画	读	跳	听	打	做	跑

1. ____ 歌　2. ____ 舞　3. ____ 书　4. ____ 步

5. ____ 油画儿　6. ____ 网球　7. ____ 音乐　8. ____ 作业

3 Match the question with its answer.

____ 1 你有什么爱好?　a) 油画儿。

____ 2 你会画什么画儿?　b) 半个小时。

____ 3 你每天看电视吗?　c) 游泳和打网球。

____ 4 你每天读几个小时的书?　d) 我很喜欢运动。

____ 5 你喜欢什么运动?　e) 正在弹钢琴呢。

____ 6 你现在干什么呢?　f) 我差不多每天都看。

4 Write down the meanings of the simple characters.

1. 包 ________　2. 止 ________　3. 豆 ________　4. 方 ________

5. 平 ________　6. 角 ________　7. 页 ________　8. 夕 ________

5 Rearrange the words/phrases to form a sentence.

1. 喜欢/一边/我/听音乐/读书/一边/。→ ______

2. 有时候/玩儿电脑游戏/周末/我/。→ ______

3. 六岁/从/我/学跳舞/开始/。→ ______

4. 两个小时/我/作业/每天/做/。→ ______

5. 去/明天/我们/吧/游泳/!→ ______

6. 什么/喜欢/你/电视节目/看/?→ ______

6 Match the two parts of a sentence.

____ 1 他从三年级	a) 我还喜欢画画儿。
____ 2 哥哥每天跟朋友	b) 爷爷都会画。
____ 3 除了看电视以外,	c) 开始学拉小提琴。
____ 4 妈妈每天游	d) 但是不会说上海话。
____ 5 油画儿、水彩画儿,	e) 一个小时的泳。
____ 6 他爸爸是上海人,	f) 一起打篮球。

7 Find the phrase and write it down with its meaning.

1. ______ ______
2. ______ ______
3. ______ ______
4. ______ ______
5. ______ ______
6. ______ ______

杂	跳	电	影
志	舞	视	话
蹈	小	说	但
有	时	候	是

8 Reading comprehension.

我有一个哥哥和一个姐姐。我爸爸、妈妈都是中国人。

哥哥今年十七岁，上十二年级。哥哥有很多爱好：他喜欢运动，也喜欢音乐。除了弹钢琴以外，他还会拉小提琴。他从八岁开始学打网球。他差不多每天打两个小时的网球。

姐姐今年十四岁，上九年级。姐姐最喜欢音乐了。她会唱歌，也会跳舞。她有一个舞蹈老师。姐姐每个星期四都跟舞蹈老师学跳舞。

我自己呢？我不喜欢音乐，但我喜欢运动，还喜欢画画儿。篮球、网球，我都喜欢。我会画水彩画儿。我现在正在学画国画儿。

Answer the following questions in Chinese.

1. 他家有几口人？
2. 他们是哪国人？
3. 他哥哥今年上几年级？
4. 他哥哥会拉小提琴吗？
5. 他哥哥每天打几个小时的网球？
6. 他姐姐今年多大了？
7. 他姐姐会跳舞吗？
8. 他姐姐哪天有舞蹈课？
9. 他自己喜欢运动吗？
10. 他现在正在学什么？

Unit 3: Writing Paper

1 Translation.

1. 我每天读一个半小时的书。 ______________________________

2. 小说、杂志，我都喜欢看。 ______________________________

3. 我有时候跟弟弟一起玩儿电脑游戏。 ______________________

4. I am doing my homework right now. ___________________________

5. I like listening to music while reading. _________________________

6. I play the violin for half an hour every day. _______________________

2 Choose one of the written tasks.

1. Write a letter to your pen pal telling him/her about yourself, especially your hobbies. You need to include:
    - your name, age, nationality, grade
    - what your hobbies are (music, sports, drawing, reading, etc.)
    - when you started your favourite activity
    - how long you spend on each of your activities every day

2. Write a letter to your pen pal introducing your family and everyone's hobbies. You should include:
    - how many people are there in your family, and who they are
    - what hobbies everyone has
    - what is your favourite hobby
    - how long you spend on each activity every day

Words for Reference

弹钢琴	做作业	看电影	看电视	都	运动
跑步	正在	看杂志	读书	游泳	听音乐
现在	网球	篮球	跑步	就	拉小提琴
节目	差不多	但是	周末	一边……一边……	

Unit 3: Listening Scripts

1 Choose the correct pinyin.

1. wǔdǎo　2. yùndòng　3. diànshì
4. wǎngqiú　5. yóuyǒng　6. xiǎoshí

2 Write the pinyin with correct tones.

1. pǎobù　2. xiǎoshuō　3. yīnyuè
4. zázhì　5. jiémù　6. huàhuàr

3 Choose the right answers.

1. 田云喜欢一边听音乐一边跳舞。
2. 哥哥喜欢跟爸爸一起打篮球。
3. 油画儿、国画儿，爸爸都会画。
4. 妹妹每天看半个小时的小说。
5. 姐姐周末常跟朋友一起去看电影。
6. 除了唱歌，妈妈还会拉小提琴。

4 Choose the right answers.

1. A：你有什么爱好？
   B：我爱读书，也喜欢弹钢琴。
2. A：你们家谁喜欢运动？
   B：我们一家人都喜欢运动。我呢，最喜欢打篮球。
3. A：你喜欢看什么电视节目？
   B：我每天看体育节目，最爱看足球。
4. A：你在干什么？
   B：我正在一边听音乐一边看杂志呢。
5. A：你小提琴拉了几年了？
   B：我从五岁开始拉小提琴，到今年有七年了。
6. A：你下午想不想去看电影？
   B：好啊！我们看五点半的电影，好吗？

Unit 3: Answers

Listening Paper

1 1. a 2. a 3. b 4. a
5. b 6. b

2 1. pǎobù 2. xiǎoshuō
3. yīnyuè 4. zázhì
5. jiémù 6. huàhuàr

3 1. b 2. c 3. a 4. c
5. a 6. c

4 1. b 2. a 3. a 4. c
5. b 6. c

Reading Paper

1 1. 钅 metal 2. 𧾷 foot
3. 讠 speech 4. ⺮ bamboo
5. 彡 ornament 6. 礻 ritual

2 1. 唱 2. 跳 3. 读 4. 跑
5. 画 6. 打 7. 听 8. 做

3 1. d 2. a 3. f 4. b
5. c 6. e

4 1. bag 2. stop 3. bean
4. square 5. flat; smooth
6. horn 7. page 8. sunset

5 1. 我喜欢一边听音乐一边读书。
2. 我周末有时候玩儿电脑游戏。
3. 我从六岁开始学跳舞。
4. 我每天做两个小时作业。
5. 我们明天去游泳吧!
6. 你喜欢看什么电视节目?

6 1. c 2. f 3. a 4. e
5. b 6. d

7 1. 杂志 magazine
2. 跳舞 dance
3. 电影 movie
4. 小说 novel
5. 有时候 sometimes
6. 但是 but

8 1. 五口人。
2. 中国人。
3. 十二年级。
4. 会。
5. 两个小时。
6. 十四岁。
7. 会。
8. 星期四。
9. 喜欢。
10. 学画国画儿。

Writing Paper

1 1. I read for an hour and a half every day.
2. I like reading both novels and magazines.
3. I sometimes play the computer games with my younger brother.
4. 我正在做作业呢。
5. 我喜欢一边听音乐一边看书。
6. 我每天拉半个小时的小提琴。

第四单元

教学目标

- 能简单表达喜欢吃的蔬菜、水果、快餐、中餐、饮料和一日三餐
- 能用汉语进行购物、去饭店吃饭
- 能询问及表达价钱
- 能表达喜欢 / 不喜欢某事 / 某物
- 能对一件事作简单的评价
- 能表达过去发生的动作、正在进行的动作以及将来会发生的动作
- 能通过偏旁部首查字典、词典
- 能通过输入拼音打字
- 能写出偏旁部首及独体字
- 能用所给字组词，用所给词语造句
- 能看懂简单的句子及小短文
- 能翻译简单的句子
- 能写出喜欢吃的东西和饮食习惯，描述一次购物及外出用餐的经历
- 能用书信的形式写作

教学重点

- 语法
  - a) “还是”、“或者”的用法。
    例子：你喜欢吃苹果还是香蕉？　　我早餐吃面条或者包子。
  - b) 助动词“应该”、“会”、“可以”的用法。
    例子：我们应该每天吃蔬菜。
  - c) 在含有情态补语的句子中，补语前要加“得”。
    例子：妈妈的菜做得好吃。
  - d) 时态小结。
    动作的经历：我学过日语。　　动作的进行：我正在做作业呢。
    动作的完成：妈妈买了黄瓜。　动作的将行：我们周末会去饭店吃饭。
- 价钱的表达
  在表示价钱时，人们可以说“十六块”，也可以说“十六块钱”，而不能说“十六钱”。
- 量词
  - a) 动量词：次。
    例子：我去过美国两次。
  - b) 名量词：种、家、斤、台、朵、头、条、位。
    例子：我每天吃两三种水果。
- 独体字
  本单元共介绍12个独体字，为以后学习合体字尤其是形声字打好基础。在教独体字的时候，老师应经常用词语卡片或其他方式帮助学生记住这些汉字。学生容易掌握独体字的意思，但是要说出、写出这些汉字，却比较困难。

提示：

① 在教课文之前，老师可以先教第91页第1题。在教这些蔬菜名称时，老师要重点教这些生词：蔬菜、黄瓜、菜花儿、土豆、西红柿。而那些在Extra Words里的词，老师应鼓励学生多学一些。接下来，老师帮学生复习这些说法：最喜欢、喜欢，不太喜欢、不喜欢；同时把“非常喜欢”教给学生。最后，老师可以问学生以下问题：你喜欢吃什么蔬菜？你不喜欢吃什么蔬菜？你每天都吃什么蔬菜？

② 然后，老师再教第91页第2题中“应该”的用法。

③ 最后，老师让学生听课文录音。听完录音后，问学生“等等、可是、生菜”在文中的意思；还可以问几个关于课文内容的问题，以检测学生是否听懂课文。

④ 老师可用图卡和词语卡片辅助教学。

Unit 4

Lesson 10 Vegetables and Fruits 蔬菜、水果

Text 1

nǐ xǐ huan chī shū cài ma
你喜欢吃蔬菜吗？

wǒ fēi cháng xǐ huan chī
我非常喜欢吃。

nǐ xǐ huan chī shén me shū cài
你喜欢吃什么蔬菜？

wǒ xǐ huan chī huáng guā cài huār tǔ dòu
我喜欢吃黄瓜、菜花儿、土豆、
shēng cài xī hóng shì děng děng nǐ ne
生菜、西红柿等等。你呢？

wǒ bú tài xǐ huan chī kě shì wǒ mā ma
我不太喜欢吃。可是我妈妈
shuō wǒ yīng gāi měi tiān chī shū cài
说我应该每天吃蔬菜。

NEW WORDS

1. 蔬 (shū) vegetables
2. 菜 (cài) vegetable; dish
   蔬菜 (shū cài) vegetables
   生菜 (shēng cài) lettuce
3. 非 (fēi) wrong; not
   非常 (fēi cháng) very; extremely
4. 黄瓜 (huáng guā) cucumber
5. 花 (huā) flower
   菜花儿 (cài huār) cauliflower
6. 土豆 (tǔ dòu) potato
7. 柿 (shì) persimmon
   西红柿 (xī hóng shì) tomato

* 8. 等 (děng) etc.
   等等 (děng děng) etc.
9. 可是 (kě shì) but
10. 应(應) (yīng) should
11. 该(該) (gāi) should
   应该 (yīng gāi) should

1 Say the following in Chinese.

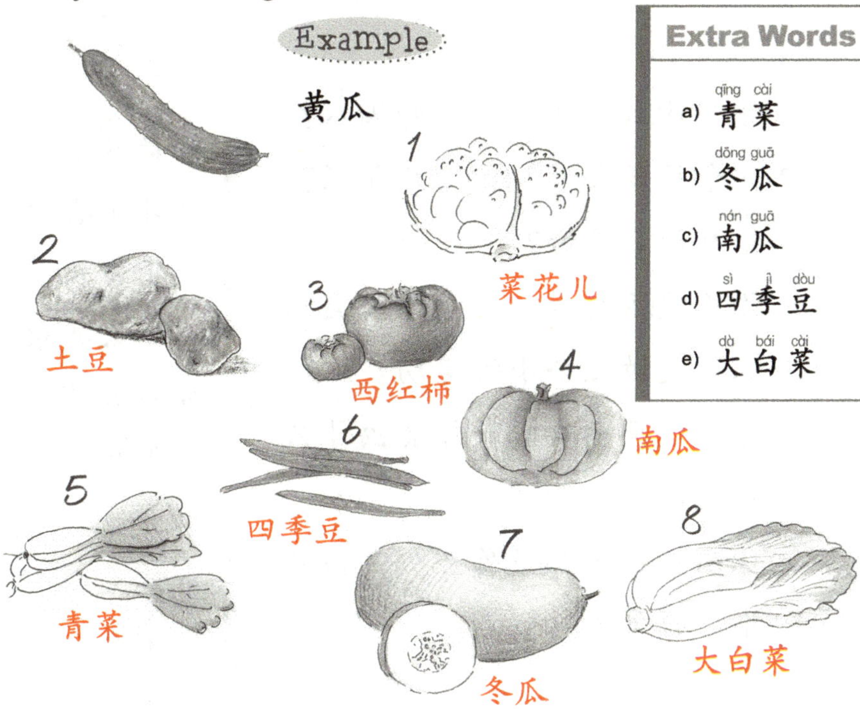

Extra Words

a) 青菜 (qīng cài)
b) 冬瓜 (dōng guā)
c) 南瓜 (nán guā)
d) 四季豆 (sì jì dòu)
e) 大白菜 (dà bái cài)

2 Complete the sentences.

提示：
答案仅供参考。

1. 今天很冷，你应该 穿大衣。
2. 北京现在是冬天，你应该 多带点儿衣服。
3. 妈妈说我应该 每天吃蔬菜。
4. 不要看电视了，你应该 去睡觉。
5. 周末你应该 去打球、游泳。

It is your turn!

Make four sentences with “应该”.

91

提示：
以下问题仅供参考：
a）你每天看书吗？看几个小时的书？
b）你喜欢玩儿电脑游戏吗？什么时候玩儿？
c）你会打篮球吗？你喜欢跟谁一起打篮球？你去哪儿打篮球？
d）你喜欢看电视吗？你每天都看电视吗？每天看几个小时的电视？喜欢看什么电视节目？

3 Make a dialogue with your partner.

« Sample questions:

1. 你叫什么名字？你是哪国人？
2. 你今年多大了？你上几年级？
3. 你有什么爱好？
4. 你喜欢运动吗？喜欢什么运动？你每天做几个小时运动？
5. 你喜欢画画儿吗？你会画什么画儿？
6. 你每天晚上都做作业吗？做几个小时作业？

……

Words for Reference

a) zuì xǐ huan 最喜欢
b) fēi cháng xǐ huan 非常喜欢
c) hěn xǐ huan 很喜欢
d) bú tài xǐ huan 不太喜欢
e) bù xǐ huan 不喜欢
f) hěn huì 很会
g) huì 会
h) bú tài huì 不太会
i) bú huì 不会

4 Listen and choose the right answers. 47

1	美文应该每天 a 。	a) 吃蔬菜 b) 弹钢琴 c) 画画儿
2	小明应该每天 c 。	a) 拉小提琴 b) 说汉语 c) 弹钢琴
3	大生应该每天 b 。	a) 做作业 b) 读书 c) 跑步
4	京京差不多每天吃 b 。	a) 菜花儿 b) 生菜 c) 西红柿
5	东东不应该一边做作业一边 c 。	a) 唱歌 b) 看电视 c) 听音乐
6	他妈妈不应该一边开车一边 b 。	a) 睡觉 b) 打电话 c) 看杂志

提示：
做完练习后，让学生看听力读录音稿，以充分领会所听内容。

92

5 Activity.

Example

跑步	游泳	听音乐	打篮球
吃饭	唱歌	弹钢琴	看电视
洗澡	睡觉	打网球	画画儿
跳舞	跳高	穿衣服	拉小提琴

INSTRUCTIONS

1 The class is divided into two teams.

2 When the teacher says a phrase, one member of the team in turn is expected to act accordingly.

3 The person who acts accordingly gains one point.

提示：
以下词语可供活动使用：
a) 看医生
b) 做饭
c) 玩儿电脑游戏
d) 做作业
e) 看电影
f) 打电话

6 Listen and add tonal marks to the pinyin.

48

1 jiějué　2 xièjué　3 quèqiè
4 jiélüè　5 juéliè　6 jiéyuē

Practice Focus
ie　üe

提示：
做完练习后，让学生把所有音节都读一读。

7 Complete the sentences.

1. 我不太喜欢运动，可是 我喜欢游泳。
2. 我不太喜欢看电视，可是 我喜欢看体育节目。
3. 我不喜欢做作业，可是 我喜欢做汉语作业。
4. 我不太喜欢吃蔬菜，可是 我喜欢吃土豆。
5. 我不喜欢坐车，可是 我喜欢坐电车。
6. 我不太喜欢上学，可是 我喜欢上音乐课。
7. 我不太喜欢音乐，可是 我喜欢唱歌。

提示：
答案仅供参考。

93

8 Project.

Learn to say six more vegetables:

1 ________ 2 ________ 3 ________

4 ________ 5 ________ 6 ________

INSTRUCTIONS

Draw the vegetables in the supermarket near your home, and label them in Chinese.

9 Learn the simple characters.

shí 食 food

guǒ 果 fruit

qiàn 欠 owe

shí 石 stone

提示：
教这些独体字时，要帮助学生记住各它们的读音。学生一般能记住汉字的意思和书写，但很难记住读音。老师可以试着用词语卡片经常复习这些独体字。

94

Text 2 49

nǐ xǐ huan chī shén me shuǐ guǒ
你喜欢吃什么水果？

píng guǒ xiāng jiāo jú zi
苹果、香蕉、橘子，
wǒ dōu xǐ huan chī
我都喜欢吃。

wǒ bù xǐ huan chī zhè xiē shuǐ guǒ
我不喜欢吃这些水果。
wǒ xǐ huan chī xī guā hé lí
我喜欢吃西瓜和梨。

nǐ měi tiān dōu chī shuǐ guǒ ma
你每天都吃水果吗？

wǒ měi tiān dōu chī liǎng
我每天都吃两
sān zhǒng shuǐ guǒ
三种水果。

NEW WORDS

1. shuǐ guǒ 水果 fruit	xiāng jiāo 香蕉 banana	zhè xiē 这些 these
2. píng guǒ 苹(蘋)果 apple	5. jú 橘 tangerine	7. xī guā 西瓜 watermelon
3. xiāng 香 fragrant	jú zi 橘子 tangerine	8. lí 梨 pear
4. jiāo 蕉 broadleaf plants	6. xiē 些 some	9. zhǒng 种(種) kind; type

95

提示：

① 在教课文之前，老师可以先教第96页第10题。在教这些水果名称时，老师要重点教这些生词：水果、苹果、香蕉、橘子、梨、西瓜。而那些在Extra Words里出现的词，老师应鼓励学生多学一些。接下来，老师可以问学生以下问题：你喜欢吃水果吗？喜欢吃什么水果？你每天都吃什么水果？你今天吃了什么水果？你不喜欢吃什么水果？

② 接下来，老师再教第97页第13题，顺便教"种"这个生词和"两三种"的用法。

③ 最后，老师给学生听课文录音，让学生猜猜"这些"在课文中的意思。

④ 老师可用图卡和词语卡片辅助教学。

10 Say the following in Chinese.

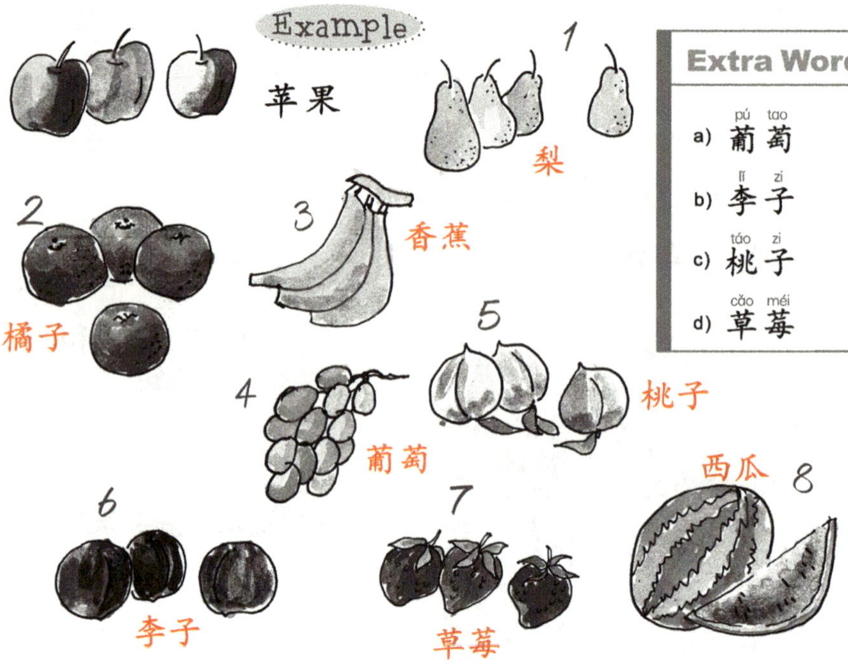

Extra Words

a) 葡萄 (pú tao)

b) 李子 (lǐ zi)

c) 桃子 (táo zi)

d) 草莓 (cǎo méi)

11 Make a dialogue with your partner.

« Sample questions:

1. 你会说几种语言？什么语言？
2. 你喜欢几种运动？什么运动？
3. 你看几种杂志？什么杂志？
4. 你会画几种画儿？什么画儿？
5. 你每天吃几种蔬菜？你喜欢吃什么蔬菜？
6. 你每天吃几种水果？你喜欢吃什么水果？

……

提示：

以下问题仅供参考：

a) 你去过几个国家？什么国家？你最喜欢哪个国家？

b) 在学校，你有几个朋友？他们是谁？你们在一起时经常做什么？

c) 你今年学几门课？哪几门课？你最喜欢上什么课？最不喜欢上什么课？

96

12 Activity.

1 寸	2 米	3 足	4 木	5 斗	6 力
7 青	8 立	9 矢	10 皿	11 巾	12 水
13 舌	14 瓜	15 羊	16 禾	17 弓	18 田
19 自	20 己	21 包	22 止	23 士	24 豆
25 夕	26 心	27 目	28 方	29 平	30 土
31 角	32 页	33 食	34 果	35 欠	36 石

INSTRUCTIONS

1. The class is divided into small groups.
2. Each group is asked to memorize the simple characters listed in the box. Then the teacher gives a dictation on those characters.
3. The group writing more correct characters than any other group wins the activity.

13 Match the two parts of a sentence.

c 1 他会说　　a) 八九门课。

a 2 她今年学了　　b) 三四个小时的车。

e 3 妈妈打了　　c) 两三种语言。

b 4 爸爸开了　　d) 四五天。

d 5 弟弟在家休息了　　e) 一两个小时的电话。

h 6 他学了　　f) 三四种水果。

f 7 姐姐每天吃　　g) 一两个小时的钢琴。

i 8 哥哥每天看　　h) 五六年的油画儿。

g 9 妹妹每天弹　　i) 一两个小时的电视。

提示：
做完练习后，可让学生看听力录音稿，以充分领会所听内容。

14 Listen and match. 50

b 1 大生 a) 每天看一两个小时的电视。

c 2 小明 b) 去过七八个国家。

f 3 美美 c) 三四天没去游泳了。

e 4 冬冬 d) 每个周末画两三个小时画儿。

d 5 王星 e) 每天吃四五种蔬菜、水果。

a 6 小英 f) 病了两三天。

1–4翻译答案：
1. My mum says that I should not watch too much T.V..
2. The teacher says that we should speak more Chinese.
3. The doctor says that we should eat vegetables and fruits every day, and do sports as well.
4. Dad says that he will not come home for supper.
5–8答案仅供参考。

15 Translate from Chinese to English. Write four more sentences.

1. 妈妈说我不应该看太多电视。
2. 老师说我们应该多说汉语。
3. 医生说我们应该每天吃蔬菜、水果，还要做运动。
4. 爸爸说他今天不回家吃晚饭。
5. 哥哥说他明年要去北京。
6. 姐姐说她最不喜欢吃蔬菜。
7. 弟弟说他星期六要去踢足球。
8. 妹妹说她现在不想去睡觉。

16 Make dialogues with your classmates.

Example

A：这些小说是你的吗？

B：不是我的。

A：那是谁的？

B：是小明的。

a) 小说	e) 网球
b) 杂志	f) 短裤
c) 小人书	g) 汗衫
d) 画儿	h) 衣服

17 Activity.

INSTRUCTIONS

1 The class is divided into small groups.

2 Each group is asked to add one word to form a phrase. The students may write characters if they can, otherwise write pinyin.

3 The group, which writes the most phrases correctly, wins the activity.

1. 年 级	2. 电 话	3. 号 码	4. 多 云	5. 学 校
6. 中 学	7. 秘 书	8. 下 午	9. 上 学	10. 走 路
11. 地 理	12. 蓝 色	13. 校 车	14. 长 裤	15. 汗 衫
16. 毛 衣	17. 喜 欢	18. 起 床	19. 早 饭	20. 火 车

提示：
以下词语可供活动使用：

a) 一 些
b) 应 该
c) 常 常
d) 蔬 菜
e) 西 瓜
f) 作 业
g) 篮 球
h) 跳 舞
i) 开 始
j) 节 目
k) 跑 步
l) 不 是
m) 运 动
n) 游 泳
o) 杂 志
p) 看 书

99

1 Copy the new words of Text 1.

一 十 艹 艹 艹 艹 芓 芓 芓 菇 菇 菇 蔬 蔬 蔬							
蔬	shū vegetables	蔬	蔬	蔬			
一 十 艹 艹 艹 艹 艹 苎 苹 菜 菜							
菜	cài vegetable; dish	菜	菜	菜			
丨 丨 彐 彐 非 非 非 非							
非	fēi wrong; not	非	非	非			
一 十 艹 艹 花 花 花							
花	huā flower	花	花	花			
一 十 才 木 木 村 杧 柿 柿							
柿	shì persimmon	柿	柿	柿			
丶 亠 广 广 庀 应 应							
应	yīng should	应	应	应			
丶 讠 讠 讠 访 该 该 该							
该	gāi should	该	该	该			

108

2 Write one sentence about each picture.

1

我很喜欢吃菜花儿。

2

3

4

Words for Reference

a) 非常喜欢
b) 很喜欢
c) 不太喜欢
d) 不喜欢
e) 很会
f) 不太会
g) 不会

5
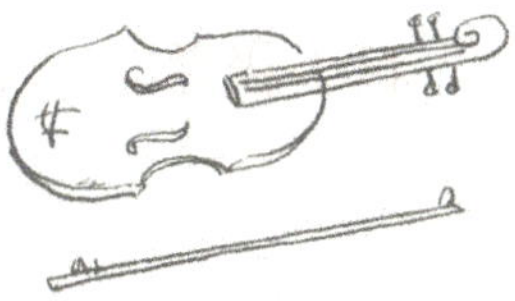

6

7

8

提示：
让学生根据自己的情况为每幅图写一个句子。

3 Write the following in Chinese.

1  生菜

2  黄瓜

3  菜花儿

4  西红柿

5  土豆

6  篮球

7  网球

8  唱歌

9  看电影

10  游泳

11  跳舞

12  弹钢琴

13  拉小提琴

14  做作业

15 

看杂志

提示：
答案仅供参考。

4 Complete the sentences.

1. 我今年上十门课，我今年上英语、数学、地理、科学等等。
2. 我喜欢运动，我喜欢游泳、跑步、打篮球等等。
3. 我喜欢画画儿，我喜欢画水彩画儿和油画儿。
4. 我喜欢音乐，我还喜欢跳舞。
5. 我喜欢看书，我喜欢看小说和杂志。
6. 我喜欢吃蔬菜，我喜欢吃西红柿、生菜、土豆、黄瓜等等。

5 Fill in the missing word and write the meaning of each phrase.

1
- shēng 生 菜 (lettuce)
- shū 蔬 菜 (vegetable)
- 菜 花 huār 儿 (cauliflower)

2
- shàng 上 午 (morning)
- zhōng 中 午 (noon)
- xià 下 午 (afternoon)

3
- hóng 红 色 (red)
- lán 蓝 色 (blue)
- zǐ 紫 色 (purple)

4
- 上 bān 班 (go to work)
- 上 xué 学 (go to school)
- 上 kè 课 (have lessons)

6 Reading comprehension.

在天喜家里，他妈妈做饭。我非常喜欢吃她做的饭。她有时候做西餐，有时候做中餐。

她在花园里种了黄瓜、土豆和西红柿。她用这些蔬菜做沙拉，非常好吃。我最爱吃她做的蔬菜沙拉了。

我以前不喜欢吃蔬菜，但是现在我喜欢吃了。

True or false:

T 1 天喜家里妈妈做饭。

F 2 他妈妈每天做西餐，她不会做中餐。

F 3 她在花园里种了黄瓜和菜花儿。

F 4 我现在还是不喜欢吃蔬菜。

111

7 Translate from Chinese to English.

1. 今天很冷，你应该多穿点儿衣服。
   It is very cold today. You should wear more clothes.
2. 妈妈说我应该每天吃水果和蔬菜。
   My mum says that I should eat fruits and vegetables every day.
3. 爸爸说我应该每天做两个小时作业。
   My dad says that I should do homework for two hours every day.
4. 老师说我应该多看中文小说。
   The teacher says that I should read more Chinese novels.
5. 老师说我应该多学一门外语。
   The teacher says that I should learn one more foreign language.
6. 我感冒了，医生说我应该多休息、多睡觉。
   I had a cold. The doctor said that I should rest more and sleep more.

It is your turn!

Make two sentences with “应该”.

8 Copy the simple characters.

丿 人 亼 今 今 今 仓 食 食								
食	shí food	食	食	食				
丨 冂 日 日 旦 甲 里 果								
果	guǒ fruit	果	果	果				
丿 ⺈ 𠂊 欠								
欠	qiàn owe	欠	欠	欠				
一 丆 不 石 石								
石	shí stone	石	石	石				

9 Copy the new words of Text 2.

一 十 廾 艹 艹 艹 苎 苹								
苹	píng apple	苹	苹	苹				
丿 二 千 禾 禾 禾 香 香 香								
香	xiāng fragrant	香	香	香				
一 十 艹 艹 艹 艹 芢 芢 芢 萑 萑 萑 蕉 蕉 蕉								
蕉	jiāo broadleaf plants	蕉	蕉	蕉				
一 十 木 木 木 木 木 木 木 木 橘 橘 橘 橘 橘 橘								
橘	jú tangerine	橘	橘	橘				
丨 卜 止 止 止 此 此 些								
些	xiē some	些	些	些				
丿 二 千 禾 禾 利 利 利 梨 梨 梨								
梨	lí pear	梨	梨	梨				
丿 二 千 禾 禾 和 和 和 种								
种	zhǒng kind; type	种	种	种				

10 Group the words as required.

黄瓜	青菜	苹果	游泳	香蕉	西红柿
橘子	南瓜	冬瓜	土豆	生菜	菜花儿
西瓜	梨	篮球	跑步	网球	足球

vegetables	fruits	sports
黄瓜 青菜	苹果 香蕉	游泳 篮球
西红柿 南瓜	橘子 西瓜	跑步 网球
冬瓜 土豆	梨	足球
生菜 菜花儿		

11 Fill in the missing word and write the meaning of each phrase.

1
- xī 西 瓜 (watermelon)
- dōng 冬 瓜 (white gourd)
- nán 南 瓜 (pumpkin)

2
- qīng 青 菜 (green vegetable)
- shēng 生 菜 (lettuce)
- 菜 huār 花 儿 (cauliflower)

3
- duǎn 短 裤 (shorts)
- cháng 长 裤 (pants)

4
- wài 外 套 (outer garment)
- shǒu 手 套 (gloves)

5
- chū 出 zū 租 车 (taxi)
- xiào 校 车 (school bus)

12 Answer the questions.

1. 你会说几种语言？什么语言？
2. 你喜欢做几种体育运动？什么运动？
3. 你今天吃了几种蔬菜？什么蔬菜？
4. 你今天吃了几种水果？什么水果？

提示：让学生根据自己的情况回答。

13 Rearrange the words/phrases to form a sentence.

1. 非常／我／打篮球／喜欢／。→ 我非常喜欢打篮球。
2. 我们／吃／每天／水果／应该／。→ 我们应该每天吃水果。
3. 不／我／喜欢／蔬菜／这些／吃／。→ 我不喜欢吃这些蔬菜。
4. 从／学／七岁／汉语／开始／我／。→ 我从七岁开始学汉语。
5. 去／我们／一起／打网球／吧／！→ 我们一起去打网球吧！
6. 游泳／除了……以外／跑步／喜欢／还／他／。

   → 除了游泳以外，他还喜欢跑步。

Type the above sentences on the computer.

14 Complete the sentences.

我家冰箱里有苹果、________

周末我想去买________

提示：让学生根据自己的情况完成。

115

15 Translate from Chinese to English.

Words for Reference
a) 这些
b) 那些
c) 一些

1. 我不喜欢吃这些水果。你们有西瓜吗？
I don' t like eating these fruits. Do you have watermelon?

2. 那些画儿我都不喜欢。你们有国画儿吗？
I don' t like those paintings. Do you have Chinese painting?

3. 这些电视节目我都不喜欢看。我们看动画片吧！
I don' t like to watch these programmes. Let's watch cartoon!

4. 我有一些衣服太小了，但是很好看。你要吗？
Some of my clothes are small, but they still look very nice. Do you want them?

16 Fill in the blanks with the words in the box.

怎么样	干什么	什么时候	多大	几岁	哪儿	什么样	怎么

1. 昨天晚上八点你在家 干什么 ？
2. 王老师今年 多大 了？
3. 你们 什么时候 下班？
4. 妈妈，我们 怎么 去北京？
5. 你弟弟今年 几岁 了？他是小学生吗？
6. 你家现在住在 哪儿 ？
7. 黄医生长 什么样 ？
8. 今天天气 怎么样 ？

It is your turn!

Make one sentence with each of the question words in the box.

17 Fill in the missing words in the box to form phrases.

瓜 花 西 色 水 生 柿 苹 港 常 蔬 色 非 蕉

1. 黄瓜 / 黄色
2. 蔬菜 / 生菜 / 菜花
3. 西红柿 / 红色
4. 苹果 / 水果
5. 香蕉 / 香港
6. 非常 / 常常

18 Essay writing.

« Sample essay:

　　天喜的妈妈是中国人。她长得很漂亮，但是有一点儿胖。她是秘书，在天喜的学校工作。她这些天正在减肥。她每天除了吃蔬菜沙拉以外，还吃四五种水果。她喜欢吃苹果、香蕉、橘子、西瓜、梨、菠萝等等。她每天还做运动。她每天游一个小时的泳。

It is your turn!

Write about your mother.
You should include:

- her nationality
- her appearance
- her job
- what she likes to eat
- what hobbies she has

提示：

① 在教课文之前，老师可以先教第101页第1题。老师重点教这些生词：喝、快餐、西餐、热狗、汉堡包、比萨饼、饮料、可乐、汽水、饮料。老师可以问学生以下问题：你喜欢吃热狗吗？你喜欢吃西餐吗？你喜欢喝可乐吗？你喜欢吃快餐吗？你喜欢喝什么饮料？

② 接下来，老师可以教第102页第4题中"还是"的用法，顺便把"中餐"这个词教给学生。

③ 最后，老师给学生听课文录音，然后问几个问题，以检测学生是否听懂课文。

④ 老师可用图卡和词语卡片辅助教学。

Unit 4

Lesson 11 Three Meals a Day 一日三餐

Text 1

51

nǐ xǐ huan chī zhōng cān hái shi xī cān
你喜欢吃中餐还是西餐？

wǒ liǎng zhǒng dōu xǐ huan chī
我两种都喜欢吃。

nǐ xǐ huan chī kuài cān ma
你喜欢吃快餐吗？

yě xǐ huan wǒ xǐ huan chī rè gǒu
也喜欢。我喜欢吃热狗、
hàn bǎo bāo hé bǐ sà bǐng
汉堡包和比萨饼。

nǐ xǐ huan hē shén me yǐn liào
你喜欢喝什么饮料？

wǒ xǐ huan hē kě lè hé qì shuǐ
我喜欢喝可乐和汽水。

NEW WORDS

1. 餐 (cān) food; meal
   中餐 (zhōng cān) Chinese food
   西餐 (xī cān) western food
2. 还是 (hái shi) or
3. 快 (kuài) fast; quick
   快餐 (kuài cān) fast food
4. 狗 (gǒu) dog
   热狗 (rè gǒu) hot dog
5. 汉堡包 (hàn bǎo bāo) hamburger
6. 饼(餅) (bǐng) round flat cake
   比萨(薩)饼 (bǐ sà bǐng) pizza
7. 喝 (hē) drink
8. 饮(飲) (yǐn) drink
9. 料 (liào) material
   饮料 (yǐn liào) drink; beverage
10. 可乐 (kě lè) coke
11. 汽水 (qì shuǐ) soda water

100

1 Say the following in Chinese.

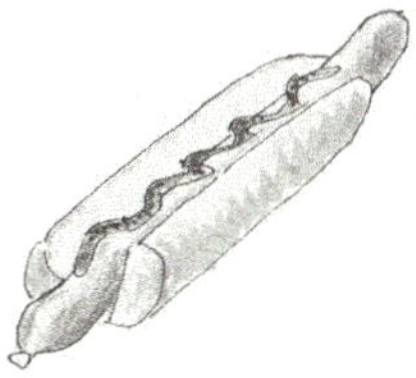

Example

热狗

1

汉堡包

2

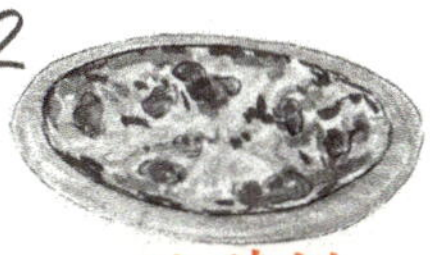

比萨饼

3

可乐

4

汽水

5

咖啡

6

沙拉

7

薯条

8

苹果派

Extra Words

a) 薯条 (shǔ tiáo)

b) 苹果派 (píng guǒ pài)

c) 沙拉 (shā lā)

d) 咖啡 (kā fēi)

2 List your food and drinks and then report to the class.

早餐		午餐		晚餐	
吃	喝	吃	喝	吃	喝
面包	牛奶	热狗	可乐 汽水	米饭 炒菜 鱼 肉	汤

我早饭一般吃……，喝……。我午饭通常吃……，喝……。我晚饭……

提示：让学生根据自己的情况来完成。

101

提示：
做完练习后，可让学生把所有音节都读一读。

提示：
老师要向学生强调，"还是"表选择是用在问句中。

3 Listen and fill in the vowels with tonal marks. 52

1 j ie yuè　2 que yuè　3 x ie jué
4 quē lüè　5 què qiè　6 jié yuē

Practice Focus
ie üe

4 Ask your partner the following questions.

1. 你喜欢走路还是坐车？
2. 你想做老师还是商人？
3. 你喜欢穿长裤还是短裤？
4. 你喜欢冬天还是夏天？
5. 你喜欢下雨天还是晴天？
6. 你喜欢唱歌还是跳舞？
7. 你喜欢画画儿还是弹琴？
8. 你喜欢游泳还是跑步？
9. 你喜欢看电视还是看电影？
10. 你喜欢吃蔬菜还是吃水果？
11. 你喜欢吃西餐还是吃中餐？
12. 你喜欢英语还是法语？

NOTE

还是 means "or", which is used in questions, e.g.
A: 你喜欢穿裤子还是裙子？
B: 我喜欢穿裙子。

Sentences for Reference

a) zhè liǎng ge wǒ dōu xǐ huan
这两个我都喜欢。
b) rè gǒu, hàn bǎo bāo, wǒ dōu bù xǐ huan
热狗、汉堡包，我都不喜欢。
c) wǒ bù xǐ huan hē kě lè, dàn shì wǒ xǐ huan hē qì shuǐ
我不喜欢喝可乐，但是我喜欢喝汽水。

102

5 Make a similar dialogue with your partner.

Example

6 Complete the sentences.

提示：答案仅供参考。

1. 我喜欢一边做作业一边听音乐。
2. 我喜欢一边走路一边听音乐。
3. 我喜欢一边看杂志一边看电视。
4. 我喜欢一边弹钢琴一边唱歌。
5. 我不喜欢一边开车一边打电话。
6. 我不喜欢一边吃饭一边看书。

提示：
做完练习后，可让学生看听力录音稿，以充分领会所听内容。

7 Listen and tick the right answers. 53

1	2	3
a) 蔬菜 b) 水果 c) 吃饭 ✓	a) 水果 b) 周末 c) 蔬菜 ✓	a) 西餐 b) 蔬菜 c) 水果 ✓
4	**5**	**6**
a) 打球 ✓ b) 游泳 c) 跑步	a) 爱好 ✓ b) 下雨 c) 冬天	a) 颜色 b) 画画儿 ✓ c) 语言

8 Project.

INSTRUCTIONS

Design a menu for a fast-food restaurant. It should include:

- name of the restaurant
- types of food
- types of drinks
- address
- telephone number
- e-mail address
- website

提示：
教这些独体字时，要帮助学生记住它们的读音。学生一般能记住汉字的意思和书写，但很难记住读音。老师可以试着用词语卡片经常复习这些独体字。

9 Learn the simple characters.

chóng 虫 insect

bèi 贝 shell

dāo 刀 knife

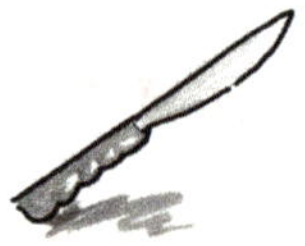

chā 叉 fork

104

Text 2 54

wǒ men quán jiā rén dōu xǐ huan chī zhōng cān zǎo cān wǒ men yì bān
我们全家人都喜欢吃中餐。早餐我们一般

chī zhōu huò zhě miàn tiáo wǒ men wǔ fàn chī chǎo miàn huò zhě bāo zi
吃粥或者面条。我们午饭吃炒面或者包子。

wǒ men wǎn fàn yì bān chī
我们晚饭一般吃

mǐ fàn chǎo cài
米饭、炒菜。

wǒ men jiā zhōu mò yǒu
我们家周末有

shí hou qù fàn diàn chī
时候去饭店吃

fàn wǒ men xià ge
饭。我们下个

zhōu mò huì qù yì jiā
周末会去一家

běi jīng fàn diàn chī fàn
北京饭店吃饭。

NEW WORDS

1. 全 (quán) whole
2. 早餐 (zǎo cān) breakfast
3. 般 (bān) sort; kind
   一般 (yì bān) normally
4. 粥 (zhōu) porridge; congee
5. 或 (huò) or
6. 者 (zhě) person or thing
   或者 (huò zhě) or
7. 面(麵) (miàn) flour; measure word
8. 条(條) (tiáo) stripe; measure word
   面条 (miàn tiáo) noodles
9. 午饭 (wǔ fàn) lunch
10. 炒 (chǎo) stir-fry
    炒面 (chǎo miàn) stir-fried noodles
    炒菜 (chǎo cài) fried dishes
11. 包子 (bāo zi) steamed stuffed bun
12. 晚饭 (wǎn fàn) dinner
13. 米饭 (mǐ fàn) cooked rice
14. 店 (diàn) shop; store
    饭店 (fàn diàn) restaurant
15. 吃饭 (chī fàn) eat a meal
*16. 会 (huì) be likely to

105

提示：

① 在教课文前，老师可以先教第106页第10题。老师重点教这些生词：早餐、午饭、晚饭、一般、粥、炒面、炒菜、包子、米饭。然后，老师可以问以下问题：你早餐一般吃什么？喝什么？你喜欢吃中餐还是西餐？你吃过包子吗？你吃过粥吗？你每天都吃米饭吗？你每天都吃蔬菜吗？你今天吃了什么蔬菜？你午饭吃水果吗？你晚饭一般吃什么水果？

② 接下来，老师可以教第107页第12题中"或者"的用法，顺便教"面条"这个生词。同时，老师应帮助学生复习"还是"的用法，并让学生注意"还是"与"或者"的区别。

③ 老师还可以先教第108页第15题中"会"的用法，同时帮助学生复习"会"表示"can"的用法，比如："我会说英语和汉语"。

④ 最后，让学生听课文录音，并猜猜"全家人、饭店、吃饭"在课文中的意思。

⑤ 老师可用图卡和词语卡片辅助教学。

10 Say the following in Chinese.

Extra Words

a) 春卷 (chūn juǎn)

b) 馄饨 (hún tun)

c) 饺子 (jiǎo zi)

d) 小笼包 (xiǎo lóng bāo)

e) 生煎包 (shēng jiān bāo)

f) 豆浆 (dòu jiāng)

提示：
答案仅供参考。

11 Add a noun to form a phrase.

1 吃饭	2 喝水	3 上班	4 做作业
5 打篮球	6 弹钢琴	7 拉小提琴	8 看电视
9 画画儿	10 说汉语	11 开汽车	12 穿衣服

12 Make sentences with "或者".

1. 我们	晚饭吃面条或者炒饭。
2. 我们	可以去看电影或者去打篮球。
3. 我们	晚饭可以吃中餐或者吃西餐。
4. 你	可以坐公共汽车去或者坐地铁去。
5. 你们	可以学油画儿或者水彩画儿。
6. 你们	可以学汉语或者法语。

NOTE

或者 means "or", which is often used in statements, e.g.
我晚饭一般吃米饭或者面条。

提示：
答案仅供参考。老师还可引导学生复习"还是"的用法。以下句子可供练习使用：
a) 你想吃面条还是炒饭？
b) 你想去看电影还是打篮球？
c) 你想吃中餐还是西餐？
d) 你想坐公共汽车去还是坐地铁去？
e) 你想学汉语还是法语？

13 Oral presentation.

Example

我早上一般六点三刻起床。我早饭一般吃面包，喝牛奶。我午饭一般吃……我周末喜欢跟朋友一起去看电影。我喜欢……

« Sample questions:

1. 你早上一般几点起床？
2. 你早饭一般吃什么？
3. 午饭和晚饭你一般吃什么？
4. 你周末一般做什么？
5. 你有什么爱好？
6. 你喜欢运动吗？

……

提示：
以下问题可供练习使用：
a) 你喜欢什么运动？一般什么时候做运动？
b) 除了运动以外，你喜欢音乐吗？你会跳舞吗？
c) 你喜欢看书吗？你看过中文小说吗？
d) 你会画画儿吗？会画什么画儿？你从几岁开始学画画儿？

提示：
做完练习后，可让学生看听力录音稿，以充分领会所听内容。

14 Listen and tick the right answers.

55

1	2	3
a) 游泳	a) 晚餐	a) 坐出租车
b) 吃饭	b) 汉堡包 ✓	b) 坐校车
c) 跑步 ✓	c) 早餐	c) 走路 ✓

4	5	6
a) 英语	a) 炒面 ✓	a) 可乐 ✓
b) 西班牙语 ✓	b) 粥	b) 热水
c) 日语	c) 包子	c) 冷水

提示：
答案仅供参考。

15 Make sentences with “会”.

1. 下雨：今天会下雨。
2. 回家：今晚爸爸不会回家。
3. 来：这个周末他不会来。
4. 去：今年夏天我会去法国。
5. 打电话：她今天不会打电话给我。
6. 跑步：我今天不会去跑步。
7. 吃西餐：你们今天晚饭会吃西餐吗？
8. 看电影：这个周末你会去看电影吗？

NOTE

会 means "be likely to", e.g. 今天不会下雪。

108

16 Activity.

Example

老师：汉堡包

学生1：热狗

学生2：比萨饼

INSTRUCTIONS

1 The whole class may join the activity.

2 The teacher names one item of a particular category and the students are expected to add more to it.

3 Those who do not add any or add wrong items are out of the activity.

提示：以下词语可供活动使用：

a) 苹果
b) 唱歌
c) 黄瓜
d) 炒面
e) 头痛
f) 阴天
g) 衬衫
h) 科学
i) 英语

17 Draw a series of pictures and then write captions.

1

我早上一般六点半起床。

2

我坐公共汽车或者电车上学。

3

我午饭吃中餐或者西餐。

4

晚上除了做作业以外，我还看电视或者看书。

It is your turn!

Unit 4

Lesson 11 Three Meals a Day 一日三餐

1 Copy the new words of Text 1.

餐	cān food; meal	餐	餐	餐			
快	kuài fast; quick	快	快	快			
狗	gǒu dog	狗	狗	狗			
饼	bǐng round flate cake	饼	饼	饼			
喝	hē drink	喝	喝	喝			
饮	yǐn drink	饮	饮	饮			
料	liào material	料	料	料			

2 Translate from Chinese to English.

1. 我们去打球还是看电影？Shall we play a ball game or go to the movie?
2. 你喜欢吃蔬菜还是水果？Do you like vegetables or fruits?
3. 你想去北京还是上海？Do you want to go to Beijing or Shanghai?
4. 你想跟爸爸去游泳还是跟妈妈去跑步？

   Do you want to go to swim with your dad or jog with your mum?
5. 你喜欢热的天气还是冷的天气？Do you like hot weather or cold weather?

It is your turn!

Make three sentences with “还是”.

3 Write the following in Chinese.

1. 生菜

2. 西红柿

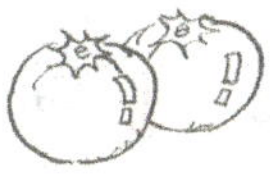

3. 菜花儿

4. 土豆

5. 橘子

6. 香蕉

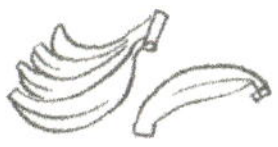

7. 苹果

8. 南瓜

9. 西瓜

10. 梨

11. 比萨饼

12. 汉堡包

13. 热狗

14. 汽水

15. 可乐

提示：
答案仅供参考。

4 Make one sentence with the words given.

Words for Reference
a) 有时候
b) 经常
c) 常常
d) 差不多

1. 我/中午/上网→ 我差不多每天中午都上网。
2. 姐姐/早上/游泳→ 姐姐经常早上去游泳。
3. 爸爸/晚上/看书→ 爸爸差不多每天晚上都看书。
4. 妈妈/下午/跑步→ 妈妈有时候下午去跑步。
5. 哥哥/晚上/做作业→ 哥哥差不多每天晚上都做作业。
6. 弟弟/周末/打篮球→ 弟弟常常周末跟朋友一起打篮球。

5 Fill in the blanks with the verbs in the box.

做 看 画 弹 唱 吃 听 拉 打 说 喝 上

1. 画 油画儿 2. 做 作业 3. 看 电视 4. 弹 钢琴
5. 拉 小提琴 6. 打 电话 7. 说 汉语 8. 听 音乐
9. 上 美术课 10. 唱 儿歌 11. 吃 中餐 12. 喝 可乐

6 Write the radicals.

1. 革 leather 2. 厂 cliff 3. 车 vehicle 4. 广 shelter
5. 贝 shell 6. 礻 ritual 7. 犭 animal 8. 虫 insect

7 List food and drink under each category.

中餐	西餐	快餐	饮料
1. 米饭	1. 沙拉	1. 热狗	1. 可乐
2. 粥	2. 牛排	2. 汉堡包	2. 茶
3. 炒饭	3. 面包	3. 比萨饼	3. 汽水
4. 包子	4. 意大利面条	4. 炸薯条	4. 咖啡

8 Answer the questions.

1. 你喜欢吃水果吗？喜欢吃什么水果？________
2. 你喜欢吃蔬菜吗？喜欢吃什么蔬菜？________
3. 你喜欢吃快餐吗？喜欢吃什么快餐？________
4. 你喜欢喝什么饮料？________

提示：
让学生根据自己的情况回答。

9 Connect the words/phrases to make questions.

	坐	中餐		西班牙语？
	吃	可乐		西餐？
我们应该	学	裤子	还是	汽水？
	喝	电车		地铁？
	穿	法语		裙子？

10 Reading comprehension.

田方住在香港。她非常喜欢香港，因为香港有很多好吃的东西。在香港，除了中餐、西餐，她还可以吃到各种快餐。她最喜欢吃汉堡包，还经常吃比萨饼、热狗、炸鸡翅、炸薯条等。她每个星期六都去吃汉堡包。她妈妈说她应该少吃快餐，多吃蔬菜和水果。

True or false:

F 1 田方不太喜欢住在香港。

T 2 她除了爱吃汉堡包，还爱吃比萨饼。

F 3 她每天都吃汉堡包。

T 4 她妈妈叫她多吃蔬菜和水果。

11 Copy the simple characters.

丶 冂 口 中 虫 虫								
虫	chóng insect	虫	虫	虫				
丨 冂 贝 贝								
贝	bèi shell	贝	贝	贝				
𠃌 刀								
刀	dāo knife	刀	刀	刀				
乛 叉 叉								
叉	chā fork	叉	叉	叉				

12 Copy the new words of Text 2.

丿 人 亼 仐 仝 全								
全	quán whole	全	全	全				
′ 丿 ⺆ 月 舟 舟 舟 舡 般 般								
般	bān sort; kind	般	般	般				
⁊ ⁊ 弓 弓 弓 弓 弜 弜 弜 弜 弜 粥								
粥	zhōu porridge; congee	粥	粥	粥				
一 𠂇 𠃋 𠃋 豆 式 或 或								
或	huò or	或	或	或				
一 十 土 耂 耂 者 者 者								
者	zhě person or thing	者	者	者				
一 丆 丆 丙 而 而 而 面 面								
面	miàn flour; measure word	面	面	面				
丿 ク 夂 冬 夅 条 条								
条	tiáo stripe; measure word	条	条	条				
丶 丷 ⺌ 火 灬 灬 炒 炒								
炒	chǎo stir-fry	炒	炒	炒				

123

丶 亠 广 广 庐 庐 店 店								
店	diàn shop; store	店	店	店				

13 Write the meaning of each phrase.

1
- 炒面 stir-fried noodles
- 炒饭 stir-fried rice
- 炒菜 fried dishes

2
- 早饭 breakfast
- 午饭 lunch
- 晚饭 supper
- 米饭 cooked rice

3
- 玩具店 toy store
- 快餐店 fast food restaurant
- 水果店 fruit store
- 书店 bookstore
- 花店 flower shop

提示：
答案仅供参考。

14 Complete the sentences.

1. 我早饭一般吃 粥或者包子。
2. 我午饭一般吃 汉堡包或者比萨饼。
3. 我们家晚饭一般吃 米饭和炒菜。
4. 周末我们全家 一般去饭店吃晚饭。我们经常去一家上海饭店吃饭。

124

15 Fill in the blanks with the words in the box.

还是
或者

1. 我们坐地铁 还是 坐出租车去？
2. 晚饭我们吃炒饭 或者 炒面。
3. 苹果 或者 香蕉，都可以。
4. 你想去美国 还是 英国上大学？
5. 今天来 或者 明天来，都可以。
6. 他晚上一般看书， 或者 看电视。

16 Translate from English to Chinese.

1. I will probably eat fast food for lunch.
   我午饭会吃快餐。
2. Is it likely to rain this afternoon?
   今天下午会下雨吗？
3. We are likely to watch a movie this weekend.
   这个周末我们会去看电影。
4. I might go to Beijing for university next year.
   明年我会去北京上大学。
5. Are you likely to eat western food for dinner?
   你们晚饭会吃西餐吗？
6. Are we likely to have a typhoon tomorrow?
   明天会有台风吗？

Type the above sentences on the computer.

提示：
答案仅供参考。

17 Add more words to each category.

1. 春天	夏天	冬天	6. 多云	晴天	阴天
2. 校服	外套	衬衫	7. 音乐	唱歌	跳舞
3. 油画儿	国画儿	水彩画儿	8. 跑步	游泳	打球
4. 西红柿	土豆	黄瓜	9. 香蕉	苹果	梨
5. 汉堡包	比萨饼	热狗	10. 面条	粥	米饭

18 Make one sentence for each phrase.

1. 跟……一起：我喜欢跟朋友一起跑步。
2. 正在：爸爸正在吃饭。
3. 一边……一边……：姐姐喜欢一边看杂志一边听音乐。
4. 从……开始：弟弟从六岁开始打篮球。

19 Write the pinyin and simple characters.

1. chóng 虫 insect	2. bèi 贝 shell	3. dāo 刀 knife	4. chā 叉 folk
5. shí 食 food	6. guǒ 果 fruit	7. qiàn 欠 owe	8. shí 石 stone
9. dōng 东 east	10. nán 南 south	11. xī 西 west	12. běi 北 north

126

20 Create a menu for a restaurant.

Example

乐乐快餐店

上海市南京路458号
电话：(021)24820670

菜 单

鱼肉汉堡包	¥9.80
鸡肉汉堡包	¥9.80
热狗	¥6.50
沙拉	¥8.60
可乐	¥5.00
橙汁	¥4.50
绿茶	¥4.00

21 Essay writing.

« Sample essay:

田方的爷爷、奶奶住在香港。他们很少吃西餐。他们不喜欢吃快餐。他们差不多每天都吃中餐。

在家，奶奶做饭。奶奶有时候做粥，有时候做面条，有时候做炒饭、炒面、包子、汤等等。除了这些，他们每天还吃两三种蔬菜、水果。他们今年七十多岁了，但是身体都很好，很少生病。

It is your turn!

Write about your grandparents.
You should include:

- how old they are
- where they live
- what kind of food they like to eat

提示：
① 在教课文之前，老师可以先教第111页第1题，顺便教生词"元（块）、角（毛）、分、人民币"。接下来，老师可以让学生做第112页第4题，练习怎样说价钱。
② 在听课文录音前，老师可以先教生词"买、卖、斤、钱、一共、可以"。然后教句型，如"苹果怎么卖？""西瓜多少钱一斤？""我可以用人民币吗？""一共多少钱？"等。听完录音后，可以问学生以下问题：苹果多少钱一个？西瓜多少钱一斤？她一共买了几个苹果？她买了几个西瓜？她买了几斤橘子？
③ 老师可用图卡和词语卡片辅助教学。

Unit 4

Lesson 12 Eating Out 外出就餐

Text 1

56

zhè xiē píng guǒ zěn me mài
这些苹果怎么卖？

shí kuài yuán qián sì ge
十块(元)钱四个。

xī guā duō shao qián yì jīn
西瓜多少钱一斤？

liǎng kuài wǔ yì jīn
两块五一斤。

wǒ mǎi sì ge píng guǒ、yí ge xī guā, zài lái liǎng jīn jú zi。yí gòng duō shao qián
我买四个苹果、一个西瓜，再来两斤橘子。一共多少钱？

yí gòng sān shí kuài wǔ máo jiǎo wǔ fēn
一共三十块五毛(角)五(分)。

wǒ kě yǐ yòng rén mín bì ma
我可以用人民币吗？

kě yǐ
可以。

New Words

1. mài 卖(賣) sell	＊7. gòng 共 altogether	12. mín 民 the people
2. kuài 块(塊) measure word; a unit of money, yuan	yí gòng 一共 altogether	rén mín 人民 the people
3. yuán 元 a unit of money	＊8. máo 毛 1/10 yuan	13. bì 币(幣) currency
4. qián 钱(錢) money	＊9. jiǎo 角 1/10 yuan	rén mín bì 人民币 RMB, Chinese currency
5. jīn 斤 ½ kilogram	＊10. fēn 分 1/100 yuan	＊14. kě yǐ 可以 can; may
6. mǎi 买(買) buy	11. yòng 用 use	

110

1 Say the following in Chinese.

1 
2 
3 

一毛(角)

NOTE

We usually use 块 instead of 元, and 毛 instead of 角 in oral Chinese, e.g.

五块 = 五元

三毛 = 三角

4 

一块(元)

5 

五块（元）

6 

十块（元）

7 

二十块（元）

8 

五十块（元）

9 

一百块（元）

2 Listen and fill in the vowels with tonal marks.

57

1 j ū n x ù n 2 h ú n t u n 3 l ú n d ū n

4 q ú n l ù n 5 ch ū n y ù n 6 sh ù n x ù n

Practice Focus

un ün

111

提示：
做完练习后，让学生把所有音节都读一读。

提示：
老师还可以让学生为以下名词配量词：

a) 香蕉（斤）
b) 苹果（个）
c) 卧室（间）
d) 书店（家）
e) 杂志（本）
f) 医生（位）
g) 皮带（条）
h) 课（门）
i) 语言（种）

3 Fill in the blanks with the measure words.

1. 三 口 人
2. 一 朵 花
3. 一 台 电脑
4. 一 个 学校
5. 一 位 老师
6. 一 条 裙子
7. 一 头 白发
8. 一 条 裤子
9. 一 个 热狗
10. 一 个 苹果
11. 一 家 饭店
12. 一 台 电视

Measure Words

a) 口	e) 个
b) 家	f) 位
c) 头	g) 台
d) 朵	h) 条

4 Role play.

Example

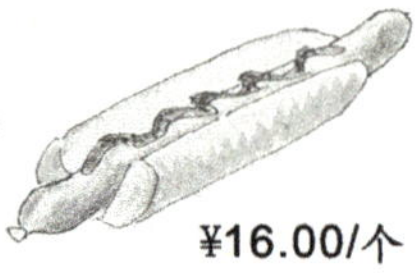

¥16.00/个

A：一个热狗多少钱？

B：十六块。

INSTRUCTIONS

A group of 3 or 4 students opens a stall to sell food, vegetables or fruits. You need to bring some food, vegetables and fruits to the class. Find some new measure words in the dictionary.

1

西红柿 ¥3.00/斤

2 ¥2.50/斤

菜花儿

3

苹果

¥10.00/五个

4 ¥60.00/个 比萨饼

5 Role play.

Example

zhè jiàn chèn shān duō shao qián
这件衬衫多少钱？

jiǔ shí wǔ kuài
九十五块。

wǒ bù xǐ huan lǜ sè de
我不喜欢绿色的。
nǐ men yǒu hóng sè de ma
你们有红色的吗？

yǒu qǐng děng yi děng
有，请等一等。
zhè jiàn zěn me yàng
这件怎么样？

hěn hǎo wǒ xiǎng mǎi liǎng jiàn
很好，我想买两件。
wǒ kě yǐ yòng rén mín bì ma
我可以用人民币吗？

kě yǐ
可以。

INSTRUCTIONS

A group of 3 or 4 students opens a clothing shop to sell the clothes listed on the right. You need to bring those clothes with price tags to school.

件		条
衬衫	长裤	
毛衣	短裤	
大衣	长裙	
外套	短裙	
汗衫	牛仔裤	
游泳衣	游泳裤	

提示：
两个人一组，选择其中一样衣服进行对话，然后进行表演。

提示：
做完练习后，可让学生看听力录音稿，以充分领会所听内容。

6 Listen and tick the right answers.

58

1
- a 英国、法国、日本等
- b 苹果、香蕉、梨等
- c ✓ 数学、地理、历史等

2
- a 不冷也不热
- b ✓ 零下五度左右
- c 有时候下雪

3
- a ✓ 下午去看医生了
- b 明天下午去游泳
- c 应该每天吃水果

4
- a 还喜欢吃蔬菜
- b 还会说汉语
- c ✓ 还喜欢画国画儿

5
- a ✓ 炒面、包子、面条等
- b 可乐、汽水等
- c 汉堡包、比萨饼等

6
- a 你打错电话了。
- b ✓ 小文一会儿回来。
- c 请等一等，我去叫她。

提示：
教这些独体字时，要帮助学生记住它们的读音。学生一般能记住汉字的意思和书写，但很难记住读音。老师可以用词语卡片经常复习这些独体字。

7 Learn the simple characters.

shī 尸 corpse

hù 户 household

gé 革 leather

dīng 丁 man

Text 2

59

nǐ men jiā cháng qù fàn diàn chī fàn ma
你们家常去饭店吃饭吗？

chà bu duō měi liǎng xīng qī qù yí cì
差不多每两星期去一次。

nǐ men jīng cháng qù nǎ jiā fàn diàn chī fàn
你们经常去哪家饭店吃饭？

wǒ men jīng cháng qù yì jiā shàng hǎi fàn diàn chī fàn
我们经常去一家上海饭店吃饭。
tā men de fàn cài zuò de tè bié hǎo chī
他们的饭菜做得特别好吃。

nǐ men shàng ge zhōu mò qù le ma
你们上个周末去了吗？

qù le
去了。

nǐ men měi cì chī fàn dà gài yào huā duō shao qián
你们每次吃饭大概要花多少钱？

wǔ bǎi kuài zuǒ yòu bú suàn tài guì
五百块左右，不算太贵。

NEW WORDS

1. 次 (cì) measure word for action
   一次 (yí cì) once
*2. 得 (de) used after a verb or an adjective to introduce a complement of result or degree
3. 特 (tè) special
4. 别 (bié) other
   特别 (tè bié) special; unusually
5. 好吃 (hǎo chī) delicious
6. 概 (gài) general
   大概 (dà gài) probably
*7. 花 (huā) spend
8. 百 (bǎi) hundred
9. 算 (suàn) regard as
10. 贵(貴) (guì) expensive

115

提示：
① 在教课文之前，老师可以先教第116页第8题。重点复习Words for Reference里的说法，顺便教生词"特别"。
② 接下来，老师可以教第116页第9题中"次"的用法。
③ 然后，老师可以教"得"的用法，做第117页中第10题。
④ 老师还可以再教一下第117页第11题，重点教生词"大概、花"。
⑤ 最后，老师让学生听课文录音。听完录音后，问学生以下问题：他们家经常去饭店吃饭吗？他们每个星期都去吗？他们经常去哪家饭店吃饭？这家饭店做的饭菜好吃吗？他们上个周末去哪儿吃饭了？他们花了多少钱？
⑥ 老师可用图卡和词语卡片辅助教学。

提示：
答案仅供参考。

8 Make similar dialogues with your partner.

Example

A：这炒面怎么样？

B：非常好吃。

Words for Reference

a) 特别好吃 (tè bié hǎo chī)
b) 非常好吃 (fēi cháng hǎo chī)
c) 很好吃 (hěn hǎo chī)
d) 好吃 (hǎo chī)
e) 不太好吃 (bú tài hǎo chī)
f) 不好吃 (bù hǎo chī)
g) 不错 (bú cuò)

9 Ask your partner the following questions.

1. 你去过北京几次？ 一次也没有去过。
2. 你去过纽约几次？ 去过好几次。
3. 你去过巴黎几次？ 去过很多次。
4. 你去过伦敦几次？ 去过三次。
5. 你去过东京几次？ 去过一次。

116

10 Say one sentence about each picture.

Example

他跑步跑得很快。
Or: 他跑得很快。

> **NOTE**
>
> 得 is placed after a verb to form a complement, e.g.
> 他说汉语说得很好。
> or: 他汉语说得很好。

2

1

3

4

5

6

11 Ask your partner the following questions.

1. 你每个月大概花多少钱买杂志?
2. 你每个月大概花多少钱买午饭?
3. 你每个月大概花多少钱买CD?
4. 你每个月大概花多少钱买电脑游戏?
5. 你每个月大概花多少钱买衣服?

答案:

1. 他游泳游得很快。
2. 她网球打得很好。/她打网球打得很好。
3. 他钢琴弹得不错。/他弹钢琴弹得不错。
4. 她唱歌唱得很好听。/她歌唱得特别好听。
5. 他国画儿画得非常好。/他画国画儿画得非常好。
6. 她舞跳得特别好。/她跳舞跳得特别好。

提示：
答案仅供参考。

12 Make a question with each of the question words.

1. 几：你家有几口人？
2. 谁：你家有谁？
3. 什么：你有什么爱好？
4. 哪儿：上个星期六你们去哪儿吃饭了？
5. 怎么：你每天怎么去上学？
6. 怎么样：今天天气怎么样？ 7. 什么样：你哥哥长什么样？

提示：
以下句子仅供参考：
a) past tense: 我昨天去看电影了。
b) present tense: 我每天晚上看电视。
c) present continous tense: 我正在家看书呢。
d) future tense: 爸爸下个星期去美国。

13 Make similar sentences.

Example

我上个周末去打网球了。 | past tense |
我每个周末都去看电影。 | present tense |
我正在看电视呢。 | present continous tense |
我下个周末会/要去北京。 | future tense |

昨天	今天	明天	去朋友家	在家看书	看电视
去年	今年	明年	看电影	游泳	跑步
上个月	这个月	下个月	打篮球	画画儿	去饭店吃饭
上个星期	这个星期	下个星期	去上海	去美国	吃中餐

118

14 Listen and tick the right answers. 60

1 a) 黄瓜 b) 苹果 ✓ c) 西瓜	2 a) 快餐 ✓ b) 中餐 c) 早餐	3 a) 买水果 ✓ b) 打篮球 c) 看电视
4 a) 周末 ✓ b) 吃饭 c) 朋友	5 a) 天气 b) 爱好 ✓ c) 家人	6 a) 炒菜 b) 包子 ✓ c) 米饭

提示：做完练习后，可让学生看听力录音稿，以充分领会所听内容。

15 Describe one of your eating-out experiences.

Example

1

上个星期六我们全家人去饭店吃饭了。

2

我们去了一家上海饭店。

3

我们吃了炒菜、炒面、粥、饺子等等。

4

我们还喝了可乐和汽水。

5

我们一共花了两百多块，不算贵。

119

提示：
让每两个学生一组开展活动。每组选择买一种衣服或蔬果，然后进行表演。

16 Role play.

Example

菜花儿怎么卖？

三块一个。

土豆多少钱一斤？

一块五。

买一个菜花儿和一斤土豆。

一共四块五。

INSTRUCTIONS

A group of 3 or 4 students opens either a fresh market or a clothing shop to sell the following items.

黄瓜	¥1.20/斤
生菜	¥1.00/斤
西红柿	¥2.00/斤

苹果	¥10.00/四个
西瓜	¥1.20/斤
橘子	¥10.00/五个

牛仔裤	¥260.00/条
衬衫	¥150.00/件

毛衣	¥220.00/件
外套	¥200.00/件

17 Activity.

❶ 尸	❷ 户	❸ 革	❹ 丁	❺ 贝
❻ 虫	❼ 叉	❽ 食	❾ 果	❿ 欠
⓫ 平	⓬ 石	⓭ 角	⓮ 页	⓯ 舌
⓰ 瓜	⓱ 旦	⓲ 矢	⓳ 皿	⓴ 斗
㉑ 青	㉒ 立	㉓ 寸	㉔ 巾	㉕ 足

INSTRUCTIONS

1 The class is divided into small groups.

2 Each group is asked to memorize the simple characters listed in the box. Then the teacher gives a dictation on those characters.

3 The group writing more correct characters than any other group wins the activity.

18 Make a dialogue with your partner.

提示：以下问题可供练习使用：

a) 你们家经常去饭店吃饭吗？你们一般去哪家饭店吃饭？你们一般吃什么？每一次大概花多少钱？

b) 你们家下个周末会去饭店吃饭吗？会去哪一家饭店？

c) 你下个周末想做什么？

《 Sample questions:

1. 你晚饭吃了吗？
   你吃了什么？
2. 你们家谁做晚饭？
   你会做饭吗？
3. 你喜欢吃蔬菜吗？ 你喜欢吃什么蔬菜？
4. 你喜欢吃水果吗？ 你喜欢吃什么水果？
5. 你喜欢吃中餐吗？ 喜欢吃什么中餐？
6. 你喜欢吃西餐吗？ 喜欢吃什么西餐？
7. 你喜欢吃快餐吗？ 喜欢吃什么？
   你一星期吃几次快餐？

……

121

1 Copy the new words of Text 1.

一 十 士 夫 去 壶 卖 卖								
卖	mài sell	卖	卖	卖				
一 十 土 圢 圦 块 块								
块	kuài measure word; a unit of money, yuan	块	块	块				
一 二 テ 元								
元	yuán a unit of money	元	元	元				
ノ 广 乍 乍 钅 钅 钅 钱 钱 钱								
钱	qián money	钱	钱	钱				
一 厂 斤 斤								
斤	jīn ½ kilogram	斤	斤	斤				
一 乛 乛 三 买 买								
买	mǎi buy	买	买	买				
丿 冂 月 月 用								
用	yòng use	用	用	用				

ㄱ コ 尸 巳 民								
民	mín the people	民	民	民				
一 丆 巾 币								
币	bì currency	币	币	币				

2 Write the following in Chinese.

1  一元五角

2  五十元

3  二十五元

4  一百一十元

5  六元一角

6  七十元六角

7  四十元五角

3 Look up the words in the dictionary and write down their meanings.

1. 买卖	buying and selling	2. 瓜子	seeds of sunflower or melon	3. 零钱	change
4. 零花钱	pocket money	5. 餐饮	food and drink	6. 汽油	petrol; gasoline
7. 有用	useful	8. 没用	useless	9. 快车	express train or bus

提示：
让学生根据自己的情况回答。

4 Answer the questions.

1. 你去过北京吗？______
2. 你画过国画儿吗？______
3. 你吃过青菜吗？______
4. 你学过法语吗？______
5. 你看过中医吗？______
6. 你用过人民币吗？______

It is your turn!

Make two more sentences with “过”.

提示：
这些价格仅供参考。

5 Find the price (converted to RMB) of each item.

1. 一斤西瓜 两块九（毛）
2. 五个苹果 十块
3. 一个热狗 七块五（毛）
4. 一包土豆 四块七（毛）
5. 一斤西红柿 两块三（毛）
6. 四个橘子 十二块
7. 一个汉堡包 十一块八（毛）
8. 一个比萨饼 四十六块

6 Fill in the blanks with the nouns in the box.

儿歌	汽车	外套	音乐	西餐	历史
钢琴	可乐	作业	衣服	小提琴	
青菜	汉语	电影	篮球	水彩画儿	

1. 吃 西餐　2. 喝 可乐　3. 做 作业　4. 打 篮球
5. 画 水彩画儿　6. 弹 钢琴　7. 穿 外套　8. 拉 小提琴
9. 说 汉语　10. 开 汽车　11. 买 衣服　12. 炒 青菜
13. 唱 儿歌　14. 听 音乐　15. 看 电影　16. 学 历史

130

7 Make one sentence with each dotted word.

1 今天下雨，你要穿雨衣。 今天很冷，你要多穿点儿衣服。	2 不要看电视了，快去睡觉。 不要看书了，快吃饭。
3 我想买一条牛仔裤。 我想买一条裙子。	4 我应该每天吃三种蔬菜。 我应该每天早上去跑步。
5 我现在可以听音乐吗？ 我现在可以看电视吗？	6 今天会下雨吗？ 明天会下雪吗？

Type the above sentences on the computer.

提示：
答案仅供参考。

8 Reading comprehension.

上个星期天我跟妈妈去市场买菜了。市场上人很多。妈妈先买了两条鱼和一斤猪肉。那天的苹果特别便宜，十块钱九个。妈妈买了二十块钱的苹果。我们还买了八个橙子，花了二十块钱。最后，我们又买了一些青菜。市场离我家很近，我们走路回家了。

True or false:

F 1 昨天她跟妈妈一起去市场买菜了。

T 2 她妈妈买了十八个苹果。

F 3 她妈妈没有买蔬菜。

T 4 她们走路回家了。

提示：
答案仅供参考。

9 Fill in the missing words to form a complete question.

1. 我用 英语 说，可以吗？
2. 我用 人民币 买这些衣服，可以吗？
3. 我一边做作业 一边看电视，可以吗？
4. 我今天晚上想 去看电影，可以吗？
5. 我再打一会儿 网球，可以吗？
6. 我今天不想 吃晚饭，可以吗？
7. 我晚饭想吃西餐，可以吗？

10 Copy the simple characters.

㇕ ㇕ 尸								
尸	shī corpse	尸	尸	尸				
丶 ㇕ ㇕ 户								
户	hù household	户	户	户				
一 十 廾 廿 廿 芇 苩 莒 革								
革	gé leather	革	革	革				
一 丁								
丁	dīng man	丁	丁	丁				

132

11 Copy the new words of Text 2.

丶 冫 冫 冫 次 次								
次	cì measure word for action	次	次	次				
丿 𠂉 牛 牛 牜 牛 牛 牛 特 特								
特	tè special	特	特	特				
丨 口 口 号 另 别 别								
别	bié other	别	别	别				
一 十 才 木 朩 村 村 相 相 桓 桓 概 概								
概	gài general	概	概	概				
一 丆 丆 百 百 百								
百	bǎi hundred	百	百	百				
丿 𠂉 𠂉 𥫗 𥫗 𥫗 竹 符 笞 管 管 筸 算 算								
算	suàn regard as	算	算	算				
丶 口 口 中 虫 虫 贵 贵 贵								
贵	guì expensive	贵	贵	贵				

提示：
答案仅供参考。

12 Fill in the missing items which match the descriptions.

1. 这条裙子 很好看。
2. 这种果汁 很好喝。
3. 这件衬衫 不好看。
4. 这家饭店的饭菜 很好吃。
5. 这种苹果 不好吃。
6. 这种音乐 很好听。

提示：
让学生根据自己的情况回答。

13 Answer the questions.

1. 你每个月花多少钱买书？____________________
2. 你每个月花多少钱买杂志？____________________
3. 你每个月花多少钱打电话？____________________
4. 你每个月花多少钱吃午饭？____________________

14 Fill in the blanks with the measure words in the box.

门　口　朵　头　家　块　位　台　条　包　个　斤

1. 一 个 学校
2. 一 头 牛
3. 一 斤 西瓜
4. 一 台 电脑
5. 四 口/个 人
6. 一 个 足球
7. 一 家 书店
8. 一 个 梨
9. 一 包 土豆
10. 两 条 短裤
11. 一 朵 云
12. 一 个 汉堡包
13. 一 位 老师
14. 十 门 课
15. 一 块 比萨饼
16. 一 个 橘子
17. 一 家 饭店
18. 一 个 菜花儿

134

15 Translate from Chinese to English.

1. 爸爸篮球打得很好。Dad plays basketball well.
2. 妈妈歌唱得很好听。Mum sings nicely.
3. 哥哥钢琴弹得很好听。My elder brother plays the piano beautifully.
4. 姐姐水彩画儿画得很好。My elder sister paints Chinese paintings well.
5. 妹妹舞跳得很美。My younger sister dances very well.

It is your turn!

Make four more sentences with “得”.

16 Answer the questions.

提示：让学生根据自己的情况回答。

1. 你一个月看几次电影？
2. 你一星期看几次电视？
3. 你一星期吃几次快餐？
4. 你一个月吃几次中餐？
5. 你一星期做几次体育运动？

17 Write the pinyin and simple characters.

1. píng 平 flat
2. tǔ 土 soil
3. jiǎo 角 horn
4. hù 户 household
5. shī 尸 corpse
6. yè 页 page
7. gé 革 leather
8. zì jǐ 自己 oneself

135

18 Look up the words in the dictionary and write down their meanings.

1. 民歌	folk song	2. 冷饮	cold drink	3. 白粥	plain congee
4. 条子	strip	5. 全国	the whole country	6. 冬泳	winter swimming
7. 香水	perfume	8. 特色	feature	9. 手术	operation
10. 别人	other people	11. 网页	website	12. 末班车	last bus or train

19 Write the numbers in Chinese.

1 54 五十四　　2 101 一百零一　　3 19 十九

4 240 两百四(十)　　5 99 九十九　　6 73 七十三

7 510 五百一(十)　　8 800 八百　　9 360 三百六(十)

20 Cloze test.

妈妈从超市回来了。她买了蔬菜和水[果]。她买了一个西[瓜]、两斤[香]蕉、五个橘[子][和]四个苹果。她还[买]了一个菜花儿、两个生[菜]、两斤土[豆]和三斤西[红]柿。她[没]有买黄瓜，因为黄瓜太贵了。她花了四十五[块]钱。她买了很[多]东[西]。

It is your turn!

Create a cloze test for your partner.

136

21 Match the two parts of a sentence.

c 1 妈妈的菜	a) 弹得特别好听。
b 2 王天一的油画儿	b) 画得特别好看。
a 3 美文的钢琴	c) 炒得不算好吃。
e 4 冬冬的水彩画儿	d) 拉得不太好听。
f 5 这家饭店的饭菜	e) 画得很好看。
d 6 姐姐的小提琴	f) 做得不太好吃。

It is your turn!

Make similar sentences as the above.

1. ______________________________

2. ______________________________

22 Essay writing.

« Sample essay:

我跟家人经常去饭店吃饭，差不多每两个星期去一次。我们常去一家北京饭店吃饭。他们的北京烤鸭做得特别好吃。我也非常爱吃他们做的拉面和水饺。我们每次吃饭大概花三百多块钱，不算太贵。

It is your turn!

Write about your favorite restaurant.
You should include:
- how often you go there
- what food you like
- what you normally eat at this restaurant
- how much you normally spend for one meal

提示：
老师可用图卡、词语卡片和挂图辅助教学。

Unit 4 Revision

1 Simple characters.

食 果 欠 石 虫 贝 刀 叉 尸 户 革 丁

2 Vegetables and fruits.

1. 蔬菜：黄瓜 菜花儿 土豆 生菜 西红柿
2. 水果：苹果 香蕉 橘子 西瓜 梨

3 Food and drinks.

1. 中餐：粥 面条 炒面 包子 米饭 炒菜
2. 快餐：汉堡包 比萨饼 热狗
3. 饮料：可乐 汽水
4. 早餐(饭) 午餐(饭) 晚餐(饭) 西餐 饭店

4 Pronoun.

这些

5 Verbs.

喝 吃(饭) 买 卖 用 花 算

6 Chinese currency.

人民币：元/块 角/毛 分

7 Conjunctions.

1. 还是 or 你喜欢吃苹果还是梨？
2. 或者 either...or... 我早餐吃粥或者面条。
3. 可是 but 我想和朋友打网球，可是还要做作业。

8 Adjectives and adverbs.

好吃 贵 全 一共 特别 大概 一般 非常

9 Measure words.

次 斤 种

10 Others.

等等

11 Grammar points.

1. 应该 should 我们应该每天吃蔬菜和水果。
2. 会 be likely to 王先生下个星期会去北京。
3. 得 is placed after a verb to form a complement.
   妈妈的菜做得很好吃。
4. 可以 can; may 我可以用人民币吗?

12 Time words.

in the past	昨天	去年	上个月	上个星期
present	今天	今年	这个月	这个星期
in the future	明天	明年	下个月	下个星期

13 Sentence structures.

past experience	他学过法语。
action in process	他正在看电视呢。
action completed	他上个星期日去日本了。
action going to take place	他们明天会去饭店吃饭。

14 Questions and answers.

1. 你喜欢吃什么蔬菜? 我喜欢吃黄瓜和西红柿。
2. 你喜欢吃什么水果? 苹果、香蕉和梨。
3. 你每天都吃水果吗? 我每天都吃两三种水果。
4. 你喜欢吃中餐还是西餐? 喜欢吃西餐。
5. 你经常吃快餐吗? 每星期吃一次。
6. 你喜欢喝什么饮料? 我最喜欢喝可乐。
7. 你和家人常去饭店吃饭吗? 差不多每星期一次。
8. 你们上个周末去吃了吗? 去了。
9. 你们下个周末会去吗? 我不知道,应该去吧。
10. 去饭店吃饭贵吗? 还好,不算太贵。
11. 这些橘子怎么卖? 十块钱四个。
12. 香蕉多少钱一斤? 一块五一斤。

Unit 4 Test

1 Match the picture with the Chinese.

1… d

2… h

3… b

4… c

5… a

6… g

7… f

8… e

9… i

Answers

a) 土豆
b) 黄瓜
c) 香蕉
d) 梨
e) 南瓜
f) 菜花儿
g) 苹果
h) 西瓜
i) 西红柿

2 Match the picture with the Chinese.

1… d

2… a

3… e

4… b

5… f

6… g

7… j

8… c

9… i

10… h

Answers

a) 包子
b) 粥
c) 汽水
d) 可乐
e) 米饭
f) 面条
g) 炒菜
h) 炒面
i) 比萨饼
j) 汉堡包

3 Write the radical and its meaning.

1. 应 广 shelter
2. 香 禾 seedling
3. 快 忄 feeling
4. 饮 饣 food
5. 料 米 rice
6. 贵 贝 shell

140

4 Find the simple character and write its pinyin and meaning.

1. 裹 果 guǒ fruit　2. 叨 刀 dāo knife　3. 杈 叉 chā fork

4. 护 户 hù household　5. 钉 丁 dīng man　6. 吹 欠 qiàn owe

5 Complete the sentences.

a) 你们每次去饭店吃饭　d) 这家饭店的饭菜
b) 我不爱吃蔬菜　e) 买炒面或者炒饭吃
c) 会去北京饭店吃饭　f) 可以用人民币

1. 我不爱吃蔬菜，可是我妈妈说我应该每天吃。
2. 这家饭店的饭菜做得特别好吃。
3. 你们每次去饭店吃饭大概要花多少钱？
4. 我们下个周末会去北京饭店吃饭。
5. 我每天中午在学校买炒面或者炒饭吃。

6 Make sentences.

1. 或者：炒面或者炒饭，我都喜欢吃。
2. 还是：你想喝可乐还是汽水？
3. 一共：一个西瓜、四个苹果，一共多少钱？
4. 大概：一包土豆大概八块钱。
5. 非常：爸爸、妈妈非常喜欢吃中餐。

提示：
答案仅供参考。

7 Translation.

1. 医生说我应该少喝汽水。

The doctor says that I should drink less soft drinks.

2. Mom said that I should eat more vegetables and fruit.

妈妈说我应该多吃蔬菜和水果。

3. 明年我们家会买一台大一点儿的电视。

Next year our family will buy a bigger TV set.

4. Is Mr. Wang coming today?

王先生今天会来吗?

5. He plays the piano beautifully.

他钢琴弹得很好听。

6. 我去过英国三四次。

I have been to England for three or four times.

7. I have been to China twice or three times.

我去过中国两三次。

8 Answer the questions.

提示:
让学生根据自己的情况回答。

1. 在这里，买东西可以用人民币吗?
2. 你上个周末看电影了吗?
3. 你下个周末会去上海吗?
4. 你们家常常去饭店吃饭吗?
5. 你去过中国吗? 去过几次?
6. 你喜欢吃什么蔬菜?
7. 你喜欢吃什么水果?

9 Write correct sentences.

1. 我们今天吃中餐晚饭。我们今天晚饭吃中餐。
2. 下个周末我去看过电影。下个周末我会去看电影。
3. 我今天买菜花了三十钱。我今天买菜花了三十块。
4. 他上个星期六正在打网球了。他上个星期六去打网球了。

10 Reading comprehension.

小文：

你好！

我们家一般早上吃西餐，中午大家都不在家里吃，晚饭一般吃中餐。我妈妈每天买菜、做饭。她做的饭菜特别好吃。她做的炒面最好吃。我们家不常去饭店吃饭，因为太贵了。我们家有时候也会吃快餐，大概每两星期吃一次。

网友：小明

六月十日

« Answer the questions:

1. 小明早饭吃中餐还是西餐？

西餐。

2. 他们家谁做饭？

他妈妈。

3. 他喜欢吃他妈妈做的饭菜吗？

喜欢。

4. 他们家常去饭店吃饭吗？

不常去。

It is your turn!

Write a reply letter to 小文. You should include:

- the type of food you and your family usually eat
- who cooks in your home
- what your favourite food is
- whether your family often eat out or not
- whether you like to eat fast food or not

143

Unit 4: Listening Paper

4

1 Choose the correct pinyin.

1. a) shūcài b) sùcài
2. a) càihuār b) cáihuá
3. a) shēngcái b) shēngcài
4. a) mǐfěn b) mǐfàn
5. a) kuàicān b) kuài kàn
6. a) dàgǎi b) dàgài

2 Write the pinyin with correct tones.

1. ______________ 2. ______________ 3. ______________

4. ______________ 5. ______________ 6. ______________

3 Choose the right answers.

1. 妹妹喜欢吃______。
   a) 西瓜 b) 黄瓜 c) 生菜
2. 姐姐喜欢吃______。
   a) 梨 b) 橘子 c) 西瓜
3. 弟弟最爱吃______。
   a) 汉堡包 b) 比萨饼
   c) 热狗
4. 妈妈早饭不喜欢吃_____。
   a) 面包 b) 面条 c) 粥
5. 二十块钱可以买____个苹果。
   a) 六 b) 十 c) 八
6. 他们一家上个周末吃了____。
   a) 北京菜 b) 上海菜
   c) 广东菜

4 Choose the right answers.

1. 除了___，她还喜欢吃___。
   a) 菜花儿，黄瓜
   b) 生菜，西红柿
   c) 生菜，黄瓜
2. 她每天吃___。
   a) 两三种蔬菜 b) 三四种水果
   c) 两三种水果
3. 他___吃西餐。
   a) 常常 b) 不常 c) 每天
4. 他不常喝___。
   a) 可乐 b) 水 c) 汽水
5. 买两件衬衫___块钱。
   a) 一百八十 b) 一百九十
   c) 一百九十五
6. 他吃了___，喝了___。
   a) 粥，汽水
   b) 中餐，水
   c) 中餐，汽水

Unit 4: Speaking Paper

Answer the following questions.

1. 你喜欢吃蔬菜吗？喜欢吃什么蔬菜？
2. 你喜欢吃水果吗？喜欢吃什么水果？
3. 你昨天吃了什么蔬菜/水果？
4. 你喜欢吃中餐还是吃西餐？
5. 你喜欢吃快餐吗？吃哪种快餐？
6. 你喜欢喝什么饮料？
7. 你在家里经常吃中餐还是西餐？
8. 你早饭吃什么？喝什么？
9. 你午饭在哪儿吃？吃什么？喝什么？
10. 你昨天晚饭吃了什么？喝了什么？
11. 你跟家人常去饭店吃饭吗？去哪儿吃饭？
12. 你们上个周末去哪儿吃饭了？吃了什么？花了多少钱？
13. 你常去哪儿买衣服？那里的衣服贵不贵？

Unit 4: Reading Paper

1 Find the missing word in the box to form a phrase.

共	别	常	者	饭	以	吃	菜

1. 一 ______ 2. 特 ______ 3. 非 ______ 4. 可 ______

5. 或 ______ 6. 炒 ______ 7. 晚 ______ 8. 好 ______

2 Group the words under each category.

西瓜 可乐	黄瓜 包子	梨 汽水	面条 汉堡包	比萨饼 土豆
A：蔬菜	B：水果	C：中餐	D：快餐	E：饮料

3 Match the question with its answer.

______ 1 你喜欢吃什么蔬菜？　　a) 中餐。

______ 2 你喜欢吃什么水果？　　b) 菜花儿和西红柿。

______ 3 你喜欢吃中餐还是西餐？　　c) 不常去。

______ 4 你常常吃快餐吗？　　d) 会去看电影。

______ 5 你们家常去饭店吃饭吗？　　e) 苹果和香蕉。

______ 6 你下个周末会做什么？　　f) 每个星期吃两次。

4 Write down the meanings of the simple characters.

1. 食 ________ 2. 欠 ________ 3. 虫 ________ 4. 贝 ________

5. 尸 ________ 6. 革 ________ 7. 丁 ________ 8. 户 ________

5 Rearrange the words / phrases to form a sentence.

1. 都/我们/吃/每天/水果/应该/。→ ______________________

2. 这些/不/蔬菜/我/吃/喜欢/。→ ______________________

3. 想/中餐/你/西餐/还是/吃/?→ ______________________

4. 奶奶/粥/早饭/吃/一般/。→ ______________________

5. 去/上个周末/我们/吃饭/饭店/了/。→ ______________________

6. 一斤/这种/多少钱/橘子/? → ______________________

6 Match the two parts of a sentence.

____ 1 我们下午去打球	a) 三次。
____ 2 妈妈的菜	b) 会去北京。
____ 3 我去过中国	c) 做得很好吃。
____ 4 爸爸下个星期	d) 多吃蔬菜和水果。
____ 5 你每个月	e) 还是看电影?
____ 6 妈妈说我应该	f) 花多少钱买书?

7 Reading comprehension.

我叫田雷，是英国人，但是在香港长大，所以我又喜欢吃西餐，又喜欢吃中餐。

我早饭一般吃面包，喝牛奶。午饭我在学校吃。我有时候吃米饭、炒菜；有时候吃炒面；有时候还吃汉堡包或者比萨饼。晚饭我经常吃西餐，有时候也吃中餐。我最喜欢喝可乐。

我们家妈妈做晚饭。她做的炒饭最好吃。我们一家人常常去饭店吃饭。我们都非常喜欢吃广东菜，所以常去一家广东饭店吃饭。我们差不多每个周末都去。饭店的饭菜做得特别好吃。我每次都吃得很多。

Answer the following questions.

1. 田雷是哪国人？
2. 他在哪儿长大？
3. 他早饭吃什么？喝什么？
4. 他午饭在哪儿吃？
5. 他午饭吃什么？（列出两样）
6. 他晚饭经常吃中餐还是西餐？
7. 他喜欢喝什么饮料？
8. 他们家谁做饭？
9. 他和家人常去哪个饭店吃饭？
10. 饭店的菜做得怎么样？

Unit 4: Writing Paper

1 Translation.

1. 我们家晚饭常吃中餐。 ____________________

2. 爷爷早饭吃粥或者面条。 ____________________

3. 香蕉怎么卖？ ____________________

4. I often eat fast food in school. ____________________

5. Do you like drinking Coke or soda water? ____________________

6. We should eat vegetables every day. ____________________

2 Choose one of the following written tasks.

1. Write a letter to your penpal telling him/her about your diet. You should include:
   - your nationality, where you grow up
   - when and what you eat/drink for breakfast, lunch and supper
   - whether you like eating Chinese or Western food
   - your favourite food and drinks
   - whether your family often eats out or not
2. Write a diary about your experience of eating out last weekend. You should include:
   - which restaurant your family went to (whether it was Beijing, Shanghai or Cantonese style, etc)
   - whether there were a lot of people at the restaurant
   - what you ate and drank
   - how much you spent altogether
   - whether you liked the food

Words for Reference

经常	快餐	学校	还是	可乐	汽水
每天	蔬菜	水果	西餐	饭店	好吃
炒菜	包子	热狗	汉堡包	比萨饼	特别
非常	应该	或者	得	最	

Unit 4: Listening Scripts

1 Choose the correct pinyin.

1. shūcài
2. càihuār
3. shēngcài
4. mǐfàn
5. kuàicān
6. dàgài

2 Write the pinyin with correct tones.

1. qìshuǐ
2. xīhóngshì
3. bāozi
4. huòzhě
5. yīnggāi
6. miàntiáo

3 Choose the right answers.

1. 妹妹喜欢吃黄瓜、菜花儿和西红柿。
2. 苹果、橘子和香蕉，姐姐都喜欢吃。
3. 弟弟爱吃快餐，最喜欢吃汉堡包。
4. 妈妈早饭喜欢吃粥或面条。
5. 西瓜两块五一斤，苹果十块钱四个。
6. 我们一家上个周末去北京饭店吃饭了。

4 Choose the right answers.

1. A: 你喜欢吃什么蔬菜？
   B: 菜花儿、生菜、西红柿，我都喜欢吃。
2. A: 你每天吃水果吗？
   B: 我每天吃。我每天吃两三种水果。
3. A: 你在家常吃中餐还是西餐？
   B: 我们差不多每天都吃中餐。
4. A: 你常喝什么饮料？
   B: 我常喝可乐和汽水。我不爱喝水。
5. A: 这种衬衫怎么卖？
   B: 95块钱一件，180块两件。
6. A: 你昨天晚饭吃了什么？喝了什么？
   B: 我吃了米饭、炒菜，喝了汽水。

Unit 4: Answers

Listening Paper

1 1. a 2. a 3. b 4. b
5. a 6. b

2 1. qìshuǐ 2. xīhóngshì
3. bāozi 4. huòzhě
5. yīnggāi 6. miàntiáo

3 1. b 2. b 3. a 4. a
5. c 6. a

4 1. b 2. c 3. b 4. b
5. a 6. c

Reading Paper

1 1. 共 2. 别 3. 常 4. 以
5. 者 6. 菜 7. 饭 8. 吃

2 A 黄瓜 土豆
B 西瓜 梨
C 面条 包子
D 比萨饼 汉堡包
E 可乐 汽水

3 1. b 2. e 3. a 4. f
5. c 6. d

4 1. food 2. owe 3. insect
4. shell 5. corpse 6. leather
7. man 8. household

5 1. 我们每天都应该吃水果。
2. 我不喜欢吃这些蔬菜。
3. 你想吃中餐还是西餐?
4. 奶奶早饭一般吃粥。
5. 我们上个周末去饭店吃饭了。
6. 这种橘子一斤多少钱?

6 1. e 2. c 3. a 4. b
5. f 6. d

7 1. 英国人。
2. 在香港长大。
3. 吃面包,喝牛奶。
4. 在学校吃。
5. 米饭、炒菜,或者炒面,或者汉堡包,或者比萨饼。
6. 经常吃西餐。
7. 可乐。
8. 他妈妈做饭。
9. 广东饭店。
10. 做得特别好吃。

Writing Paper

1 1. We often eat Chinese food for supper at home.
2. My grandpa eats congee or noodles for breakfast.
3. How much are the bananas?
4. 在学校我经常吃快餐。
5. 你喜欢喝可乐还是汽水?
6. 我们应该每天吃蔬菜。

第五单元

教学目标

- 能描述家居，包括房间、家具、电器以及居住的环境
- 能描述社区环境，表达方位
- 能询问及表达怎样去某个地方
- 能通过偏旁部首查字典、词典
- 能通过输入汉语拼音打字
- 能写出偏旁部首及独体字
- 能用所给字组词，用所给词语造句
- 能看懂简单的句子及小短文
- 能翻译简单的句子
- 能写出家里的居住环境和社区环境
- 能用记叙的形式写作

教学重点

- 语法

  a) “有”和“在”都表示存在。

  例子：楼上有卧室和浴室。

  电脑在桌子上。

  b) “离”表示两个地点的距离。

  例子：我家 离 学校 不远。

  （我家：地点1；学校：地点2）

  c) 选择问句

  例子：你们家有没有车库？

  d) “就”表示前后两件事情紧接着发生。

  例子：从我家到超市，走路十分钟就到了。

- 用“多长时间”来询问时间

  本单元出现了短语“多长时间”。“多长时间”所询问的时间范围广，回答时可以是年、月、日，也可以是具体时间点。

- 量词

  名量词：间、辆、把、张

  例子：一把椅子

- 独体字

  本单元共介绍12个独体字，为以后学习合体字尤其是形声字打好基础。在教独体字的时候，老师应经常用词语卡片或其他方式帮助学生记住这些汉字。学生容易掌握独体字的意思，但是要说出、写出这些汉字却比较困难。

提示：

① 在教课文之前，老师可以先教第123页第2题，重点教生词“房子、层/楼、楼上、楼下、房间、书房、卧室、客厅”和“厨房”。老师应要求学生用刚学的生词来描述题中的图片。接下来，老师教句型：“她的卧室在楼上。”“楼下有厨房。”如果老师能找到一张房子的图片，可教词语“餐厅、洗澡间、洗手间”和“浴室”，并鼓励学生用新句型造句。（找不到的话可用第129页上的图）。

② 接下来，让学生听课文录音。最后可以问以下几个问题：他家的房子一共有几层？楼上有几间卧室？楼上有几个书房？客厅在哪儿？洗手间在几层？他的房间在楼上还是楼下？他喜欢他的房间吗？

③ 老师可用图卡和词语卡片辅助教学。

Unit 5

Lesson 13 House 房子

Text 1

61

wǒ jiā de fáng zi yǒu liǎng céng lóu shàng yǒu sān jiān wò shì yí ge
我家的房子有两层。楼上有三间卧室、一个

shū fáng hé yí ge yù shì xǐ zǎo jiān lóu xià yǒu
书房和一个浴室(洗澡间)，楼下有

kè tīng cān tīng chú fáng hé
客厅、餐厅、厨房和

xǐ shǒu jiān wǒ de fáng jiān
洗手间。我的房间

zài lóu shàng wǒ tè bié
在楼上。我特别

xǐ huan wǒ de fáng jiān
喜欢我的房间。

New Words

1. fáng 房 house
   fáng zi 房子 house
   shū fáng 书房 study room
2. céng 层(層) layer; storey
3. lóu 楼(樓) floor; multi-storied building
   lóu shàng 楼上 upstairs
   lóu xià 楼下 downstairs
4. jiān 间(間) between; room; measure word
   fáng jiān 房间 room
5. wò 卧 lie
6. shì 室 room
   wò shì 卧室 bedroom
7. yù 浴 have a bath
   yù shì 浴室 bathroom
8. xǐ 洗 wash; bathe
   xǐ shǒu jiān 洗手间 toilet
9. zǎo 澡 bath
   xǐ zǎo 洗澡 bathe
   xǐ zǎo jiān 洗澡间 bathroom
10. tīng 厅(廳) hall
    kè tīng 客厅 living room
    cān tīng 餐厅 dining room
11. chú 厨(廚) kitchen
    chú fáng 厨房 kitchen

1 Listen and write down the pinyin with tonal marks.

62

1 zuǐba　2 zhīdào　3 huòzhě

4 zìjǐ　5 zhōumò　6 zázhì

Practice Focus

z　zh

提示：
做完练习后，让学生把所有的音节都读一读。

2 Say one sentence about each person.

Example

他在房间里打电话。

123

提示：
① 老师先教NOTE里第一个句型。
a) 苹果在桌上。
b) 小提琴在椅子上。
c) 钟在书架上。
d) 篮球在地上。
e) 牙刷在杯子里。
f) 花瓶在冰箱上。
g) 手表在咖啡桌上。
② 然后再教NOTE里的第二个句型。
a) 书架上有书、相框、篮球等等。
b) 桌子上有苹果、香蕉、可乐、本子等。
c) 地上有眼镜、本子、凉鞋、篮球等。
d) 冰箱上有一个花瓶。

3 Describe the picture.

Extra Words

a) 沙发 (shāfā)
b) 椅子 (yǐzi)
c) 书架 (shūjià)
d) 杯子 (bēizi)
e) 牙刷 (yáshuā)
f) 相框 (xiàngkuàng)
g) 咖啡桌 (kāfēizhuō)

Example

电视机在地上。

NOTE

1) 在 indicates where a person or thing is, e.g. 我的卧室在楼上。
2) 有 means "there is / are", e.g. 楼上有三间卧室。

124

4 Listen and tick the right answers. 63

提示：做完练习后，可让学生看听力录音稿，以充分领会所听内容。

1

A	a) 两间卧室	b) ✓ 三间卧室，没有书房	c) 一间卧室
B	a) ✓ 两个浴室，一个洗手间	b) 一个浴室	c) 三个浴室
C	a) 客厅特别大	b) 餐厅很大	c) ✓ 客厅不大也不小

2

A	a) ✓ 四间卧室	b) 五间卧室	c) 三间卧室
B	a) 四个浴室	b) 三个浴室	c) ✓ 两个浴室，两个洗手间
C	a) 卧室不算大	b) ✓ 客厅特别大	c) 客厅不算小

5 Project.

INSTRUCTIONS

Design a multi-storied house for your "home" with the following rooms:

- 两间卧室
- 一个客房
- 一个浴室
- 一个洗手间
- 一个书房
- 一个客厅、一个餐厅
- 一个正门、一个后门

Report to the class:

这是我家的房子。我家的房子有两层。我家有一个正门和一个后门。楼上有……

6 Ask your classmates the following questions.

1. 你家的房子有几层？
2. 你家有几间卧室？
3. 客厅在几楼？
4. 厨房在楼上还是楼下？
5. 你家有书房吗？有几个？
6. 你的卧室在几楼？
7. 你爸爸、妈妈的卧室大还是你的卧室大？

……

7 Learn the simple characters.

guāng 光 light

jīn 金 gold

bǐ 匕 dagger

rù 入 enter

提示：
教这些独体字时，要帮助学生记住它们的读音。学生一般能记住汉字的意思和书写，但很难记住读音。老师可以用词语卡片经常复习这些独体字。

Text 2

64

nǐ jiā zhù shén me yàng de fáng zi
你家住什么样的房子？

wǒ jiā zhù yáng fáng
我家住洋房。

nǐ jiā yǒu huā yuán ma
你家有花园吗？

yǒu liǎng ge fáng qián yí ge
有两个，房前一个，
fáng hòu yí ge
房后一个。

nǐ jiā yǒu chē kù ma
你家有车库吗？

yǒu wǒ jiā de chē kù kě yǐ
有。我家的车库可以
tíng liǎng liàng chē
停两辆车。

NEW WORDS

1. yáng 洋 foreign	3. qián 前 front	6. tíng 停 stop; (of cars) be parked
yáng fáng 洋房 western-style house	4. hòu 后(後) back	7. liàng 辆(輛) measure word
2. yuán 园(園) garden	5. kù 库(庫) storage; warehouse	
huā yuán 花园 garden	chē kù 车库 garage	

127

提示：

① 老师在教课文之前，可以先教第129页第9题，重点教生词“洋房、花园、车库、辆、停、前、后”，同时复习前一课所学词语“卧室、浴室（洗澡间）、厨房、洗手间、楼上、楼下、客厅、餐厅”。老师应鼓励学生用他们学过的和刚学的生词来描述题中的图。

② 接下来，做第128页第8题，巩固用“在”和“有”表示存在的用法，也可以让有能力的学生多掌握Extra Words中的方位词。

③ 然后，老师让学生听课文录音。听完录音后，老师可以问以下问题：他家住什么样的房子？他家有几个花园？房前有花园吗？他家有车库吗？车库里可以停几辆车？

④ 老师可用图卡和词语卡片辅助教学。

提示：
老师让学生环视一下教室，要求每个人说一句话，比如：我的汉语课本在我的书包里。

8 Say one sentence about each picture.

1
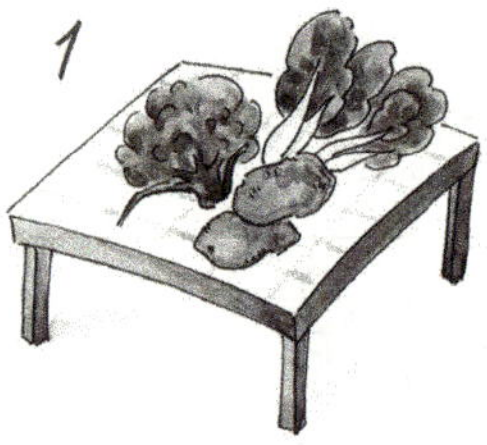
蔬菜在 餐桌上面 。

2

牛仔裤在 洗澡间里 。

3

汽车在 车库外面 。

4

厨房在 洗澡间左面 。

5
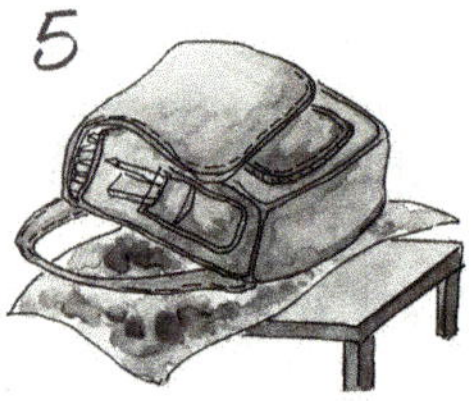
水彩画儿在 书包下面 。

6

书房在 客厅右面 。

7

校车在 公共汽车前面 。

8

杂志在 钢琴上面 。

9

花园在 房子的后面 。

Extra Words

a) shàng miàn 上面
b) xià miàn 下面
c) zuǒ miàn 左面
d) yòu miàn 右面
e) lǐ miàn 里面
f) wài miàn 外面
g) qián miàn 前面
h) hòu miàn 后面

9 Oral presentation.

Example

我家住洋房。我家的房子有两层。楼上有一间主人房，还有一个洗澡间。我的房间也在楼上。楼下有……我们家有一个前花园和一个车库。

……

Extra Words

a) 主人房 (zhǔ rén fáng)

b) 客房 (kè fáng)

c) 游泳池 (yóu yǒng chí)

It is your turn!

Draw a picture of your house and describe it.

10 Make a similar dialogue with your partner.

Example

A：我是黄东。我今晚可以去你家吗？

B：对不起，我今晚不在家。

A：我明天上午去，好吗？

B：不可以，我上午要去买东西。

A：下午可以吗？

B：不可以，我下午要去上钢琴课。

A：周末去，可以吗？

B：不可以，我们一家人去看电影。

A：下个周末，可以吗？

B：可以，你下个周末来吧，我在家等你。

11 Listen and tick the right boxes.

65

提示：
做完练习后，可让学生看听力录音稿，以充分领会所听的内容。

	卧室	浴室	洗手间	客厅	厨房	车库	大花园	小花园
楼上	√	√						
楼下	√	√	√	√	√			
房前								√
房后							√	

12 Activity.

Example

浴室	热狗	米饭	黄瓜	西红柿
土豆	香蕉	书房	炒菜	菜花儿
白粥	卧室	西瓜	游泳	弹钢琴
苹果	炒面	网球	橘子	汉堡包
跑步	厨房	唱歌	跳舞	比萨饼

INSTRUCTIONS

1 The class is divided into small groups.

2 Each group is asked to group the words according to categories.

3 The group, categorising more words correctly than any other group, wins the activity.

CATEGORIES:

- 房子：卧室、厨房……
- 蔬菜：

提示：
以下类别可供活动使用：
a) 快餐
b) 水果
c) 中餐
d) 爱好

13 Describe your daily routine.

Example

我每天早上六点半起床。我每天早上洗澡。

我每天早上七点一刻吃早饭。我八点……

14 Project.

INSTRUCTIONS

Design a house for a family of five at a holiday resort. Prepare a pamphlet to advertise it. The content of the pamphlet should include:

- the facilities in the house
- the price for one night
- the contact person, his telephone number and e-mail address
- the website of the house

131

Unit 5

Lesson 13 House 房子

1 Copy the new words of Text 1.

丶 ㇇ ㇇ 户 户 户 房 房								
房	fáng house	房	房	房				
㇕ ㇕ 尸 尸 层 层 层								
层	céng layer; storey	层	层	层				
一 十 木 木 术 术 术 柈 柈 楼 楼 楼 楼								
楼	lóu floor; multi-storied building	楼	楼	楼				
丶 丨 门 门 问 间 间								
间	jiān between; room; measure word	间	间	间				
一 丅 乛 五 五 臣 臣 卧								
卧	wò lie	卧	卧	卧				
丶 丶 宀 宀 宀 宀 宀 宀 室								
室	shì room	室	室	室				
丶 丶 氵 氵 氵 氵 浴 浴 浴 浴								
浴	yù have a bath	浴	浴	浴				

144

(stroke order) … 洗								
洗	xǐ wash; bathe	洗	洗	洗				
(stroke order) … 澡								
澡	zǎo bath	澡	澡	澡				
(stroke order) … 厅								
厅	tīng hall	厅	厅	厅				
(stroke order) … 厨								
厨	chú kitchen	厨	厨	厨				

2 Match the rooms with the Chinese.

Answers

a) 卧室 b) 书房 c) 浴室 d) 客厅 e) 厨房 f) 餐厅 g) 洗手间

145

提示：
答案仅供参考。

提示：
老师应鼓励学生多组一些词语。

3 Add more words to each category.

1. 苹果 香蕉 梨 西瓜
2. 客厅 卧室 浴室 洗澡间
3. 晴天 多云 阴天 下雨
4. 炒菜 炒面 热狗 米饭
5. 冰水 可乐 汽水 果汁
6. 黄瓜 土豆 生菜 菜花儿
7. 跑步 游泳 打网球 打篮球
8. 油画儿 水彩画儿 国画儿

4 Fill in missing words to complete each sentence.

1. 我家的房子有两层，我的房间 在楼上 。
2. 我们周末经常去 一家上海饭店 吃晚饭。
3. 每次吃饭我们大概 要花八百块钱 。
4. 我特别喜欢 妈妈做的饭菜 。
5. 爸爸一般六点下班，但是 他今天会很晚回家 。

5 Combine two words in the box to form a phrase.

客	餐	下	起	班
厨	厅	书	课	床
间	浴	卧	放	睡
楼	房	室	学	走
洗	上	手	觉	路

1. 客厅 2. 浴室 3. 放学
4. 起床 5. 卧室 6. 上课
7. 厨房 8. 睡觉 9. 下课
10. 楼上 11. 走路 12. 书房
13. 洗手间 14. 楼下 15. 餐厅

146

6 Look up the words in the dictionary and write down their meanings.

1. 火山 volcano
   山火 mountain fire
2. 法语 French
   语法 grammar
3. 楼上 upstairs
   上楼 go upstairs
4. 楼下 downstairs
   下楼 go downstairs
5. 友好 friendly
   好友 good friend
6. 喜欢 like
   欢喜 joyful; happy

7 Write the opposite words.

1. 大→小　2. 高→低　3. 黑→白　4. 短→长
5. 这→那　6. 热→冷　7. 买→卖　8. 对→错
9. 左→右　10. 东→西　11. 北→南　12. 多→少

8 Write a word starting with the last word of the previous one.

1. 客房→房子　2. 炒面→面包　3. 中餐→餐厅
4. 非常→常常　5. 香水→水果　6. 高楼→楼上
7. 蔬菜→菜花儿　8. 跳舞→舞蹈　9. 汉语→语言
10. 晴天→天气　11. 很多→多少　12. 秘书→书房
13. 放学→学校　14. 毛衣→衣服　15. 菜油→油画儿
16. 上网→网球　17. 山火→火车　18. 对不起→起床

提示：
答案仅供参考。

9 Reading comprehension.

天喜家住洋房。他家的房子很大，有两层，还有一个地下室。二楼有三间卧室：爸爸妈妈的卧室、姐姐的卧室和天喜的卧室。除了卧室，楼上还有两个浴室和爸爸的书房。一楼有一间客房、一个大厨房、一个大客厅和一个洗手间。地下室里有天喜小时候的玩具和他的自行车。

《 Answer the questions:

1. 天喜家有几间卧室？
   四间：三间卧室和一间客房。
2. 天喜的卧室在楼上还是在楼下？
   在楼上。
3. 他家有书房吗？在几楼？
   有。在二楼。
4. 厨房在几楼？
   在一楼。

10 Copy the simple characters.

丨 丨 丬 业 业 光								
光	guāng light	光	光	光				
丿 人 亼 今 全 全 余 金								
金	jīn gold	金	金	金				
丿 匕								
匕	bǐ dagger	匕	匕	匕				
丿 入								
入	rù enter	入	入	入				

11 Copy the new words of Text 2.

丶 丶 氵 氵 氵 氵 氵 洋 洋								
洋	yáng foreign	洋	洋	洋				
丨 冂 冂 冂 冂 园 园								
园	yuán garden	园	园	园				
丶 丷 丷 产 前 前 前 前 前								
前	qián front	前	前	前				
一 厂 户 后 后 后								
后	hòu back	后	后	后				
丶 亠 广 广 库 库 库								
库	kù storage; warehouse	库	库	库				
丿 亻 亻 亻 亻 亻 亻 亻 亻 亻 停								
停	tíng stop; (of cars) be parked	停	停	停				
一 七 车 车 车 车 车 车 辆 辆 辆								
辆	liàng measure word	辆	辆	辆				

12 Describe the picture.

1. 小明住在四楼。他正在看电视。大力也住在四楼。他正在看书。
2. 方方住在三楼。她正在弹钢琴。白雪也住在三楼。她正在打电话。
3. 毛毛住在二楼。他正在做饭。小光也住在二楼。他正在做作业。
4. 文琴住在一楼。她正在跳舞。小青也住在一楼。她正在吃饭。

13 Write one word for each radical.

提示：答案仅供参考。老师应鼓励学生多写一些汉字出来。

1. 广 床	2. 车 辆	3. ⺮ 算	4. 氵 洗
5. 米 粉	6. 厂 厨	7. 口 国	8. 亻 体
9. 刂 别	10. 人 全	11. 衤 裤	12. 钅 钱
13. 土 块	14. 弓 弹	15. 冫 次	16. 舟 般
17. 禾 秋	18. 艹 花	19. 讠 读	20. 火 炒

150

14 Complete the sentences.

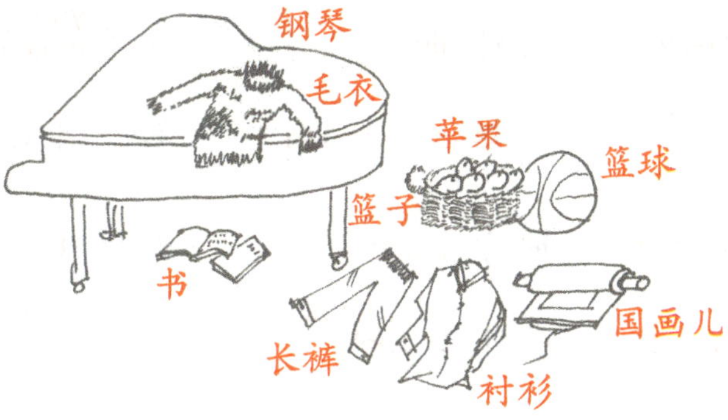

Words for Reference

a) 上面
b) 下面
c) 左面
d) 右面
e) 前面
f) 后面
g) 里面
h) 外面

1. 钢琴上面有 毛衣。
2. 钢琴的下面有 书。
3. 钢琴在 篮子的左面。
4. 篮子的右面有 一个篮球。
5. 衬衫的后面有 篮子。

15 Translate from English to Chinese.

1. There is a restaurant to the right of my house. 饭店在我家右边。/我家右边有一家饭店。	2. There is a garage on the left of my house. 车库在我家房子的左面。
3. There is a small garden in front of my house. 我家前面有一个小花园。	4. There are three bedrooms upstairs. 楼上有三间卧室。
5. There is a kitchen and a living room downstairs. 楼下有一个厨房和一个客厅。	6. There is a restaurant below the bookstore. 书店的楼下是一家饭店。

151

16 Look up the words in the dictionary and write down their meanings.

1. 一般 normally
   游船 pleasure boat
2. 面粉 flour
   方糖 sugar cube
3. 表弟 younger male cousin
   第一名 No.1
4. 饭馆 restaurant
   饮料 drink; beverage
5. 地方 place
   游泳池 swimming pool
6. 大厅 hall
   订桌子 book a table

17 Rearrange the words/phrases to form a sentence.

1. 住/我家/楼房/。→ 我家住楼房。
2. 三间/有/楼上/卧室/。→ 楼上有三间卧室。
3. 二楼/在/我的房间/。→ 我的房间在二楼。
4. 大花园/有/房后/一个/。→ 房后有一个大花园。
5. 上海饭店/楼下/有/他家/一家/。→ 他家楼下有一家上海饭店。
6. 的/车库/右边/我家房子/在/。→ 车库在我家房子的右边。

Type the above sentences on the computer.

18 Add more words to each category.

提示：
老师应鼓励学生多写一些词语出来。

1. 浴室 厨房 客厅 书房
2. 橘子 苹果 梨 西瓜
3. 跑步 游泳 打网球 打篮球
4. 西红柿 生菜 青菜 土豆
5. 冷开水 果汁 可乐 汽水
6. 油画儿 水彩画儿 国画儿

152

19 Essay writing.

« Sample essay:

天喜家房后有一个大花园，花园里有五颜六色的花。他妈妈非常喜欢种花。她每年春天都在花园里种很多花，有红色的、蓝色的，还有紫色的，非常好看。

花园的一角还有一个温室。在温室里，他妈妈种了西红柿、土豆和黄瓜。天气好的时候，我们在花园里晒太阳、烧烤。

It is your turn!

Design a garden and describe it.
You should include:

- where the garden is
- what is planted in the garden
- what you usually do in the garden

20 Describe the picture.

我家的房子有三层。房子的前面有一个花园，后面也有一个花园。车库在后花园。一楼有厨房、洗手间、餐厅和客厅。二楼有三间卧室和一个洗澡间。三楼有一个书房。

提示：
① 在教课文之前，老师可以先教第133页第1题。重点教生词“沙发、茶几、衣柜、空调/冷气机、洗衣机、冰箱、烤箱和电炉”。接下来，老师可以让学生学习量词与名词的搭配，比如：一张茶几、一个沙发、一台冰箱等。然后，老师可以问：你们家厨房里面有什么？客厅里有什么？你的房间里有什么？
② 最后，老师让学生听课文录音。听完录音后，可以问学生以下问题：他们家的客厅大还是小？客厅里有什么？他们家的厨房大吗？厨房里有什么？
③ 老师可用图卡和词语卡片辅助教学。

Unit 5

Lesson 14 Furniture 家具

Text 1

66

wǒ men jiā de kè tīng bú suàn dà. kè tīng li yǒu yì zhāng sān rén shā fā、yí ge chá jī、yí ge diàn shì guì hé yí ge kōng tiáo (lěng qì jī). wǒ men jiā de chú fáng bú dà yě bù xiǎo, lǐ miàn yǒu bīng xiāng、xǐ yī jī、kǎo xiāng hé diàn lú.

我们家的客厅不算大。客厅里有一张三人沙发、一个茶几、一个电视柜和一个空调(冷气机)。我们家的厨房不大也不小，里面有冰箱、洗衣机、烤箱和电炉。

New Words

1. 张(張) zhāng surname; measure word
2. 沙发 shā fā sofa
3. 茶 chá tea
   茶几 chá jī tea table
4. 柜(櫃) guì cupboard
5. 空 kōng empty; air
6. 调(調) tiáo adjust
   空调 kōng tiáo air-conditioner
7. 机(機) jī machine; engine
   冷气机 lěng qì jī air-conditioner
   洗衣机 xǐ yī jī washing machine
8. 里面 lǐ miàn inside
9. 冰 bīng ice
10. 箱 xiāng box
    冰箱 bīng xiāng refrigerator
11. 烤 kǎo bake; roast
    烤箱 kǎo xiāng oven
12. 炉(爐) lú stove; furnace
    电炉 diàn lú electric stove

1 Match the picture with the answer.

Example

电话

1 洗衣机

2 电脑

3 电视机

4 衣柜

5 电炉

6 茶几

7 冰箱

8 沙发

9 空调/冷气机

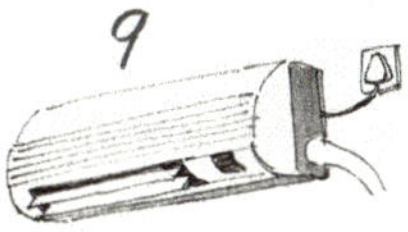

10 烤箱

Answers

a) diàn huà 电话
b) diàn nǎo 电脑
c) yī guì 衣柜
d) shā fā 沙发
e) xǐ yī jī 洗衣机
f) kǎo xiāng 烤箱
g) bīng xiāng 冰箱
h) chá jī 茶几
i) diàn lú 电炉
j) diàn shì 电视
k) kōng tiáo 空调/ lěng qì jī 冷气机

2 Listen and write down the pinyin with tonal marks. 67

1 cǎisè
2 cāntīng
3 chànggē
4 chǎomiàn
5 chīfàn
6 chūntiān

Practice Focus

c ch

提示：
做完练习后，让学生把所有的音节都读一读。

提示：
老师还可让学生为以下名词配量词：
a) 医生（个）
b) 饭店（家）
c) 客房（间）
d) 语言（种）
e) 篮球（个）
f) 花园（个）
g) 苹果（个）
h) 西瓜（个）
i) 公共汽车（辆）
j) 裙子（条）
k) 比萨饼（个）
l) 杂志（本）
m) 冰箱（台）
n) 洗衣机（台）

3 Fill in the blanks with the measure words.

gè	kǒu	tóu	duǒ	wèi	tái	tiáo	jiā	jiān	liàng	zhāng	mén
个	口	头	朵	位	台	条	家	间	辆	张	门

1. 一 个 学生　2. 五 口 人　3. 三 朵 花　4. 一 台 电脑

5. 六 个 苹果　6. 一 家 书店　7. 一 辆 汽车　8. 一 张 沙发

9. 一 间 卧室　10. 一 头 牛　11. 一 位 老师　12. 一 条 裙子

13. 十 门 课　14. 一 个 热狗　15. 一 个 空调　16. 一 朵 云

4 Translate from English to Chinese.

1 There is a three-seater sofa in the living room.
客厅里有一张三人沙发。

2 There are two cars in the garage.
车库里有两辆车。

3 There is an oven in the kitchen.
厨房里有烤箱。

4 There is a bed in my bedroom.
我的卧室里有一张床。

5 There is a study room upstairs.
楼上有一间书房。

6 There are many flowers in the garden.
花园里有很多花。

7 There are some vegetables in the basket.
篮子里有一些蔬菜。

8 There is a washing machine in the bathroom.
洗衣机在洗澡间里。

9 There is a sofa, a tea table and a TV cupboard in the living room.
客厅里有一张沙发、一个茶几和一个电视柜。

Practice Focus
有　在

5 Say the following in Chinese.

Extra Words

a) chuáng tóu guì 床头柜
b) dān rén chuáng 单人床
c) shuāng rén chuáng 双人床
d) cān zhuō 餐桌
e) cān yǐ 餐椅
f) xié jià 鞋架
g) shū jià 书架
h) shū guì 书柜
i) sān rén shā fā 三人沙发
j) diàn nǎo zhuō 电脑桌

提示：
老师可以鼓励学生多学几个量词及在Extra Words里的生词，并让学生试着在每件家具前加上量词，如：
1. 一张茶几
2. 一把餐椅
3. 一张餐桌
4. 一个书架
5. 一张双人床
6. 一个床头柜
7. 一张电脑桌
8. 一个鞋架
9. 一个书柜
10. 一张单人床

6 Activity.

Example

客厅	茶几	空调	冰箱
烤箱	电炉	洋房	花园
车库	卧室	浴室	餐厅
早饭	包子	洗衣机	

INSTRUCTIONS

1 The whole class may join the activity.
2 The teacher says a phrase in English, and the students are expected to say it in Chinese.
3 Those students, who cannot say the phrases in Chinese or say the wrong ones, are out of the activity.

提示：
以下词语可供活动使用：
a) 沙发 b) 楼上
c) 特别 d) 非常
e) 大概 f) 饭店
g) 一般 h) 人民币
i) 经常 j) 饮料
k) 中餐 l) 蔬菜
m) 水果 n) 舞蹈
o) 做作业
p) 玩儿电脑游戏

提示：
以下问题可供练习使用：
a) 你家的花园里有什么？
b) 你的房间里有什么？
c) 你家有书房吗？书房里有什么？

7 Make a dialogue with your partner.

《 Sample questions:

1. 你家住什么样的房子？你家有花园吗？有几个？
2. 你家有车吗？你家有车库吗？车库里可以停几辆车？
3. 你们家有几间卧室？哪一间卧室最大？
4. 你有自己的房间吗？你的房间大吗？
5. 你们家的客厅大吗？客厅里有什么？
6. 你们家的厨房大吗？厨房里有什么？

……

8 Speaking practice.

Example

A：请问，我要买衣柜，应该上几楼？

B：请上三楼。

……

It is your turn!

Design a department store and make similar dialogues with your partner.

9 Listen and tick the right boxes.

68

① 客厅里有……	
A 沙发	√
B 电视	√
C 电视柜	√
D 茶几	√
E 空调	√

② 厨房里有……	
F 冰箱	√
G 电话	
H 电炉	√
I 烤箱	
J 洗衣机	√

提示：
做完练习后，可让学生看听力录音稿，以充分领会所听内容。

10 Activity.

Example

电话	手机	洗澡	走路
吃饭	客人	菜花	书店
西餐	白云	口语	校服

INSTRUCTIONS

1 The class is divided into small groups.

2 The teacher prepares a sheet with only characters on it. Each group is asked to write pinyin with correct tonal marks for each character.

3 The group writing more pinyin with correct tonal marks than any other group is the winner.

提示：
以下词语可供活动使用：
空调 电炉 烤箱
茶几 车库 洋房
卧室 橘子 香蕉
应该 球场 开始

11 Learn the simple characters.

jǐng 井 well

wáng 亡 die

wū 乌 black; dark

sháo 勺 spoon

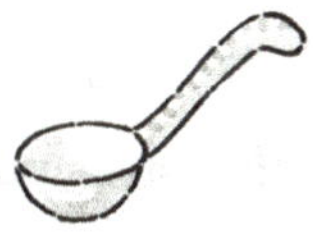

137

提示：
教这些独体字时，要帮助学生记住它们的读音。学生一般能记住汉字的意思和书写，但很难记住读音。老师可以用词语卡片经常复习这些独体字。

提示：

① 在教课文之前，老师可以先教第139页第13题。重点教生词“书桌、把、椅子、衣柜、书架”，同时还可以问学生以下问题：你的房间里有什么？你们家的客厅里有什么？厨房里有什么？

② 听课文之前，可再复习“有”和“在”的用法。老师可让学生做第139页第12题。

③ 最后，老师让学生听课文录音。听完录音后，老师可以问学生以下问题：他有自己的房间吗？他的房间里有几张书桌？他的房间里有衣柜吗？他的房间里有几个书架？他的房间里有书柜吗？他的房间里有电视机吗？他的房间里有电脑吗？他的书桌上有什么？

④ 老师可用图卡和词语卡片辅助教学。

Text 2

69

nǐ yǒu méi yǒu zì jǐ de fáng jiān
你有没有自己的房间？

yǒu
有。

nǐ de fáng jiān li yǒu shén me
你的房间里有什么？

yǒu yì zhāng chuáng、yì zhāng shū zhuō、yì bǎ yǐ zi、yí ge yī guì hé yí ge shū jià
有一张床、一张书桌、一把椅子、一个衣柜和一个书架。

nǐ de fáng jiān li yǒu diàn nǎo ma
你的房间里有电脑吗？

yǒu zài wǒ de shū zhuō shang
有，在我的书桌上。

NEW WORDS

1. 桌 (zhuō) table
   书桌 (shū zhuō) desk
2. 把 (bǎ) measure word
3. 椅 (yǐ) chair
   椅子 (yǐ zi) chair
4. 衣柜 (yī guì) wardrobe
5. 架 (jià) shelf; measure word
   书架 (shū jià) bookshelf

138

12 Make six sentences as the examples show.

Example

1. 沙发在茶几右边。
2. 书架上有很多书。

Practice Focus
在　有

13 Say the following in Chinese.

Example 一把椅子

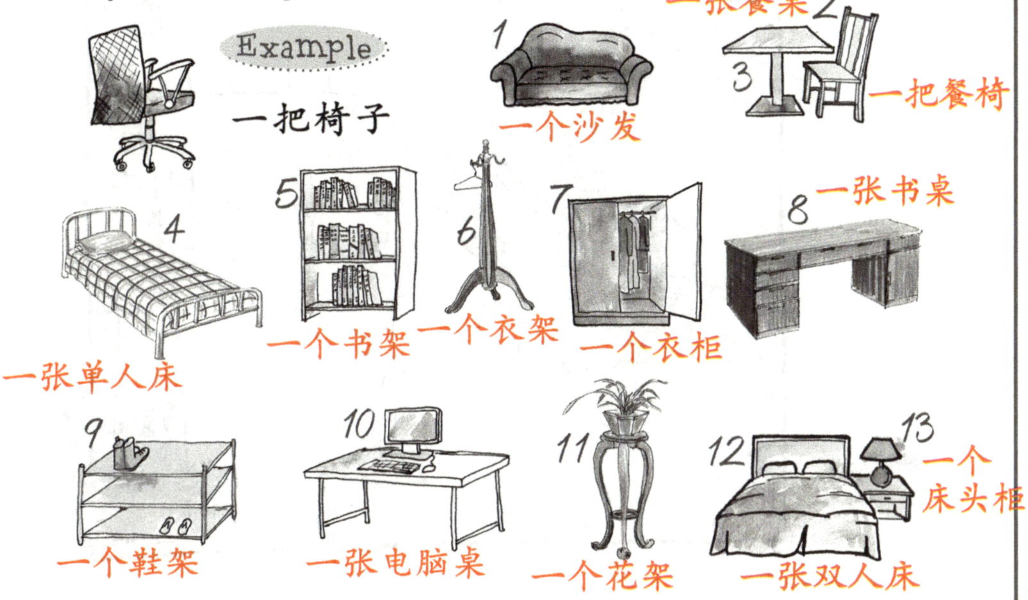

提示：如有可能，老师可让学生把词语扩展成句子，如：书架上有很多书。

14 Make five questions with each of the words in the box.

Example 你有没有自己的房间？

有没有	要不要
是不是	想不想
买不买	喜不喜欢

NOTE

There are two different ways to ask a question, e.g.

你有弟弟吗？

= 你有没有弟弟？

提示：

以下句子仅供参考：

a) 他是不是我们的汉语老师？
b) 我们买不买水果？
c) 你们吃不吃中餐？
d) 你今年想不想去北京玩儿？
e) 你喜不喜欢上海？

提示：
老师可利用这个练习，让学生多多练习量词的使用。

15 Oral presentation.

Example

我家的客厅不算大。客厅里有一张三人沙发、一个电视柜、一个茶几和一个空调。餐厅里有一张餐桌和六把餐椅。我家的厨房很大，厨房里有冰箱、电炉、烤箱和洗衣机。我的房间里有床、书桌、衣柜、书架、椅子……

It is your turn!

Draw your house and the things in it. Describe it to the class.

140

16 Listen and tick the right answers.

70

1 他和弟弟 ___b___。

ⓐ 都有自己的房间

ⓑ 住一个房间

2 他们的房间里有 ___b___。

ⓐ 两张单人床

ⓑ 一张上下床

3 他跟弟弟 ___a___。

ⓐ 都有自己的桌、椅

ⓑ 两个人用一张桌子

4 他跟弟弟 ___a___。

ⓐ 都有自己的衣柜

ⓑ 每个人有两个大衣柜

5 他们有 ___a___。

ⓐ 一个大书架

ⓑ 两个小书架

6 ___b___ 电脑。

ⓐ 他们每个人都有

ⓑ 弟弟没有

17 Make a dialogue with your partner.

《 Sample questions:

1. 你家住什么样的房子？你家有花园吗？花园大吗？
2. 你家的房子有几层？你的房间在楼上还是楼下？
3. 你家一共有几间卧室？有几个浴室(洗澡间）？
4. 你家的客厅大吗？客厅里有什么？
5. 你家的厨房大吗？厨房里有什么？
6. 你家有车吗？你家的车停在哪儿？
7. 你的房间大吗？你的房间里有什么？

……

Lesson 14 Furniture 家具

1 Copy the new words of Text 1.

㇆ ㇆ 弓 弓' 弘 张 张				
张	zhāng surname; measure word	张	张	张
一 十 艹 艹 艾 茶 茶 茶 茶				
茶	chá tea	茶	茶	茶
一 十 木 木 朩 杠 柜 柜				
柜	guì cupboard	柜	柜	柜
丶 丷 宀 宀 宂 空 空 空				
空	kōng empty; air	空	空	空
丶 讠 讠 讥 讥 调 调 调 调 调				
调	tiáo adjust	调	调	调
一 十 木 木 机 机				
机	jī machine; engine	机	机	机
丶 冫 冫 冫 冰 冰				
冰	bīng ice	冰	冰	冰

箱	xiāng box	箱	箱	箱			
烤	kǎo bake; roast	烤	烤	烤			
炉	lú stove; furnace	炉	炉	炉			

2 Write the following in Chinese.

沙发

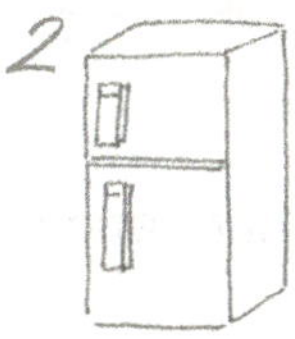
冰箱

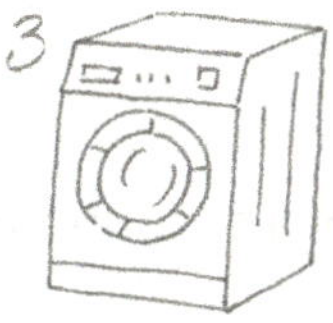
洗衣机

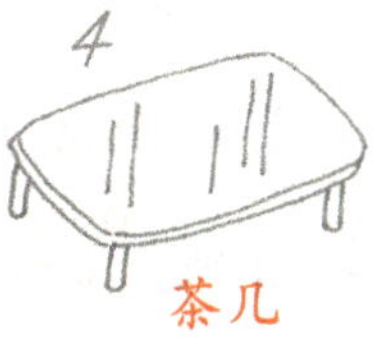
茶几

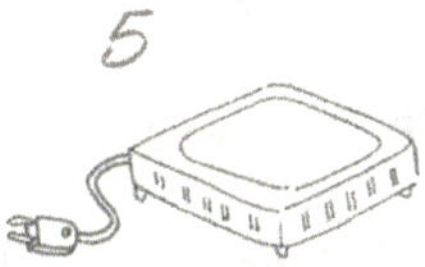
电炉

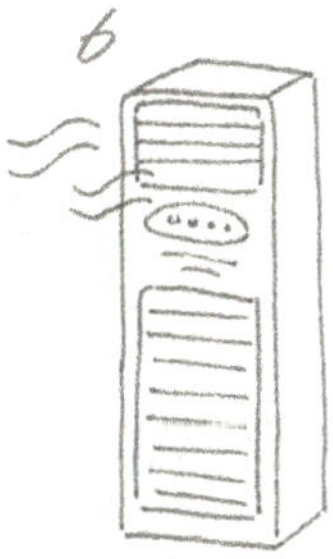
空调

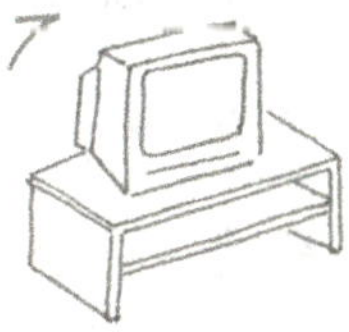
电视柜

烤箱

Answers

a) 沙发
b) 茶几
c) 电视柜
d) 空调
e) 冰箱
f) 洗衣机
g) 电炉
h) 烤箱

3 Fill in the blanks with the measure words in the box.

个	口	朵	头	家	块	位
台	条	包	斤	辆	张	门

1. 一 位 校长	2. 一 头 牛	3. 五 口 人
4. 一 个 茶几	5. 一 门 课	6. 一 朵 花
7. 一 张 沙发	8. 一 斤 橘子	9. 一 台 冰箱
10. 一 包 土豆	11. 一 个 学校	12. 两 辆 出租车
13. 一 台 电脑	14. 十 家 饭店	15. 一 个 电视柜
16. 一 条 长裤	17. 一 块 手表	18. 一 台 洗衣机

4 Look up the words in the dictionary and write down their meanings.

1. 烧烤 barbecue	2. 空气 air	3. 绿茶 green tea
4. 点心 refreshment	5. 公园 park	6. 中间 middle
7. 民间 folk	8. 特快 express	9. 手提箱 suitcase
10. 厨师 chef	11. 时间 time	12. 零用钱 pocket money

5 Write a word starting with the last word of the previous one.

1. 冰水 → 水果	2. 中餐 → 餐厅	3. 书房 → 房间
4. 晚饭 → 饭店	5. 晴天 → 天气	6. 医生 → 生病
7. 读书 → 书房	8. 大米 → 米饭	9. 差不多 → 多云

156

6 Write one sentence about each picture.

有 There is/are…

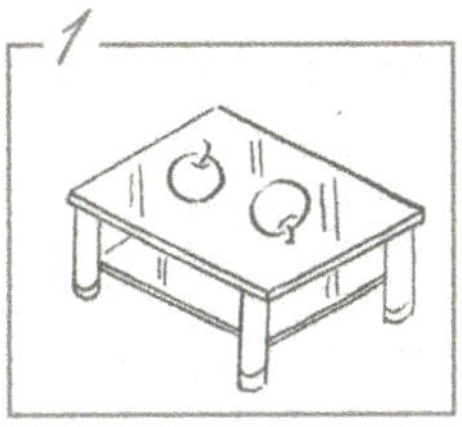

茶几上有两个苹果。

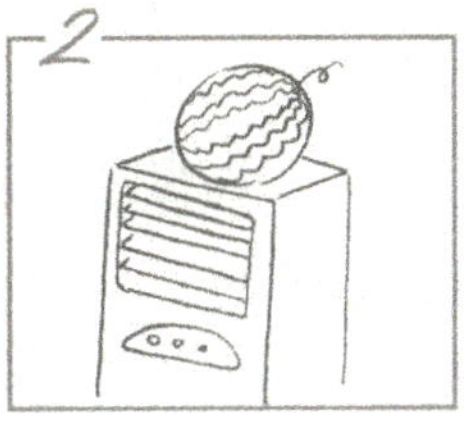

空调上有一个西瓜。

冰箱里有几个西红柿。

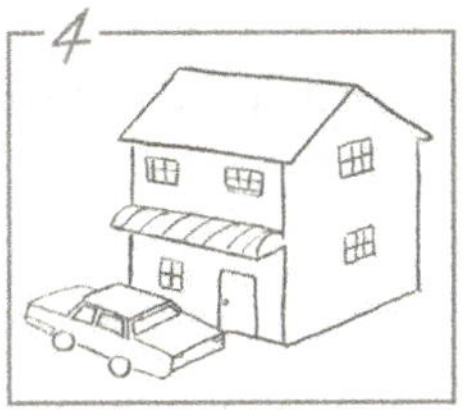

房子前面有一辆车。

房子后面有一个花园。

烤箱里有一块比萨饼。

电视柜上有两本书。

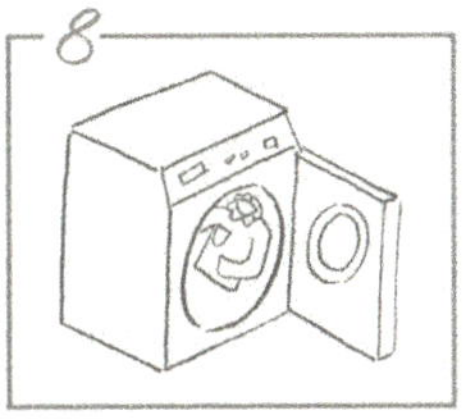

洗衣机里有衣服。

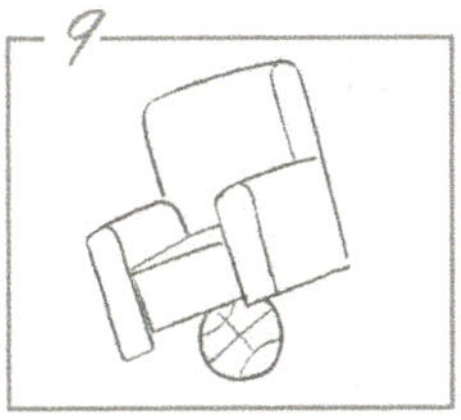

沙发下面有一个篮球。

7 Add more words to the same category.

1. 电视机 烤箱 电炉
2. 卧室 厨房 客厅 卧室
3. 米饭 面条 炒菜 包子
4. 比萨饼 热狗 汉堡包

提示：老师应鼓励学生多写一些词语出来。

8 Reading comprehension.

我们家买了新房子。房子有两层。楼下有客厅、厨房和餐厅。客厅非常大，里面有沙发、电视机、电视柜、书架，还有我的钢琴。客厅的墙上还挂了几幅油画。厨房在客厅和餐厅的中间，挺大的。我妈妈喜欢这个厨房，因为她喜欢做饭。

True or false:

T 1 他们家的房子有两层。

T 2 客厅在楼下。

F 3 客厅里没有书架。

T 4 钢琴在客厅里。

T 5 妈妈喜欢新厨房。

9 Copy the simple characters.

一 二 井 井									
井	jǐng well	井	井	井					
丶 亠 亡									
亡	wáng die	亡	亡	亡					
ノ ㇆ 乌 乌									
乌	wū black; dark	乌	乌	乌					
ノ 勹 勺									
勺	sháo spoon	勺	勺	勺					

10 Copy the new words of Text 2.

丨 ⺊ ⺊ 占 占 占 卓 卓 桌 桌								
桌	zhuō table	桌	桌	桌				
一 扌 扌 扌 扌 扣 把								
把	bǎ particle; measure word	把	把	把				
一 十 才 木 木 杧 杧 栏 栏 椅 椅 椅								
椅	yǐ chair	椅	椅	椅				
㇆ 力 加 加 加 加 架 架 架								
架	jià shelf; measure word	架	架	架				

11 Translate from English to Chinese.

1. tea table 茶几
2. air-conditioner 空调/冷气机
3. washing machine 洗衣机
4. electrical stove 电炉
5. T.V. cupboard 电视柜
6. sofa 沙发
7. refrigerator 冰箱
8. oven 烤箱
9. wardrobe 衣柜

12 Write the following in Chinese.

1
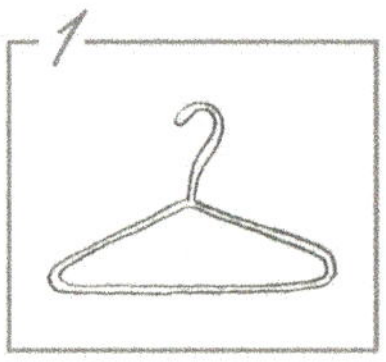
一个衣架

2

一个书架

3

一张餐桌

4

一把餐椅

5
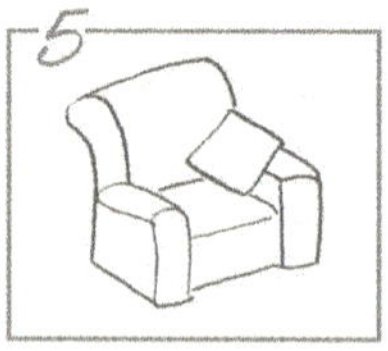
一个沙发

6

一张书桌

7
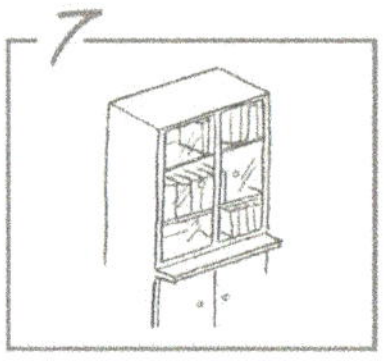
一个书柜

8
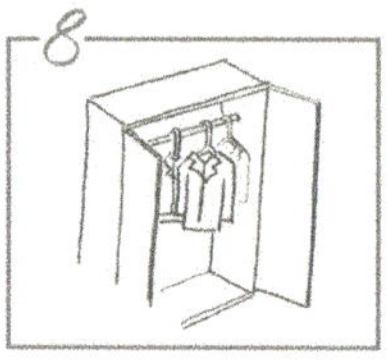
一个衣柜

9
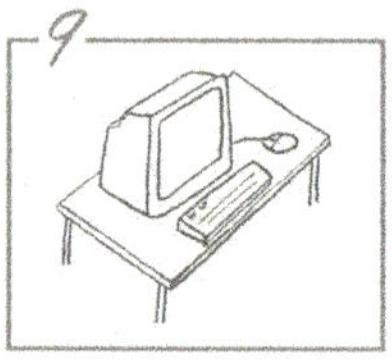
一张电脑桌

Answers

a) 书柜
b) 餐桌
c) 餐椅
d) 沙发
e) 书桌
f) 书架
g) 衣柜
h) 衣架
i) 电脑桌

提示：
答案仅供参考。

13 Write a few items for each measure word.

1. 个 苹果 梨 书包 朋友 洗澡间 学校
2. 条 裤子 裙子 短裤
3. 辆 汽车 出租车 公共汽车
4. 斤 香蕉 土豆 西瓜
5. 台 电视机 电脑
6. 张 床 书桌
7. 把 椅子
8. 架 飞机

160

14 Write the pinyin and simple characters.

1. chóng 虫 insect
2. shí 食 food
3. gé 革 leather
4. dīng 丁 man
5. rù 入 enter
6. bǐ 匕 dagger
7. jīn 金 gold
8. guāng 光 light
9. mǎ 马 horse
10. jǐng 井 well
11. wáng 亡 die
12. wū 乌 black; dark

15 Write one sentence about each picture.

在 indicates existence.

1
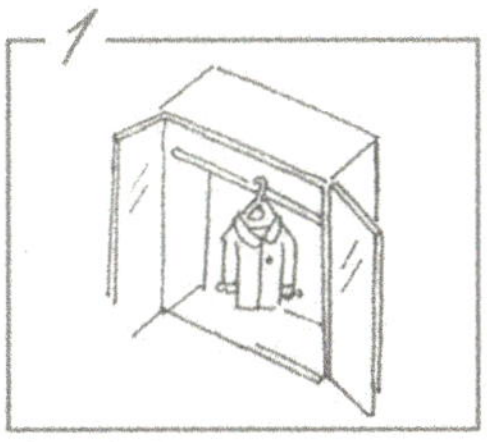
衣服在衣柜里。

2
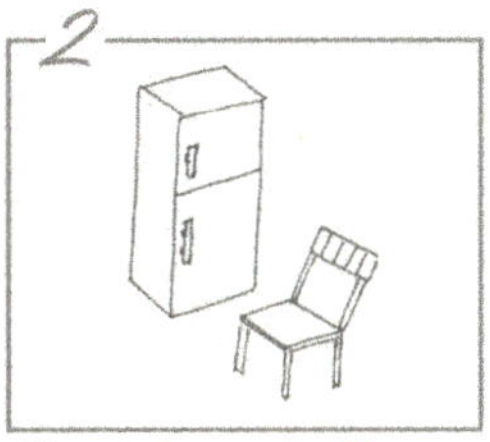
椅子在冰箱前面。

3
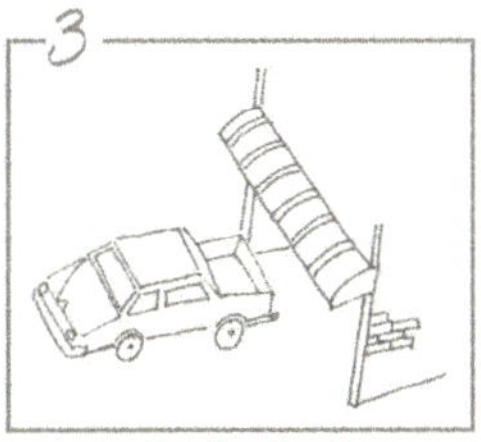
汽车在车库外面。

4
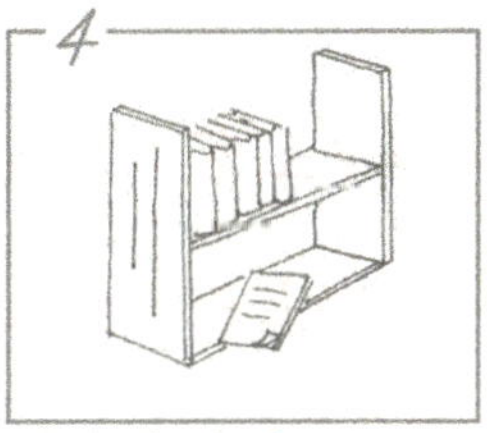
书和杂志在书架上。

5
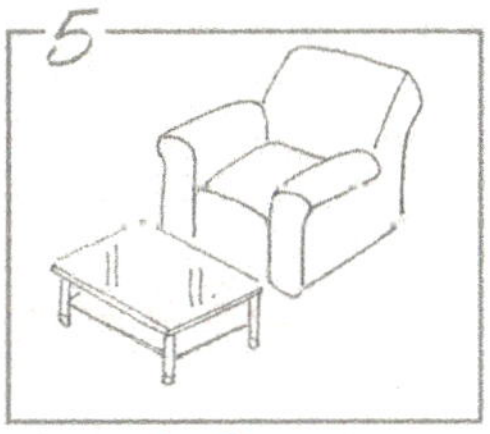
沙发在茶几后面。

6

水果在餐桌上。

16 Ask the questions in another way.

1. 你的房间里有电视吗？→ 你的房间里有没有电视？

2. 你今晚想吃快餐吗？→ 你今晚想不想吃快餐？

3. 你是独生女吗？→ 你是不是独生女？

4. 你喜欢吃中餐吗？→ 你喜不喜欢吃中餐？

5. 你知道他住哪儿吗？→ 你知不知道他住在哪儿？

Type the above questions on the computer.

17 Describe the picture.

书桌在书柜前面。书柜里有一些书。书桌上有一本书，书桌下有一个篮球。电脑桌在书桌左面。电脑桌上有一台电脑。衣柜在床后面。衣柜里有一件外套。空调在床的右边。空调前面有一把椅子，椅子上有一件毛衣。地上有一个书包。

提示：
答案仅供参考。

18 Write one sentence for each word.

Example: 我的书包在书桌上(面)。

1. 上面：冰箱上面有一本书。	2. 下面：椅子下面有一双球鞋。
3. 左面：洗手间在客厅左面。	4. 右面：浴室在书房右面。
5. 里面：厨房里面有一台洗衣机。	6. 外面：学校外面有一家饭店。
7. 前面：洋房的前面有一个车库。	8. 后面：沙发后面有一个书架。

19 Essay writing.

« Sample essay:

我的房间在楼上。楼上除了有爸爸、妈妈的房间和我的房间以外，还有妹妹的房间和一个浴室。爸爸、妈妈的套房里也有一个浴室。我的房间里有一张单人床、一个大衣柜、一张书桌、一把椅子和一个书架。我的书桌上有一部电脑。我非常喜欢我的房间。

It is your turn!

Describe your friend's house and his/her room.
You should include:
- the layout of the house
- your friend's room and things in it

163

Unit 5

Lesson 15 Neighbourhood 社区

Text 1

71

wǒ jiā fù jìn yǒu fàn diàn wén jù diàn jiā jù diàn
我家附近有饭店、文具店、家具店、

huā diàn děng chāo shì lí wǒ jiā yě bù yuǎn zǒu lù
花店等。超市离我家也不远，走路

wǔ fēn zhōng jiù dào le wǒ jiā
五分钟就到了。我家

lí xué xiào yě tǐng jìn de
离学校也挺近的。

wǒ měi tiān zǒu lù
我每天走路

shàng xué
上学。

提示：

① 在教课文之前，老师可以先教第144页第2题，重点教生词“离、远、近、挺”。

② 接下来，老师可以先教第143页第1题，重点教生词“文具店、家具店、花店、超市”。做完该练习后，老师可以问学生以下问题（顺便把生词“附近”教给学生）：你家附近有文具店吗？超市离你家远吗？学校离你家远吗？你每天怎么来学校？

③ 然后，老师介绍“就”的用法，做第145页第5题。

④ 最后，老师给学生听课文录音。听完录音后，可以问学生以下问题：她家附近有什么商店？超市离她家远吗？她每天怎么上学？

⑤ 老师可用图卡和词语卡片辅助教学。

New Words

1. 附 (fù) be near
2. 近 (jìn) near
   附近 (fù jìn) nearby
3. 具 (jù) tool
   文具 (wén jù) stationery
   文具店 (wén jù diàn) stationery shop
4. 家具 (jiā jù) furniture
   家具店 (jiā jù diàn) furniture shop
5. 花店 (huā diàn) flower shop
6. 超 (chāo) super-
7. 市 (shì) market; city
   超市 (chāo shì) supermarket
8. 离(離) (lí) distance away from
9. 远(遠) (yuǎn) far
*10. 就 (jiù) no sooner...than; as soon as
11. 挺 (tǐng) rather; quite

1 Match the picture with the answer.

1 ··· a

2 ··· j

3 ··· d

4 ··· b
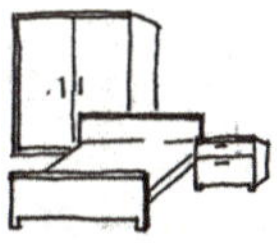

5 ··· f

6 ··· h

7 ··· g

8 ··· c

9 ··· k

10 ··· i

11 ··· e

Answers

a) 文具店 (wén jù diàn)
b) 家具店 (jiā jù diàn)
c) 花店 (huā diàn)
d) 超市 (chāo shì)
e) 饭店 (fàn diàn)
f) 水果店 (shuǐ guǒ diàn)
g) 理发店 (lǐ fà diàn)
h) 学校 (xué xiào)
i) 菜市场 (cài shì chǎng)
j) 书店 (shū diàn)
k) 快餐店 (kuài cān diàn)

2 Complete the sentences with the words given in the brackets.

1. 我家 离学校不太远。 (学校 不太远)
2. 公园 离我家挺远的。 (我家 挺远的)
3. 家具店 离书店挺近的。 (书店 挺近的)
4. 超市 离文具店很近。 (文具店 很近)
5. 香港 离英国挺远的。 (英国 挺远的)
6. 中国 离日本不太远。 (日本 不太远)
7. 美国 离法国挺远的。 (法国 挺远的)

3 Activity.

1 井	2 亡	3 乌	4 勺	5 光	6 金
7 匕	8 入	9 尸	10 户	11 革	12 丁
13 食	14 果	15 欠	16 石	17 虫	18 贝
19 刀	20 叉	21 平	22 土	23 角	24 页
25 包	26 止	27 弓	28 士	29 豆	30 寸
31 立	32 青	33 矢	34 皿	35 力	36 斗

INSTRUCTIONS

1 The class is divided into small groups.

2 Each group is asked to memorize the simple characters listed on the left. Then the teacher gives a dictation on those characters.

3 The group writing more correct characters than any other group wins the activity.

4 Make a dialogue with your partner.

《 Sample questions:

1. 你家附近有什么商店？
2. 你家附近有饭店吗？你经常去那里吃饭吗？
3. 你们家一般去哪儿买蔬菜和水果？
4. 你家附近有公园吗？公园大吗？
5. 你家附近有超市吗？你常去那儿买什么？
6. 你家离学校远吗？你每天怎么上学？
7. 你家住什么样的房子？你家一共有几间卧室？
8. 你有自己的房间吗？你的房间大吗？你的房间里有什么？你喜欢不喜欢你自己的房间？

……

5 Translate from Chinese to English.

1. 超市离我家不远，走路十分钟就到了。
The supermarket is not far from my home. It is ten minutes' walk.
2. 花店就在我家楼下。
The flower shop is just downstairs.
3. 书店就在文具店的左边。
The book shop is to the left of the stationery shop.
4. 水果店离饭店挺近的，走两分钟就到了。
The fruit shop is quite close to the restaurant. It only takes two minutes' walk.
5. 快餐店就在学校的外面。
The fast food restaurant is right outside the school.
6. 家具店离洗衣店不太远，走路两三分钟就到了。
The furniture shop is not far from the laundry. It only takes two to three minutes to walk there.

NOTE

就 means "no sooner...than; as soon as", e.g. 走路五分钟就到了。

It is your turn!

Make three sentences with "就".

6 Oral presentation.

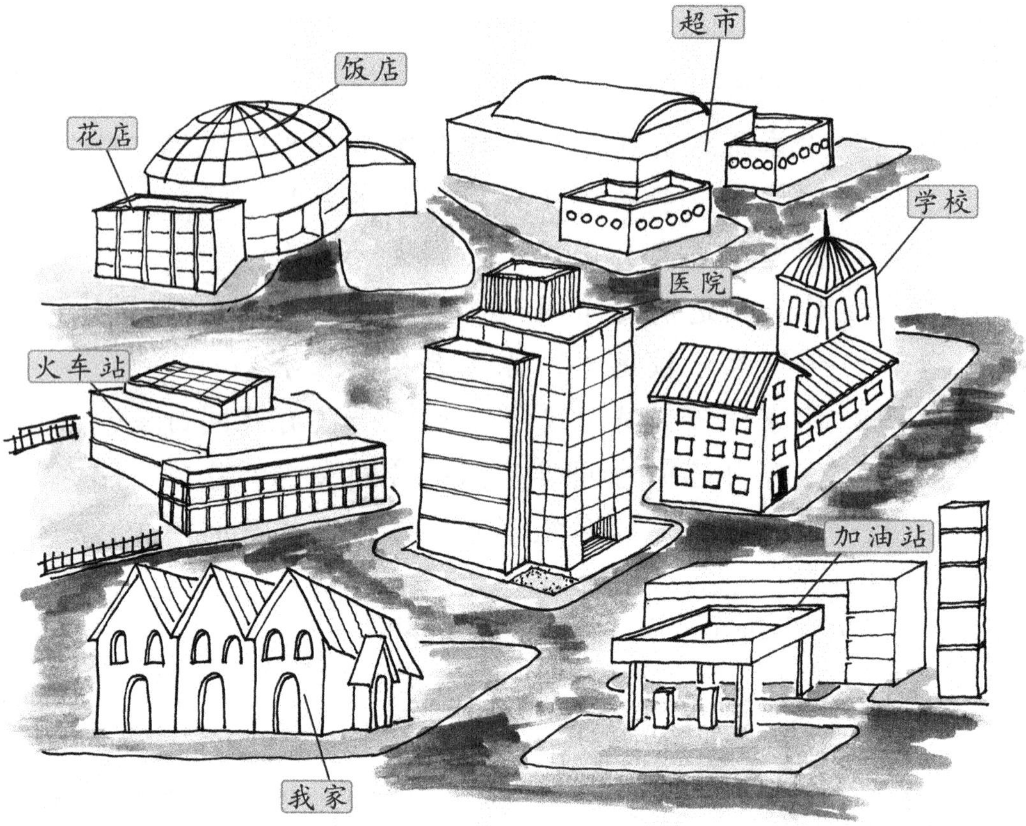

Example

我家附近有饭店、花店、超市等等。火车站就在我家对面。我们学校离我家不远，走路三分钟就到了。

……

It is your turn!

Draw a map of your neighbourhood and describe it to your class.

7 Listen and write down the pinyin with tonal marks. (72)

1 shāngrén	2 shūcài	3 shuǐguǒ
4 sànbù	5 sījī	6 shūfu

Practice Focus

s sh

提示：
做完练习后，让学生把所有音节读一读。

8 Listen and tick the right answers. (73)

1
A 家具店 c 。 a 离她家很远 b 离她家不近 c 在她家附近
B 家具店里不卖 c 。 a 桌子 b 衣柜 c 洗衣机

2
A 她家附近有 a 。 a 上海饭店 b 北京饭店 c 上海花店
B 饭店里的 b 做得很好吃。 a 炒面 b 炒饭 c 米饭

3
A 他家附近有 a 。 a 公园 b 花园 c 学校
B 他喜欢 b 。 a 跑步 b 打篮球 c 打网球

提示：
做完练习后，让学生看听力录音稿，以充分领会所听内容。

9 Learn the simple characters.

fǎn 反 reverse

xuè 血 blood

xí 习 study

shān 山 mountain

147

提示：
教这些独体字时，要帮助学生记住它们的读音。学生一般能记住汉字的意思和书写，但很难记住读音。老师可以用词语卡片经常复习这些独体字。

提示：

① 在教课文之前，老师可以先教第149页第10题，重点教生词“电影院、火车站、飞机场”。接下来，老师可以问学生以下问题：飞机场离你家远吗？你怎么去飞机场？你家附近有水果店吗？你经常去水果店买什么水果？你家附近有医院吗？你常生病吗？你家附近有超市吗？你怎么去超市？

② 接下来，老师可以教第150页第11题，重点教生词“船”和“先……然后……”的用法。

③ 老师还可以先教第152页第13题，重点教表示询问时间的短语“多长时间”，顺便把生词“大约”教给学生。

④ 最后，让学生听课文录音。听完录音后，让学生说出“五路公共汽车、马路对面、火车站”在文中的意思。

⑤ 老师可用图卡和词语卡片辅助教学。

Text 2

74

nǐ men jiā fù jìn yǒu diàn yǐng yuàn ma
你们家附近有电影院吗？

méi yǒu
没有。

cóng nǐ men jiā zěn me qù diàn yǐng yuàn
从你们家怎么去电影院？

wǒ xiān zuò chuán, rán hòu zài zuò wǔ lù gōng gòng qì chē
我先坐船，然后再坐五路公共汽车。

yào zuò duō cháng shí jiān
要坐多长时间？

dà yuē èr shí fēn zhōng
大约二十分钟。

nǐ jiā lí huǒ chē zhàn yuǎn ma
你家离火车站远吗？

bù yuǎn, jiù zài mǎ lù duì miàn
不远，就在马路对面。

nǐ jiā lí fēi jī chǎng yuǎn ma
你家离（飞）机场远吗？

tǐng yuǎn de, yào zuò huǒ chē qù
挺远的，要坐火车去。

148

NEW WORDS

1. 院 (yuàn) courtyard
   电影院 (diàn yǐng yuàn) cinema
2. 船 (chuán) boat; ship
3. 然 (rán) right
   然后 (rán hòu) then
   先…，然后… (xiān…, rán hòu…) first..., then...

* 4. 路 (lù) route
5. 时间 (shí jiān) time
6. 约(約) (yuē) about
   大约 (dà yuē) about
7. 站 (zhàn) station; stop
   火车站 (huǒ chē zhàn) train station

8. 马路 (mǎ lù) road; street
* 9. 面 (miàn) side; aspect
   对面 (duì miàn) opposite
10. 飞(飛) (fēi) fly
    飞机 (fēi jī) plane
    (飞)机场 ((fēi) jī chǎng) airport

10 Match the picture with the answer.

理发店

飞机场

水果店

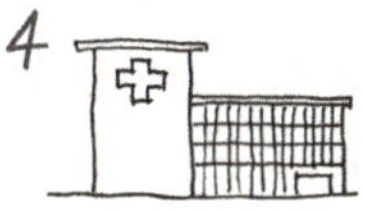

医院

文具店

超市

书店

菜市场

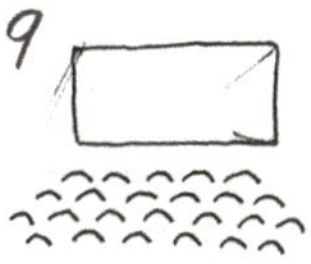

电影院

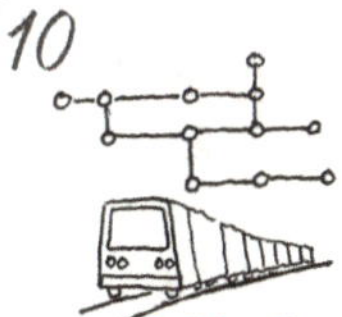

地铁站

公园

饭店

Answers

a) 理发店 (lǐ fà diàn)
b) 医院 (yī yuàn)
c) 公园 (gōng yuán)
d) 地铁站 (dì tiě zhàn)
e) (飞)机场 ((fēi) jī chǎng)
f) 电影院 (diàn yǐng yuàn)
g) 水果店 (shuǐ guǒ diàn)
h) 超市 (chāo shì)
i) 菜市场 (cài shì chǎng)
j) 饭店 (fàn diàn)
k) 书店 (shū diàn)
l) 文具店 (wén jù diàn)

11 Say one sentence about each picture.

我

Example

我先走路，然后坐校车上学。

> **NOTE**
>
> 先……，然后…… means "first…,then…", e.g.
>
> 哥哥先坐火车，然后坐公共汽车上学。

爸爸先坐船，然后坐出租车上班。

妈妈先开车，然后坐地铁上班。

哥哥先走路，然后坐公共汽车上学。

姐姐先走路，然后坐地铁上学。

妹妹先走路，然后坐校车上学。

弟弟先坐公共汽车，然后走路上学。

12 Role play.

Example

A：从这儿怎么去电影院？

B：你要坐公共汽车，要坐两站。

A：从这儿怎么去上海饭店？

B：上海饭店离这儿不远，走路五分钟就到了。

It is your turn!

You are working at the information desk. Give directions to people who would like to go to five places.

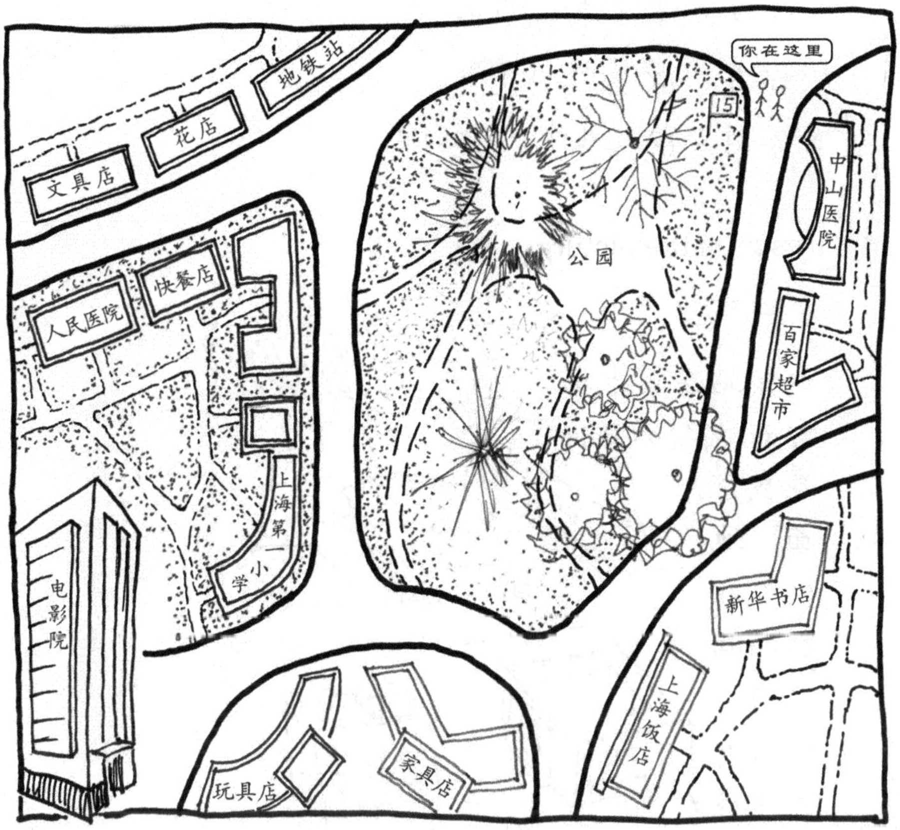

提示：
答案仅供参考。

13 Complete the questions.

1. 你每天做多长时间作业？
2. 你每天跑 多长时间步 ？
3. 你打了 多长时间电话 ？
4. 你看了 多长时间电视 ？
5. 你每天坐 多长时间地铁 ？
6. 你每天弹 多长时间钢琴 ？
7. 你听了 多长时间音乐 ？
8. 你们家在 这儿住了多长时间？

NOTE

多长时间 means "how long". The answer to the question can be year, month, day, hour, etc., e.g.

a 你在北京住了多长时间？
b 你游了多长时间的泳？

提示：
答案仅供参考。

14 Describe the picture.

Example

地铁站在菜市场右面。百货公司在我家左面。地铁站在加油站对面。电影院在学校左面。

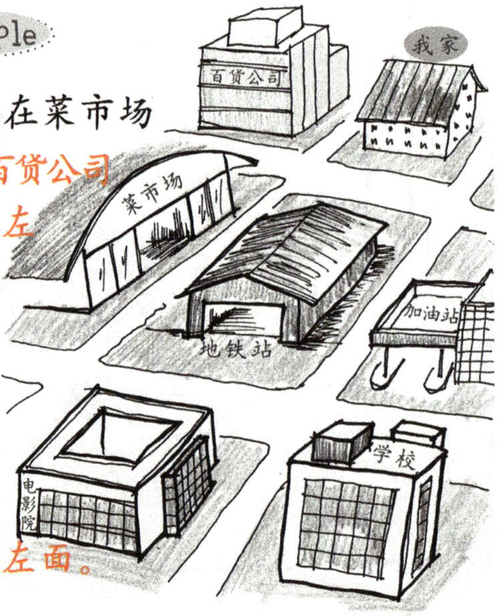

Extra Words

a) qián miàn 前面
b) hòu miàn 后面
c) zuǒ miàn 左面
d) yòu miàn 右面
e) duì miàn 对面

15 Listen and tick the right answers.

75

1

A	学校离他家 c 。	a) 不近 b) 不远 c) 很远
B	他每天坐 a 上学。	a) 校车 b) 电车 c) 出租车
C	他坐 c 的车。	a) 五天 b) 一个小时 c) 半个小时左右

2

A	他家附近没有 b 。	a) 公园 b) 超市 c) 饭店
B	他妈妈 a 去超市。	a) 开车 b) 坐出租车 c) 坐电车
C	去超市开车要 b 。	a) 半个小时 b) 一刻钟 c) 三十分钟

提示：
做完练习后，让学生看听力录音稿，以充分领会所听内容。

16 Project.

《 Sample sentences:

1. 你应该去光明电影院看电影。你可以坐10路公共汽车去。你要坐五站。
2. 你应该去中山公园看看。公园离这儿不远。你可以走路去，五分钟就到了。
3. 你应该去音乐书店看看。书店离这儿不太远，你可以坐地铁去。地铁站就在马路对面。

INSTRUCTIONS

Draw a map of your dream city. Suppose a friend of yours will visit your dream city. Give advice as where he/she should go and visit. Make a dialogue with your friend.

1 Copy the new words of Text 1.

附	fù be near	附	附	附				
近	jìn near	近	近	近				
具	jù tool	具	具	具				
超	chāo super-	超	超	超				
市	shì market; city	市	市	市				
离	lí distance away from	离	离	离				
远	yuǎn far	远	远	远				

一 十 扌 扌' 扌' 扌 扌 挺 挺								
挺	tǐng rather; quite	挺	挺	挺				

2 Write the following in Chinese.

1. 花店

2. 文具店

3. 书店

4. 超市

5. 饭店

6. 水果店

7. 快餐店

8. 洗衣店

9. 家具店

10. 学校

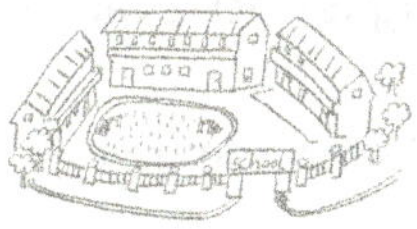

Answers

a) 书店
b) 花店
c) 学校
d) 饭店
e) 超市
f) 文具店
g) 家具店
h) 快餐店
i) 水果店
j) 洗衣店

3 Answer the questions.

1. 你家附近有什么商店？________________

2. 你家附近有什么车去学校？________________

3. 你的房间里有什么家具？________________

提示：
让学生根据自己的情况回答。

提示：
让学生根据自己的情况回答。

4 Write the opposite words.

1. 多→少	2. 低→高	3. 短→长	4. 矮→高
5. 买→卖	6. 这→那	7. 远→近	8. 冷→热
9. 错→对	10. 北→南	11. 东→西	12. 大→小
13. 晴→阴	14. 前→后	15. 上→下	16. 外→里

5 Answer the questions.

1. 学校离你家远吗？你每天怎么上学？

____

2. 你家附近有超市吗？你怎么去超市？

____

3. 你家附近有饭店吗？你怎么去饭店？

____

4. 你去市中心怎么走？你要坐车吗？

____

6 Translate from English to Chinese.

1. My shool is quite far from my home.
学校离我家挺远的。

2. There are two Chinese restaurants near my home.
我家附近有两家中国饭店。

3. The fast-food restaurant is close to my home. It takes five minutes to walk there.
快餐店离我家很近，走路五分钟就到了。

166

提示：
答案仅供参考。

7 Complete the sentences.

1. 学校离我家挺远的。	6. 我每天吃两三种蔬菜。
2. 书房里有一个书柜。	7. 沙发上有一本书。
3. 椅子在书桌前面。	8. 苹果在餐桌上。
4. 楼上有两间卧室。	9. 我们家有一个大花园。
5. 我特别喜欢吃水果。	10. 我很会做西餐。

8 Write the pinyin and simple characters.

1. dòu 斗 fight	2. lì 力 strength	3. qīng 青 blue; green	4. lì 立 stand
5. shǐ 矢 arrow	6. mǐn 皿 utensil	7. jīn 巾 towel	8. gōng 弓 bow
9. zhǐ 止 stop	10. xī 夕 sunset	11. fāng 方 square	12. píng 平 flat

9 Look up the words in the dictionary and write down their meanings.

1. 商店 shop; store	2. 工具 tool	3. 餐具 tableware
4. 烧烤 barbecue	5. 手术 operation	6. 跳远 long jump
7. 冰山 iceberg	8. 对眼 cross-eye	9. 近视眼 near-sightedness
10. 公园 park	11. 正门 main entrance	12. 远视眼 far-sightedness

167

10 Reading comprehension.

我的新家附近有很多公共设施：超市、公园、学校、地铁站、汽车站、银行等等。我们学校离我家也挺近的，走路十分钟就到了。我家离公共游泳池也不远。妈妈最爱游泳了。她差不多每天都去游一个小时。我很喜欢住在这里。

« Answer the questions:

1. 他家附近有地铁站吗？
   有。
2. 他家离学校远吗？
   不远。
3. 他走路去学校要几分钟？
   十分钟。
4. 他妈妈喜欢运动吗？
   喜欢。
5. 他妈妈每天游几个小时的泳？
   一个小时。

11 Copy the simple characters.

一 厂 万 反								
反	fǎn reverse	反	反	反				
ノ 丿 冂 冂 ⺫ 血								
血	xuè blood	血	血	血				
㇆ 刁 习								
习	xí study	习	习	习				
丨 山 山								
山	shān mountain	山	山	山				

12 Copy the new words of Text 2.

阝 阝 阝 阝' 阝' 阝" 阝" 阝" 阝" 院							
院	yuàn courtyard	院	院	院			
′ 丿 介 介 角 角 舟 舟 舟 船 船							
船	chuán boat; ship	船	船	船			
ノ ク タ 夕 夕 夕 夕 夕 夕 然 然 然							
然	rán right	然	然	然			
纟 纟 纟 纟 约 约							
约	yuē about	约	约	约			
丶 亠 亠 立 立 立 立 立 站 站							
站	zhàn station; stop	站	站	站			
乙 飞 飞							
飞	fēi fly	飞	飞	飞			

13 Look up the words in the dictionary and write down their meanings.

1. 医院 hospital
2. 超人 superman
3. 日出 sunrise
4. 学习 study
5. 舌头 tongue
6. 市中心 city center
7. 出口 exit
8. 入口 entrance
9. 停车场 car park

14 Combine one word from each box to form a phrase.

饭	文	附	超	学
客	车	书	房	烤
沙	炒	中	空	花

近	校	桌	库	厅
间	箱	面	具	市
调	园	店	发	餐

1. 饭店 2. 文具 3. 附近 4. 超市 5. 学校

6. 客厅 7. 车库 8. 书桌 9. 房间 10. 烤箱

11. 沙发 12. 炒面 13. 空调 14. 花园 15. 中餐

15 Write the following in Chinese.

1 电影院

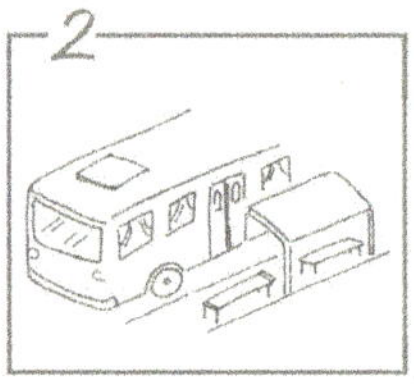
2 汽车站

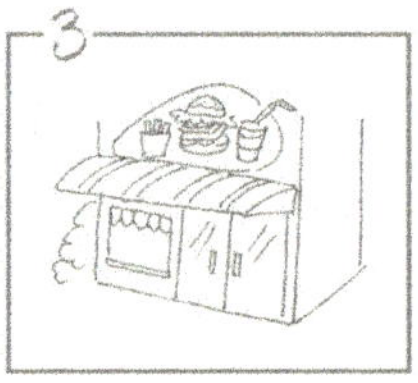
3 快餐店

4 饭店

5 超市

6 医院

7 飞机场

8 文具店

16 Write the pinyin and simple characters.

1. guāng 光 light
2. jīn 金 gold
3. bǐ 匕 dagger
4. jǐng 井 well
5. rù 入 enter
6. bāo 包 bag
7. shì 士 scholar
8. dòu 豆 bean
9. xuè 血 blood
10. xí 习 study
11. fǎn 反 reverse
12. shān 山 mountain

17 Draw a map of your neighbourhood and describe it.

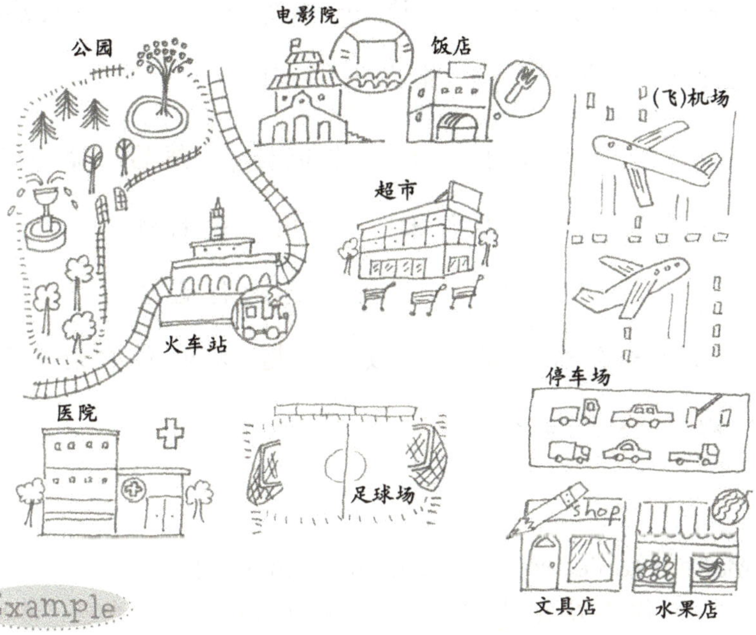

Example

公园在火车站的对面。火车站在超市的左面。(飞)机场在停车场的后面。足球场在超市的前面。电影院在火车站附近。

18 Translate from English to Chinese.

1. subway station 地铁站
2. cinema 电影院
3. supermarket 超市
4. train station 火车站
5. football pitch 足球场
6. airport 飞机场
7. restaurant 饭店
8. park 公园
9. bus station 汽车站
10. stationery shop 文具店

19 Fill in the blanks with the words in the box.

从……开始……	一边……一边……	先……，然后……
跟……一起……	除了……以外，……	

1. 王先生每天早上 先 坐地铁， 然后 走路上班。
2. 他喜欢 一边 做作业， 一边 看电视。
3. 除了 网球 以外 ，她还喜欢打篮球。
4. 他周末喜欢 跟 朋友 一起 去电影院看电影。
5. 她 从 七岁 开始 学跳舞。

Type the above sentences on the computer.

提示：
答案仅供参考。

20 Make a sentence with each question word.

1. 吗：你喜欢跑步吗？
2. 吧：我们一起去打球吧！
3. 谁：谁给我打电话了？
4. 呢：这是我的书包，你的书包呢？
5. 什么：你有什么爱好？
6. 哪儿：你家住在哪儿？

172

21 Answer the questions.

1. 你每天一般做几个小时的作业？________________
2. 你一般从几点开始做作业？________________
3. 除了做作业以外，你每天晚上还做什么？________________
4. 你在这个学校多长时间了？________________

提示：
让学生根据自己的情况回答。

22 Fill in the blanks with the words in the box.

几点	多长时间	什么时候	多少钱
什么样	怎么样	哪一位	多少度

1. 你 几点 去看医生？
2. 明天天气 怎么样 ？
3. 你每天看 多长时间 的书？
4. 你姐姐长 什么样 ？
5. 苹果 多少钱 一斤？
6. 请问，你是 哪一位 ？
7. 明天气温 多少度 ？
8. 你什么时候开始做作业？

23 Essay writing.

« Sample essay:

我的新家离机场很远，要先坐船，然后坐地铁，路上大概要五十分钟。坐地铁挺贵的，要100块钱。但也可以坐公共汽车去机场，只要40块钱。从我家到机场要坐一个多小时的公共汽车。我爸爸经常坐飞机去国外。他每次都坐地铁去机场。

It is your turn!

Create a new neighborhood and describe it. You should include:
- the public facilities and their locations
- the transportation
- the means of transport you usually take

173

提示：
老师可用图卡、词语卡片和挂图辅助教学。

Unit 5 Revision

1 Simple characters.

光 金 匕 入 井 亡 乌 勺 反 血 习 山

2 Type of housing.

房子 楼房 洋房

3 Home.

房间 卧室 书房 浴室 客厅 厨房 洗手间 洗澡间 餐厅 花园 车库

4 Furniture.

1. 沙发 茶几 电视柜 衣柜 书桌 椅子 书架
2. 空调(冷气机) 冰箱 洗衣机 电炉 烤箱

5 Shops and public facilities.

饭店 文具店 家具店 花店 超市 电影院 火车站 飞机场

6 Position words.

楼上 楼下 (房)前 (房)后 里面 对面 附近

7 Other nouns.

文具 飞机 船 路 马路 时间

8 Measure words.

间 辆 张 把 层

9 Verb.

停

10 Adjectives and adverbs.

远 挺 大约

11 Sentence structures.

1.

place 1	离	place 2	远/近
超市	离	我家	不远。

2.

place word	有	object
厨房里面	有	冰箱。

3.

subject	在	place word
电脑	在	书桌上。

4. 你有没有自己的房间？= 你有自己的房间吗？
你想不想去看电影？= 你想去看电影吗？

12 Grammar points.

1. 就 then; just 从我家走路去学校，五分钟就到了。
2. 先……，然后…… first..., then...
我先走路，然后坐火车上学。

13 Questions and answers.

1. 你家住什么样的房子？	楼房。
2. 你家住在几楼？	十五楼。
3. 你家有几间卧室？	四间。
4. 你有自己的房间吗？	有。
5. 你的房间里有什么？	有床、衣柜、椅子、书架等。
6. 你家附近有什么商店？	有书店、花店、超市、饭店等。
7. 你家离学校远吗？	挺远的，要坐校车。
8. 从你家怎么去学校？	我要先走路，然后坐校车。
9. 你家有车库吗？	有，在房子的左面。
10. 你一般做作业要花多长时间？	一两个小时。

Unit 5 Test

1 Label the following with letters.

bedroom f	kitchen e
study room h	washroom b
dining room a	living room d
garden c	garage g

Answers

a) 餐厅 e) 厨房
b) 浴室 f) 卧室
c) 花园 g) 车库
d) 客厅 h) 书房

2 Match the picture with the Chinese.

a) 茶几 b) 衣柜 c) 空调 d) 书桌 e) 洗衣机 f) 冰箱
g) 沙发 h) 床 i) 书架 j) 电炉 k) 电视柜 l) 椅子

1… d
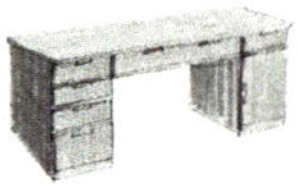
2… h

3… l

4… c

5… e

6… a

7… b

8… f

9… i
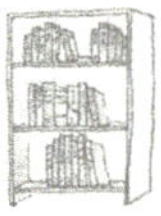
10… g

11… j

12… k
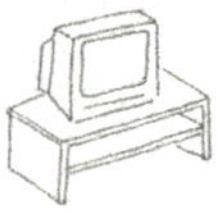

176

3 Write the radical and its meaning.

1. 层 尸 corpse
2. 斤 厂 cliff
3. 辆 车 vehicle
4. 冰 冫 ice
5. 超 走 walk
6. 站 立 stand

4 Find the simple character and write its pinyin and meaning.

1. 毕 匕 bǐ dagger
2. 忘 亡 wáng die
3. 返 反 fǎn reverse
4. 蚂 马 mǎ horse
5. 仙 山 shān mountain
6. 呜 乌 wū black; dark

5 Fill in the blanks with the measure words in the box.

间　张　种　门　辆　斤　家　个　把

1. 一 把 椅子
2. 一 辆 汽车
3. 一 间 卧室
4. 一 斤 苹果
5. 一 家 饭店
6. 一 种 蔬菜
7. 一 张 桌子
8. 一 门 课
9. 一 个 衣柜

6 Make sentences.

1. 离：学校离我家挺远的。
2. 有：书架上面有很多书。
3. 在：电脑在书桌上面。
4. 就：学校离我家不远，坐车一刻钟就到了。
5. 先……，然后…… 我先吃晚饭，然后做作业。

提示：
答案仅供参考。

177

7 Translation.

1. 我的房间在楼上。My room is upstairs.

2. The kitchen is downstairs. 厨房在楼下。

3. 房后有一个大花园。There is a big garden behind the house.

4. There is a small garden in front of the house. 房前有一个小花园。

5. 厨房里有冰箱、洗衣机和电炉。There is a fridge, a washing machine and an electric stove in the kitchen.

6. There is a bed, a wardrobe and a bookshelf in my room.

   我的房间里有床、衣柜和书架。

7. 超市就在我家附近。The supermarket is near my house.

8. The cinema is just opposite my house. 电影院就在我家对面。

8 Complete the sentences.

a) 有一家北京饭店	c) 从我家去电影院
b) 大约十五分钟	d) 里面有一张床和一个衣柜

1. 从我家去电影院，走路十分钟就到了。
2. 我的房间不大也不小，里面有一张床和一个衣柜。
3. 离我家不远有一家北京饭店。
4. 从我家走路去火车站大约十五分钟。

178

9 Find the opposite words in the box and write them down.

后	短	冷	阴	小	近	下	右	晚	矮	外	少

1. 远 → 近　2. 里 → 外　3. 前 → 后　4. 高 → 矮

5. 长 → 短　6. 晴 → 阴　7. 上 → 下　8. 热 → 冷

9. 大 → 小　10. 左 → 右　11. 多 → 少　12. 早 → 晚

10 Reading comprehension.

小琴家住楼房。她家住在十五层。她家不大：一共有三间卧室，一个客、餐两用厅，一个厨房，一个浴室和一个洗手间。小琴没有自己的房间，她跟妹妹一起住。她们的房间里有两张床、两张书桌、两把椅子、一个大衣柜和一个书架。小琴的学校离她家不远，就在附近。她每天走路上学，大约十分钟就到了。

True or false:

F 1 小琴没有妹妹。

F 2 小琴有她自己的房间。

F 3 小琴的房间里有一台电脑。

F 4 小琴家住洋房。

T 5 她家离学校挺近的。

F 6 她每天坐校车上学。

11 Essay writing.

Write a letter to your e-pal telling him/her:

- the type of house you live in
- different rooms in the house
- what are in your room
- public facilities around your house
- whether you like to live there or not

Unit 5: Listening Paper

5

1 Choose the correct pinyin.

1. a) fángjiān b) fàngjiàn
2. a) chūfǎng b) chúfáng
3. a) huāyuán b) huàyuán
4. a) shūjià b) shǔjià
5. a) yīguì b) yǐguī
6. a) chāoshí b) chāoshì

2 Write the pinyin with correct tones.

1. ______________ 2. ______________ 3. ______________

4. ______________ 5. ______________ 6. ______________

3 Choose the right answers.

1. 他家楼下没有____。
   a) 卧室 b) 客厅 c) 厨房
2. 她家有____花园。
   a) 一个 b) 两个 c) 三个
3. 他的房间里有____，没有____。
   a) 衣柜，电脑
   b) 电脑，衣柜
   c) 书架，电视机
4. 她家的客厅里有____，也有____。
   a) 沙发，空调 b) 茶几，书架
   c) 沙发，茶几
5. 他家离____近，离____远。
   a) 学校，超市 b) 学校，电影院
   c) 超市，饭店
6. 她可以坐____去电影院。
   a) 地铁 b) 公共汽车 c) 船

4 Choose the right answers.

1. 他家住____。
   a) 楼房 b) 洋房 c) 在船上
2. 他____自己的房间。
   a) 有 b) 没有 c) 喜欢
3. 他有自己的____和____。
   a) 书桌，电脑
   b) 电脑，沙发
   c) 书桌，书架
4. 他家离学校____。
   a) 非常远 b) 很近 c) 挺近的
5. 他每天____上学。
   a) 走路 b) 坐校车
   c) 坐妈妈的车
6. 他家附近没有____。
   a) 文具店 b) 饭店
   c) 花店

Unit 5: Speaking Paper

Answer the following questions.

1. 你家住在哪儿？住什么样的房子？
2. 你有自己的房间吗？
3. 你的房间里有什么？
4. 你家的客厅里有什么？
5. 你家的厨房里有什么？
6. 你家附近有什么商店？
7. 你家离学校远吗？你每天怎么上学？
8. 你家附近有超市吗？
9. 从你家怎么去电影院？走路要多长时间？
10. 你家离火车站远吗？怎么去？
11. 从你家怎么去机场？路上大约要花多长时间？
12. 你喜欢你家现在住的地方吗？

Unit 5: Reading Paper

1 Find the missing word in the box to form a phrase.

黑	右	矮	外	阴	冷	后	远

1. 前 ______　2. 左 ______　3. 近 ______　4. 里 ______

5. 高 ______　6. 热 ______　7. 白 ______　8. 晴 ______

2 Group the words under each category.

客厅　茶几　空调　厨房　家具店　超市
沙发　卧室　冰箱　花店　电视柜　洗衣机

A：home	B：furniture	C：home appliances	D：shops

3 Match the question with its answer.

____ 1 你家住什么样的房子？　a) 我跟弟弟住一个房间。

____ 2 你有自己的房间吗？　b) 挺远的，坐地铁要20分钟。

____ 3 你的房间里有什么？　c) 我差不多每个星期都看。

____ 4 你家离飞机场远吗？　d) 有书店、花店等等。

____ 5 你家附近有什么商店？　e) 我家住洋房。

____ 6 你常去看电影吗？　f) 有床、书桌、椅子和书架。

4 Write down the meanings of the simple characters.

1. 光 ________　2. 匕 ________　3. 井 ________　4. 亡 ________

5. 反 ________　6. 血 ________　7. 习 ________　8. 乌 ________

5 Rearrange the words / phrases to form a sentence.

1. 有/我家/两层/的/房子/。→ ______________________________

2. 卧室/楼上/三间/有/。→ ______________________________

3. 车库/有/左边/的/房子/一个/。→ ______________________________

4. 房间里/我/没有/的/电脑/。→ ______________________________

5. 什么/你家/有/商店/附近/?→ ______________________________

6. 火车站/公园/对面/的/在/。→ ______________________________

6 Match the two parts of a sentence.

____ 1 你要先坐公共汽车	a) 种了很多花。
____ 2 我家离	b) 然后坐地铁去。
____ 3 我们家房子后面	c) 多长时间的作业?
____ 4 花园里	d) 大约要十分钟。
____ 5 从我家走路去学校	e) 电影院不太远。
____ 6 你每天做	f) 有一个大花园。

7 Reading comprehension.

琴文家住楼房，住在十九层。她家挺大的，有四间卧室：爸爸、妈妈的卧室，哥哥的卧室，妹妹的卧室，还有她自己的卧室。她家有客厅、餐厅、厨房，还有两个浴室。

琴文的房间里有一张大床，还有书桌、椅子、衣柜、书架等。她有自己的电脑，就在她的书桌上。

她家附近有很多商店，除了书店、服装店，还有鞋店等。电影院离她家也不远。她常常跟朋友一起去看电影。她家离学校挺远的，她每天要坐校车上学，路上大概要花45分钟。

琴文很喜欢自己的家。

Answer the following questions.

1. 琴文家住什么样的房子？
2. 她家一共有几口人？
3. 她家有几个浴室？
4. 她有自己的房间吗？
5. 她的房间里有什么？（列出三样）
6. 她家附近有什么商店？（列出两个）
7. 她家离电影院近吗？
8. 她家离学校远不远？
9. 她每天怎么上学？
10. 她上学的路上要花多长时间？

Unit 5: Writing Paper

1 Translation.

1. 我的房间在楼上。 ______
2. 房前有一个小花园。 ______
3. 厨房里有冰箱和洗衣机。 ______
4. The computer is on my desk. ______
5. There is a supermarket opposite my house. ______
6. My school is not far away from my home. ______

2 Choose one of the written tasks.

1. Write a letter to your pen pal telling him/her about your new home. You should include:
   - whether it is a house or a flat
   - how many bedrooms it has
   - what other rooms it has
   - where is your room (is it big or small? what' s inside?)
   - whether you like your new home or not
2. Write a diary about your home and your neighbourhood. You should include:
   - whether you live in a house or flat
   - what shops are there nearby
   - what public facilities there are and how convenient they are
   - how you go to school every day
   - whether you like your new home or not

Words for Reference

电脑	书桌	房间	超市	对面	离	远	近	右
前	后	左	附近	房子	楼房	洋房	卧室	厨房
餐厅	客厅	书房	车站	机场	商店	大约	花店	花
椅子	书架	分钟	地铁	路上	电影院			

Unit 5: Listening Scripts

1 Choose the correct pinyin.

1. fángjiān
2. chúfáng
3. huāyuán
4. shūjià
5. yīguì
6. chāoshì

2 Write the pinyin with correct tones.

1. cāntīng
2. yùshì
3. chájī
4. diànlú
5. kōngtiáo
6. jiājùdiàn

3 Choose the right answers.

1. 我家的房子有两层，楼上有卧室和浴室，楼下有客厅和厨房。
2. 我家住洋房。房子的前面和后面都有花园。
3. 我自己的房间里有衣柜、书架和电脑，但是没有电视机。
4. 我家的客厅不算大，里边有三人沙发和茶几。
5. 我家离学校挺近的，可是离超市很远。
6. 我家附近没有电影院，但是可以坐公共汽车去电影院。

4 Choose the right answers.

A: 你家住什么样的房子？
B: 我们家住楼房。
A: 你有自己的房间吗？
B: 没有，我跟哥哥住一个房间。
A: 你们的房间里有什么？
B: 有上下床、衣柜、两张书桌、两台电脑。

A: 你家离学校近吗？
B: 不太远。
A: 你每天怎么上学？
B: 走路十五分钟就到了。
A: 你家附近有什么商店？
B: 有超市、书店、花店，还有一家文具店。

Unit 5: Answers

Listening Paper

1 1. a 2. b 3. a 4. a 5. a 6. b

2 1. cāntīng 2. yùshì 3. chájī 4. diànlú 5. kōngtiáo 6. jiājùdiàn

3 1. a 2. b 3. c 4. c 5. a 6. b

4 1. a 2. b 3. a 4. c 5. a 6. c

Reading Paper

1 1. 后 2. 右 3. 远 4. 外 5. 矮 6. 冷 7. 黑 8. 阴

2 A 客厅 厨房 卧室
B 茶几 沙发 电视柜
C 空调 洗衣机 冰箱
D 家具店 花店 超市

3 1. e 2. a 3. f 4. b 5. d 6. c

4 1. light 2. dagger 3. well 4. die 5. reverse 6. blood 7. study 8. black; dark

5 1. 我家的房子有两层。
2. 楼上有三间卧室。
3. 房子的左边有一个车库。
4. 我的房间里没有电脑。
5. 你家附近有什么商店？
6. 火车站在公园的对面。/公园在火车站的对面。

6 1. b 2. e 3. f 4. a 5. d 6. c

7 1. 住楼房。
2. 五口人。
3. 两个。
4. 有自己的房间。
5. 有一张大床，还有书桌、椅子、衣柜、书架等。
6. 有书店、服装店，还有鞋店等。
7. 不太远。
8. 挺远的。
9. 坐校车上学。
10. 大约45分钟。

Writing Paper

1 1. My room is upstairs.
2. There' s a small garden in front of the house.
3. There are a fridge and a washing machine in the kitchen.
4. 电脑在我的书桌上。
5. 我家对面有一家超市。
6. 学校离我家不太远。